노무현은 **왜 조선일보**와 **싸우는가**

노무현은 왜 조선일보와 싸우는가

2005년 12월 10일 초판 1쇄
2021년 6월 14일 초판 15쇄

지은이 | 유시민

편   집 | 김영미, 김윤창, 고수경

펴낸이 | 장의덕
펴낸곳 | 도서출판 개마고원
등   록 | 1989년 9월 4일 제2-877호
주   소 | 경기도 고양시 일산동구 호수로 662 삼성라끄빌 1018호
전   화 | (031) 907-1012
팩   스 | (031) 907-1044
이메일 | webmaster@kaema.co.kr

ISBN 978-89-5769-482-4 03300

노무현은 왜 조선일보와 싸우는가

유시민 지음

개마고원

공정하게 편파적으로

『조선일보』만 보는 사람은 대선을 불과 넉 달 앞둔 지금도 민주당 대통령 후보 노무현의 인터뷰 기사를 볼 수 없다. 노무현은 『조선일보』와는 인터뷰를 하지 않는다. 『조선일보』를 '한나라당 기관지'로 규정하기 때문이다. 앙숙인 정당 기관지와 인터뷰를 할 수는 없는 일 아니겠는가.

대한민국에서 두번째로 큰 정당 대통령 후보가 발행부수 1위 신문사와 싸우는 것은 분명 정상이 아니다. 대통령 될 사람이 특정 신문사와 싸워서야 되겠느냐고 혀를 차는 분들도 있다. 혹시 대통령이 되면 언론을 탄압하는 것 아니냐고 걱정하는 사람도 있다. 민주당안에도 『조선일보』와 화해하라고 충고하는 정치인들이 많다. 하지만 노무현은 요지부동이다. 대통령이 된 후에도 그렇게 할 생각이냐는 질문에는 그때 가서 생각해보자고 한다.

그런데 언론과 싸우는 정치인이 노무현만은 아니다. 한나라당 대통령 후보 이회창은 이른바 '조중동'(조선일보 · 중앙일보 · 동아일보)과는 잘 지내지만 방송과는 불편한 관계다. 2002년 5월 MBC가 내보낸 국민경선제 시사다큐 프로그램이 노무현을 띄워주었다고 해서 한나라당 소속의원 모두가 MBC 토론 프로그램 참가나 인터뷰를 집단적으로 거부한 적도 있다. 방송이 정권의 나팔수라고 성토하기도 한다. 그런데 참 이상한 일이다. 이회창보고 언론과 싸우지 말라고 비판하거나 충고하는 사람은 보기 어려우니 말이다.

노무현은 도대체 무엇 때문에 욕을 먹고 불이익을 당하면서도 굳이 『조선일보』와 싸우는 것일까? 유력한 대통령 후보와 자칭

'대한민국 1등신문'의 싸움을 어떻게 해석해야 할까? 노무현과『조선일보』는 왜 서로를 싫어할까?『조선일보』는 노무현을 어떻게 공격하고 있으며, 노무현은 무슨 힘으로 이 공격을 견딜 수 있을까? 여기에 어떤 사회·정치적 배경이 있으며, 이 싸움의 결과는 한국 사회에 어떤 영향을 주게 될까?

　　나는 이 책에서 이런 의문을 해명해보려 한다. 결론부터 말하자. 노무현과『조선일보』의 싸움에는 대한민국을 반세기 동안 지배해온 '앙시앵 레짐(구체제)'의 목숨이 걸려 있다. 어느 네티즌의 표현을 빌면, 우리는 '바스티유 감옥'을 부쉈지만 '앙시앵 레짐'을 해체하지는 못했다. 국민은 6월항쟁을 통해 군부독재를 종식하고 민주화의 문을 여는 데는 성공했지만, 강고한 동맹을 맺은 극우언론과 극우정당의 사상적·정치적 지배에서 사회를 전면적으로 해방시키는 데까지는 나아가지 못했다는 말이다.『조선일보』를 상대로 한 노무현의 전쟁은 바로 이 '앙시앵 레짐'의 해체를 겨냥한 것이다. 노무현 자신이 어떻게 생각하는지와 무관하게 이 싸움은 그런 정치적 의미를 지닌다.

　　나는 '객관적인 관찰자'가 아니다. 나는 아무런 개입도 하지 않은 채 폴리네시아 원주민 사회를 관찰하는 문화인류학자가 아니다. 그래서 냉정한 사회학적 · 정치학적 분석을 원하는 독자에게는 이 책을 권할 생각이 없다. 나는 기계적 중립을 지키지 않는다. 『딴지일보』 김어준 총수가 그 유명한 「대선후보 일망타진 이너뷰」에서 한 말에 나는 전적으로 동의한다. "우리는 대단히 편파적이다. 그러나 편파적이 되는 과정은 대단히 공정하다." 공정함이란 누구에게나 같은 기준을 적용하는 것이다. 나는 『조선일보』와 노무현의 싸움을 재구성하고 평가하는 데 상식과 논리적 정합성이라는 잣대만을 사용했다. '마구만'이라는 아이디로 인터넷신문 프레시안 게시판에 글을 올린 네티즌은 이 문제에 대해 다음과 같은 명언을 남겼다. 이 자리를 빌어 감사의 뜻을 표한다.

"우리가 경계해야 할 불공정, 비중립은 두 인물이 같은 행동을 했음에도 '자신의 정치적 비중립성으로 인하여' 다르게 평가하거나, 다른 행동을 했음에도 '같은 원인으로' 같게 평가하는 것이다. 공정하게 편파적인 것이 가장 공정한 것이며, 편파적으로 공정한 것이 가장 편파적인 것이다."

나는 좌우 극단주의를 모두 배격하는 자유주의자로서 극우 언론의 헤게모니에 도전하는 노무현을 응원한다. 설혹 그가 패배하더라도 내가 선 위치에서 그 싸움을 이어나갈 것이다. 민주주의의 가장 무서운 적은 '불관용'이다. 사회적 통합의 가장 무서운 적은 불신과 증오다. 『조선일보』는 불관용을 선동하고 불신과 증오를 부추기는 신문이다. 온 국민이 '북괴'에 대한 적개심과 '안보의식'으로 철통같이 무장하고 '강력한 지도자'의 지휘통솔 아래 일사불란하게 살아가는 '멋진 신세계'를 꿈꾼다. '적과의 화해'를 주장하거나 기성의 질서에 도전하는 사람에게는 관용을 베풀지 말고 가차없이 격리하고 제거해야 한다고 믿는다.

그런데 노무현은 '불관용'과 싸우며 통합과 화해를 추구한다. 그는 『조선일보』가 지향하는 '멋진 신세계'와 어울리지 않는 정치인이다. 둘 사이의 싸움은 필연적이다. 노무현이 대통령의 꿈을 접지 않는 한, 또는 『조선일보』가 '밤의 대통령'이기를 포기하지 않는 한, 『조선일보』의 공격과 노무현의 반격은 끝나지 않는다. 노무현이 대통령이 된다고 해도 이 싸움은 그의 임기 내내 계속될 것이다.

나는 노무현과 『조선일보』 가운데 어느 쪽을 응원해야 할
지 분명하게 판단하지 못하거나, 어느 쪽인가를 편들면서도 싸움이
벌어진 이유를 제대로 알지 못하는 독자를 위해 이 책을 썼다. 나는
보통의 경우 편 가르기보다는 중용(中庸)의 도(道)를 지키는 것이 좋
다고 믿는다. 그러나 노무현과 『조선일보』의 싸움과 관련해서는 이런
고전적 처세술이 통용되지 않는다. 이것은 상식과 몰상식의 싸움이
기 때문이다. 나는 이 책을 통해 더 많은 사람을 상식의 편으로 만들
고 싶다.

2002년 8월 15일 광복절에

유시민

차 례

2. '조·한동맹'과 노무현의 선전포고

3. 『조선일보』는 왜 노무현을 싫어할까?

4. 『조선일보』는 어떻게 노무현을 죽였나?

5. 싸움은 아직 끝나지 않았다

1 전쟁의 서막

정치와 언론, 유권자와 언론인

세상에서 제일 재미난 것이 불 구경과 싸움 구경이라는 말이 있다. 그런데 이건 어디까지나 월드컵 축구나 프로야구 같은 화끈한 볼거리가 별로 없던 시절 이야기다. 게다가 불 구경은 별로 권할 만한 일이 아니다. 옛날에는 불이 나 봤자 초가집 한 채 태우는 정도가 고작이었지만, 요즘은 엄청난 고층빌딩이 즐비하고 별것 아닌 불도 유독가스를 내뿜기 때문에 끔찍한 대형 참사가 난다.

하지만 싸움 구경은 예나 지금이나 변함없이 재미있다. 자동차 접촉사고나 술값 시비로 드잡이를 벌이는 것만 해도 제법 볼 만하지만, 프로복싱과 격투기를 비롯한 합법적인 싸움질은 사회적으로 공인된 산업으로까지 발전했다. 그리고 싸움은 분명 싸움이고, 갖가지 변칙과 반칙이 판을 치는데도 형법에는 걸리지 않는, 무척 특별한 종류의 싸움질도 있다. 바로 여야 정당들의 정치싸움이다.

정치는 즐길 만한 가치가 있는 싸움인 동시에, 그 결과가 우리의 삶에 큰 영향을 미친다는 점에서 반드시 눈여겨보아야 할 중요한 싸움이다. 똑같은 게임이 수십 년 반복되는 걸 본 탓에 가끔 신물이 넘어오는 한이 있더라도 반드시 관심을 가져야 한다. 우리나라에서 벌어지는 정치싸움은 5년에 한 번 절정을 이루는데, 그것이 대통령 선거임은 두말할 나위도 없다.

모든 흥미로운 싸움이 그러하듯, 정치싸움에도 관중이 있다. 승패를 결정하는 최종적 권한을 가진, '유권자'라는 이름의 관중이다. 그러나 유권자 혼자 판정을 내리는 건 아니다. 그 판정을 실질적으로 좌우하는 막강한 존재가 있다. 심판과 해설자 노릇을 하는 언론과 언론인이다. 그들은 싸움의 실황을 중계하면서 정당과 정치인들이 싸움에 임하는 전략 전술을 읽어낸다. 변칙과 반칙을 날카롭게 지적하고 누가 더 멋진 동작을 보여주었는지 점수를 매긴다. 또 관중들이 누구를 더 많이 응원하고 있는지 여론조사를 해서 발표한다. 그들은 다른 유권자들과 마찬가지로 투표장에서는 오직 한 표의 권리를 행사하지만 투표장 밖에서는 수만 표, 수십만 표를 움직인다.

유권자들은 언론을 통해서 정치싸움에 대한 '중요한 정보'를 얻는다. 그러나 언론인들이 그저 중립적인 입장에서 정치정보를 전달하는 것만은 아니다. 그들은 정보와 더불어 그 정보를 해석하는 시각과 논리까지 제공함으로써 판정에 막대한 영향을 미친다. 아무리 훌륭한 정당과 정치인도 언론이 아예 조명해주지 않거나 부정적인 보도를 집중적으로 내보내면 배겨낼 재간이 없다. 더러는 아예 링에 올라가 보지도 못한 채 쓸쓸하게 퇴장해야 하고, 더러는 아무 잘못도 없이 또는 저지른 잘못에 비해 턱없이 격렬한 비난을 받은 끝에 패전의 쓰라림을 맛보기도 한다. 독자 여러분은 이 책에서 『조선일보』가 노무현과 관련된 정치정보를 어떤 시각에서 취사선택하고 해석하는지, 그리고 그것이 노무현에 대한 유권자의 인식에 어떤 영향을 미치는지 수없이 많은 사례를 보시게 될 것이다.

관중들은 '유권자' 라는 명예로운 이름을 가지고 있다. 그러나 그들이 언제나 주체적 · 독립적으로 바른 판정을 내리는 건 아니다. 그들은 게임을 직접 눈으로 보고 귀로 듣지 못한다. 언론의 보도를 통해서 간접적으로 보고 듣는다. 그래서 언론은 중요한 정보와 중요하지 않은 정보를 취사선택하고, 수많은 정치정보 사이의 상관관계와 인과관계를 해석하는 과정을 통해 유권자의 의식을 지배하거나 특정한 방향으로 유도할 수 있다.

정치권력을 둘러싼 정당과 정치인들의 대립과 경쟁이 언론의 영역으로 확산되는 것은 필연적이다. 그렇기 때문에 정치인들은 유력한 언론사와 좋은 관계를 맺으려고 한다. 힘 있는 언론사의 오너나 말발 센 언론인들과 개인적인 친분을 쌓으려 한다. 여기에서 이른바

'정언유착(政言癒着)'이 싹튼다. 어떤 정치인이나 정당이 특정 언론사가 다른 정치세력과 유착했다고 의심하게 되면 그 언론사에 대해서도 대결적 자세를 가지게 된다. 이것이 밖으로 표출될 만큼 심화되었을 때 '정언충돌(政言衝突)'의 굉음이 발생한다.

특별한 조건이 충족되면 '정언충돌'은 그 자체가 정치적인 투쟁으로 비화한다. 예컨대 어떤 신문사가 정치인 갑을 낙선시키기 위해서, 또는 다른 정치인 을을 당선시키기 위해서, 갑에게 불리하고 을에게 유리한 정보를 집중적으로 유통시키고 모든 정치정보를 갑에게 불리하고 을에게 유리한 쪽으로 해석한다고 하자. 이런 경우 갑은 무엇을 할 수 있을까? 그 신문이 영향력이 없다면 무시해도 된다. 그러나 그렇지 않다면 문제가 심각해진다. 우선 그는 편파적인 보도에 항의할 수 있다. 사주나 경영진, 편집국 간부들에게 술을 한 잔 사면서 인간적 친분을 만들 수도 있을 것이다. 그래서 문제가 해결되면 다행이지만 그 신문사의 사주와 간부들의 태도가 요지부동이라면 싸우는 쪽을 택할 수도 있다. 이 싸움도 정당들의 싸움 못지않게 흥미진진하다.

정치인 갑은 어떻게 싸울 수 있을까? 우선 생각할 수 있는 것이 법에 호소하는 방법이다. 사실을 왜곡하거나 근거 없이 명예를 훼손한 데 대해 출판물에 의한 명예훼손으로 형사고소하고 손해배상을 요구하는 민사소송을 제기할 수 있다. 그런데 이건 별로 효과가 없다. 시간과 비용이 많이 들 뿐만 아니라 자칫하면 더 악의적인 기사로 보복을 당할 수도 있다. 소송에 이겨봐야 다른 언론이 보도해주지 않으면 손상당한 이미지를 회복하는 데 별로 도움이 되지 않는다. 속사정을 잘 모르는 사람들은 언론과 싸우는 속 좁은 정치인이라고 비난할지도 모른다.

더 간단하고도 강력한 대응방법은 공개적으로 그 신문사와 정치인 을이 한패거리라고 주장하는 것이다. 유권자들에게 그 신문의 보도를 믿지 말라고 호소하면서, 지지자들에게 문제의 신문을 끊자고 권할 수도 있다. 이건 아주 노골적인 싸움이다. 힘이 약한 쪽이 굴복할 수밖에 없는 정면대결이다. 어느 쪽도 상대를 압도하지 못할 경우, 이 싸움은 서로 눈치를 보면서 공격의 수위를 조절하는 휴전 상태로 갈 수도 있다.

우리는 지난해 봄 이후 유력한 대통령 후보와 자칭 '대한민국 1등신문' 사이에서 벌어진 '정언충돌' 을 목격하고 있다. 바로 노무현과 『조선일보』의 싸움이다. 이 싸움이 본격화한 것은 2001년이지만 그 서막이 열린 지는 이미 10여 년이 지났다. 노무현과 『조선일보』의 싸움은, 두 당사자의 의도야 어떠하든, 결과적으로 한국 정치와 언론이 오랜 세월 맺어왔던 '정치적 불륜' 의 실체를 백일하에 드러낸다. 박정희 시대 이후 40여 년 동안 대한민국을 지배했던 '앙시앵 레짐 (ancien régime, 구체제)' 을 역사의 시험대에 올려놓은 싸움인 것이다. 그것은 또한 1987년 6월항쟁 이후 15년 동안 빠른 속도로 변화한 유권자 집단의 의식과, 세월의 흐름을 망각한 채 지속되어온 낡은 정치 지형 사이의 심각한 불일치가 빚어낸 필연적 갈등이기도 하다.

이 싸움의 두 주역은 누구에게도 뒤지지 않을 만큼 뚜렷한 개성을 지니고 있다. 그래서 관전자에게는 더욱 흥미로운 싸움이 된다. 같은 스타일로 싸우는 게임은 재미가 없다. 세계 복싱 역사상 최고의 명승부를 펼쳤던 무하마드 알리와 조 프레이저를 보라. 나비처럼 날아서 벌처럼 쏘는 아웃복서와 두 팔로 턱을 가린 채 탱크처럼 밀고 들어가는 인파이터. 전혀 다른 개성과 스타일을 가진 두 복서가 만났을 때 복싱은 싸움의 수준을 넘어 예술적 경지로 나아갔다.

2002년 대통령 선거가 몰고 올지도 모를 극적인 드라마의 최대 흥행요소는 노무현과 이회창이라는 두 인물의 충돌이 아니라 노무현과『조선일보』의 싸움에 숨겨져 있다. 뒤에서 자세히 살펴보겠지만 노무현은『조선일보』와의 싸움을 통해서 개혁세력의 정치적 리더로 떠올랐으나,『조선일보』가 친 덫에 걸려 지지율이 하락하고 민주당 내 반대세력의 포위공격을 당하는 위기에 빠졌다. 링 위에 오른 상대는 이회창이지만 노무현의 정치적 입지를 위협하는 주역은 바로『조선일보』다. 우선 싸움의 두 당사자를 간단히 살펴보자.

『조선일보』, 밤의 대통령?

『조선일보』는 어떤 신문인가. '대한민국 1등신문' '할 말은 하는 신문' '신문 그 이상의 신문'이다. 『조선일보』가 얼마나 막강한 정치적 존재인지는 『조선일보』 사람들 자신이 가장 잘 안다. 1992년 11월 방일영 『조선일보』 회장 칠순잔치에서 계열사인 『스포츠조선』 신동호 사장이 한 다음과 같은 발언이 그 증거다. 이 발언은 『조선일보 사보』가 먼저 보도했고, 이것을 『기자협회보』가 다시 보도함으로써 세상에 널리 알려졌다.

> 회장님을 남산이라고 부르고 싶다. 남산에 있는 옛날의 중앙정보부와 현재의 안기부 못지않게 회장님이 계신 태평로1가에는 모든 정보와 인재들이 모여들었다. 낮의 대통령은 그동안 여러 분이 계셨지만 밤의 대통령은 오로지 회장님 한 분이셨다.

『조선일보』 회장이 '밤의 대통령'이라는 건 황당무계한 거짓말이다. 이 말은 고희연(古稀宴)이라는 흥겨운 자리에서 나온 아부성 발언에 불과하다. 내가 이렇게 말하는 이유는 곧 자세히 설명하겠다. 그러나 『조선일보』 회장이 매우 힘이 센 권력자라는 건 분명한 사실이다. 그렇다면 일개 신문의 사주가 그런 아첨을 들을 만큼 막강한 힘을 가지게 된 이유가 무엇일까?

첫째는 『조선일보』가 많이 팔리는 신문이기 때문이다. 특히 돈 많은 독자들이 『조선일보』를 즐겨본다. 광고효과가 클 수밖에 없으니 광고판매 수입이 많은 것도 당연하다. 금융감독원의 자료에 따르면 조선일보사의 2001년도 매출액은 약 4천160억 원으로 10대 중앙 종합일간지 중에서 단연 톱이다. 2등인 『중앙일보』는 3천850억 원, 3위 『동아일보』는 3천590억 원이다. 경기가 좋았던 2000년도에는 4천750억 원으로, 2위 『중앙일보』와의 격차가 1천억 원에 육박하기도 했다.

두번째 이유는 사주가 『조선일보』를 철저하게 지배하고 있기 때문이다. 사장과 편집국장, 논설위원과 기자들이 사주의 말씀을 우습게 여긴다면 힘이 있을 수 없다. 『조선일보』는 국가적 현안이나 중요한 정치적 쟁점에 관해서 뚜렷한 입장을 가지고 있으며 사주에서부터 경영진과 데스크, 일선 기자와 외부 필자에 이르기까지 일사불란하게 그 입장을 따른다. 외부 필자 칼럼에는 "조선일보의 편집방침과 다를 수 있다"는 뱀다리가 달려 있지만, 그럴 만큼 튀는 칼럼은 거의 없기 때문에 이건 그야말로 쓸데없는 뱀다리에 불과하다. '사주부터 수위까지 다 바뀌지 않는 한 조선일보가 달라지는 일은 없다'는 세평은 헛소리가 아니다. 『조선일보』의 정치적 입장이 무엇인지는 차차 이야기하겠다.

『조선일보』 회장이 힘 센 또 하나의 이유는 모두가 『조선일보』를 두려워하기 때문이다. 안티조선 운동이 일어난 것은 불과 3년 전의 일이다. 언론학자 강준만이 『조선일보』를 향해 공개적으로 욕을 해대기 전까지는 누구도 이 거대한 신문과 싸울 엄두를 내지 못했다. 특히 정치권에서는 '조선일보에 찍히면 죽는다'는 게 진리로 통했다.

이것은 누군가『조선일보』한테 찍히고도 죽지 않고 살아남은 사람이 나타나기 전에는 깨지기 어려운 미신이다. 비록 근거 없는 미신이라 할지라도 모두가 믿으면 진리가 된다.

한마디로『조선일보』, 정말 무서운 신문이다. 이 신문에 찍히는 바람에 반쯤 '죽어나간' 사람이 하나 둘이 아니다. 유명한 이름만 대충 나열해보자. 김영삼 정부의 한완상 통일부총리와 김정남 청와대 교육문화수석, 김대중 정부의 최장집 대통령자문 정책기획위원장, 이런 사람들은 모두『조선일보』의 '공직자에 대한 사상검증' 공세에 떠밀려 힘 한번 제대로 쓰지 못하고 밀려났다. 외국어대 이장희 교수는『조선일보』의 마음에 들지 않는 어린이 통일교육 교재를 썼다가 용공분자로 몰려 치도곤을 당했다. 이석현 국회의원은 북한식 용어에 익숙한 중국인들을 위해 명함에 "남조선"이란 한자를 병기했다가『조선일보』에 찍히는 바람에 울면서 소속 정당을 떠나야 했다. 『조선일보』, 이렇게 무서운 신문이다.

노무현, 돈키호테?

세상이 다 아는 것처럼 노무현은 자수성가한 남자다. 제도교육은 '부산상고'가 끝이고 잠깐 판사를 하다가 변호사 개업을 해 돈벌이에 열중한 평범한 변호사였다. 대학 나온 사람들은 학번으로 서

열을 따지곤 하는데, 어떤 사람은 대학을 나오지 않은 노무현을 두고 '82학번'이라고 한다. 1981년 소위 '부림사건' 관련 학생 변론을 맡은 일이 계기가 되어 1982년부터 본격적으로 사회를 공부하기 시작했기 때문이다.

'386세대' 대학생들이 다들 그랬던 것처럼 그도 80년대를 아스팔트 위에서 뛰었다. 부산민주시민협의회라는 재야단체 상임위원장과 민주헌법쟁취국민운동 부산본부 상임집행위원장을 지냈고, 1988년에 통일민주당 공천으로 부산 동구에서 출마해 국회의원이 되었다. 그는 1988년 '제5공화국 비리조사특별위원회' 청문회에서 일약 스타로 떠올랐지만 정치적 성공과는 거리가 먼 행로를 걸었다. 1990년 김영삼의 3당 합당을 거부한 후 무려 네 번이나 선거에 떨어졌다. 정치 입문 15년에 국회의원이었던 기간은 5년 반에 불과하며, 그밖에 공직 경력이라고 해야 해양수산부 장관 8개월이 고작이다.

그런데 이런 사람이 그 무섭다는 『조선일보』와 맞짱을 뜨고 나섰다. 해양수산부 장관을 그만두고 민주당 상임고문으로 있던 노무현이 2001년 7월 1일 "조선일보는 한나라당 기관지"라고 독설을 퍼부었다. 곧이어 민주당 대선 예비주자로서 『조선일보』와는 인터뷰를 하지 않겠다고 선언했다. 이때만 해도 그의 발언은 언론계와 정치권의 작은 화제거리에 불과했다. 아무도 노무현이 민주당 대통령 후보가 되리라고는 생각하지 않았기 때문이다.

그러나 이제는 상황이 달라졌다. 온 국민이 월드컵 바람에 휩

쓸린 2002년 5월 이후 지지율이 많이 하락했음에도 불구하고, 노무현은 여전히 이회창 후보와 선두다툼을 벌이는 유력한 대통령 후보로 남아 있다. 『조선일보』에 대한 노무현의 전투적 자세는 2001년과는 전혀 다른 정치적 무게를 가지는 것이다. 그는 2002년 5월 31일 경기도 시흥에서 열린 진념 경기도지사 후보 지원유세에서 『조선일보』를 향해 작심한 듯 포화를 퍼부었다.

"저는 조선일보 사장님 회장님처럼 그렇게 고상한 말만 쓰고 살지 않는지 모르지만, 그분들처럼 천황폐하를 모시고 일제에 아부하고, 군사독재 정권에 결탁해서 알랑거리고, 특혜 받아 가지고 뒷돈 챙겨서 부자가 되지는 않았습니다. 그렇게 기회주의적인 인생을 살지는 않았습니다. 저는 이 땅에 가난하고 힘없고 정직한 사람들과 함께 살았습니다. 말을 고치는 것은 할 수 있습니다. 그러나 과거시대 기회주의와 편의주의에 절은 그들의 사고방식은 결코 고칠 수 없습니다."

노무현은 그 무섭다는 『조선일보』를 겁내지 않는다. 『조선일보』와 싸우는 노무현을 두고 정치권과 언론계에서는 '뭔다'고도 하고 '무모하다'고도 하며 심지어는 돈키호테 비슷한 인물로 보는 사람도 있다. 그러나 발단에서부터 현상황까지 싸움의 전개과정을 보면 노무현은 그저 뭔 것도 아니요 무모하지도 않으며 엉뚱한 일을 벌인 것도 아니다. 그는 다만 자존심이 강하고 배짱이 좋은 남자일 뿐이다. 남성심리 전문가인 정혜신은 노무현을 이렇게 평가한다.

강준만 교수는 노무현에 대한 인지왜곡 현상을 이렇게 질타한다. "내가 보기에 노무현은 '무모'한 게 아니라 '대담'하다. 무모는 '앞뒤를 헤아려 생각하려는 신중성이 없음'이라는 뜻이고, '대담'은 '일 대하는 태도가 용감하고 담력이 큼'이라는 뜻이다. 대담한 사람을 무모한 사람이라고 욕한다면 이 세상에 누가 옳은 일을 위해 나서겠는가?" 내 말이 그 말이다. 무지를 배짱으로 아는 정치인은 수없이 보아왔지만 나는 아직까지 노무현처럼 '진짜 배짱'이 두둑한 정치인을 본 적이 없다. 노무현처럼 진정한 두려움이 무엇인지를 아는, 심리적으로 성숙한 인간이 드물기 때문일 것이다. (『노무현: 상식 혹은 희망』, 행복한책읽기, 2002년)

전쟁의 불씨, 『조선일보』 인물 프로필

'진짜 배짱'이 두둑한 노무현과 '밤의 대통령' 『조선일보』. 이 둘의 싸움은 11년 전인 1991년 9월 17일 『조선일보』가 내보낸 인물 프로필에서 그 단초가 열렸다. 싸움을 건 쪽은 『조선일보』다. 『조선일보』는 노무현을 가볍게 보았다. 초선에 불과한 햇병아리 정치인이 인물평이 마음에 들지 않는다고 해서 정면으로 치받고 나올 것이라고는 예상하지 못했을 것이다. 어쨌든 싸움은 어찌 보면 그렇게 '사소한 사건'에서 시작되었다.

노무현은 1989년 김영삼이 결행한 민정당-통일민주당-신민
주공화당의 3당합당을 거부하고 이기택·이철·김정길 등과 함께
세칭 '꼬마민주당'을 꾸렸다. 1991년 6월 지방선거에서 야당이 대패
한 이후 노무현은 야권통합 운동에 뛰어들어 같은 해 9월 김대중의
신민당과 함께 통합민주당을 결성했고 첫 대변인에 임명되었다. 문
제의 그 프로필을 보자. 길지도 않으니 전문을 소개한다.

과거 5공 청문회 당시 돋보이는 활동으로 이른바 '청문회 스타'가
됐던 고졸의 변호사 출신. 초선이지만 이번 야당통합 때의 기여도
와 언변 등이 참작돼 본인의 고사 자세와는 상관없이 대변인에 발
탁. 원내 진출 이후 노사분규 현장을 자주 찾아다니는 등 화제를 불
러일으켰다. 그러나 의원직 사퇴서 제출 촌극을 빚는 등 지나치게
인기를 의식한다는 지적도. 한때 부산요트클럽 회장으로 개인 요트
를 소유하는 등 상당한 재산가로 알려져 있다.

당시만 해도 『한겨레신문』을 제외한 모든 신문들이 세로쓰기
를 할 때라, 오른쪽 상단 점선 네모 칸에 '노무현 민주당 대변인', 왼
쪽 상단에는 동그란 얼굴 사진을 올렸고, 가운데는 큰 글씨로 「고졸
변호사… 상당한 재산가」라는 제목을 세로로 크게 뽑아놓았다.

이 프로필 기사는 매우 이례적인 것이었다. 청와대나 내각, 주
요 정당 당직 인사가 있으면 언론은 새로 자리를 받은 사람의 프로필

필요에 따라 동일 인물에 대한 그 평가가 극과 극을 달리는 『조선일보』의 인물 프로필. 『조선일보』 1991년 9월 17일(좌), 1993년 3월 12일(우).

을 내준다. 지금은 좀 덜한 편이지만 그때만 해도 정치인 프로필은 주례사 첫머리 신랑 소개와 비슷했다. 약점이 있어도 좋은 점만 나열했다는 이야기다. 그런데 유독 통합야당 대변인 노무현의 프로필만은 가시가 잔뜩 박혀 있었다. "노사분규 현장을 자주 찾아다니는"과 "개인 요트를 소유하는 등 상당한 재산가"를 이어놓고 보면 어딘가 앞뒤가 맞지 않는 위선적인 사람이라는 느낌을 준다. "촌극", "지나치게 인기를 의식한다"는 표현도 부정적인 뉘앙스를 풍긴다.

다른 신문과 비교해서 그렇다는 게 아니다. 다른 일로 다른 시기에 『조선일보』가 보도한 노무현 프로필과 비교해도 이것은 결코 정상적인 프로필 기사가 아니었다. 『디지틀조선일보』 검색창에다 노무현을 치고 시간 역순으로 검색해보라. 1993년도 기사부터 서비스가 되는데, 앞에서 세번째 노무현 관련기사가 1993년 3월 12일 『조선일보』 인물 프로필이다. 이때 노무현은 민주당 최고위원이 되었다. 이

프로필을 보면 1991년 9월 17일 프로필이 얼마나 이례적인 것이었는지 알 수 있다.

> 노무현 최고위원／변호사경력… 14대선 낙선
>
> 13대 때 국회 5공 청문회에서 스타로 부상한 기대주. 고졸 학력으로 사법시험에 합격, 법조인을 걸은 노력파. 정계 입문 전까지 부산에서 인권변호사로 활약했다. 국회에서도 근로자의 목소리를 대변하는 데 주력. 김영삼 총재의 통일민주당으로 원내진출 했으나 3당 통합 때 길을 달리했다가 14대 때 부산서 낙선했다. 당내 청년당원들로부터 인기가 높다. 경남 진양. 47세. 부산상고. 대전지법판사.

"기대주", "노력파", "인권변호사", "근로자의 목소리를 대변", "청년당원들로부터 인기가 높다"는 등 긍정적이고 따뜻한 표현과 어휘를 동원했다. 『조선일보』가 이럴진대 다른 신문들이야 더 말해서 무엇하겠는가. 이런 점을 고려하면 1991년 프로필 기사에 대해 노무현이 방어전을 벌인 건 너무나 당연하다. 하지만 그가 처음부터 『조선일보』를 공격한 것은 아니다. 다음날 곧바로 방송사와 신문사 정치부에 해명서를 한 장 돌렸을 뿐이다. 이 해명서는 눈여겨볼 필요가 있다. 2002년 민주당 국민경선 과정에서 이인제 후보 진영이 제기한 '호화요트' 논란이 벌써 11년 전에 등장한 문제임을 증명하는 문서이기 때문이다.

부산요트협회장과 관련하여, 1982년 경 요트를 취미생활로 탄 일은 있으나 척당 가격이 2백만 원 내지 3백만 원 정도의 소형 스포츠용이고, 요트 동호인 20여 명이 모인 동호인클럽 회장을 한 적은 있으나 부산요트협회장을 지내지는 않았으며, 현재는 요트를 소유하고 있지 않습니다. 일반인의 인식으로 요트라 하면 호화스러운 고가의 물건으로 보는 경향이 있어 오해의 소지가 있을까 싶어 사실을 밝힙니다.

상당한 재산가라는 주장에 대해서는 변호사로서 가난뱅이는 아니며, 그러나 299명의 국회의원 가운데 부자 소리를 들을 수준도 아니며, 사회적인 평으로서의 재력가는 더욱 아닙니다. 이런 보도가 또 다시 재인용되는 일이 없었으면 하는 우려의 뜻에서 해명서를 보냅니다.

『조선일보』가 이 해명을 보도해주었을까? 그럴 리 없다. 『조선일보』는 그렇게 가볍게 움직이는 신문이 아니다. 조선일보사에는 『조선일보』 말고도 소위 '새끼매체'가 많다. 『주간조선』과 『월간조선』이 대표적인 매체다. 『조선일보』의 행동방식을 면밀히 고찰한 사람들의 분석에 의하면 조선일보사의 매체들은 사상적 헤게모니를 차지하기 위한 '문화투쟁'에서 역할을 분담한다. 『조선일보』는 전략적 요충을 점령한 상태에서 '진지전(陣地戰)'을 수행한다. 날쎄게 움직이는 적을 상대로 위험이 따르는 '기동전(機動戰)'을 벌일 필요가 있을 때는

'별동대(別動隊)'인 『주간조선』이나 『월간조선』이 출동한다. 『조선일보』 프로필 기사에 대한 노무현의 발 빠른 대응을 무력화하는 업무는 그래서 『주간조선』의 몫이 되었다.

노무현의 반격과 『조선일보』의 보복

1991년 10월 6일자 『주간조선』은 해명서를 돌린 노무현의 반발을 '백 배 천 배로 응징'했다. 프로필 시비가 생긴 지 불과 보름 만에 나온 기사다. 제목은 섹시하게 글씨는 시커멓게. 「밀착취재: 통합야당 대변인 노무현 의원 과연 '상당한 재산가'인가」. 담당기자는 조선일보사 주간부 우종창 기자였다.

『주간조선』을 읽지 않는 사람들은 이런 기사가 난 사실도 몰랐겠지만, 야당 정치인들은 『조선일보』가 '노무현 죽이기'를 시작했다고 생각했다. 그러나 노무현이 『조선일보』를 상대로 정면대결을 감행하리라고 생각한 사람은 별로 없었다. 그런데 약 한 달이 지난 11월 중순 노무현은 조선일보사를 상대로 명예훼손 소송을 제기했다. 이때부터 『조선일보』와 민주당, 그리고 노무현 사이에는 정치인들에게는 몹시 익숙하지만 상식을 가진 보통사람이라면 입을 딱 벌릴 놀랄 만한 사태가 벌어졌다. 『조선일보』의 일개 출입기자가 대변인이 소송을 건 일을 가지고 정당의 대표 비서실장을 닦달하고 대표를 직접 만나 '심문'하는 풍경이 펼쳐진 것이다.

『한겨레』 정연주 주간의 표현을 빌자면 이것은 "조폭적 행태"였다. 그는 2000년 10월 11일 『한겨레』에 「한국 신문의 조폭적 행태」라는 칼럼을 썼다. 이것은 '조폭언론'이라는 언론계의 은어(隱語)를 양지로 끌어낸 최초의 칼럼이었을 것이다. 정연주는 자신이 경험한 조직폭력배의 세계와 『조선일보』 사이에 적지 않은 공통점이 있다고 생각했다. 워낙 재미있고 역사적으로 중요한 칼럼이니만큼 전문을 감상해보자.

> 70년대 후반, 긴급조치 9호 위반으로 감옥에 간 적이 있다. 자유언론을 외치다 75년 동아일보에서 추방된 선배들과 함께 구속됐다. 그때 같은 감옥에 들어와 있던 우리나라 조직폭력계의 거물급 몇명을 관찰할 수 있는 기회가 있었다.
>
> 그들은 막강한 힘과 조직과 돈을 가진 대단한 특권층이었다. 청와대 경호실과 검찰 고위급들이 구치소장 방까지 찾아와 특별면회를 했고, 교도소 내에서도 자유롭게 활보하고 다녔다. 왕초를 보살피는 부하들의 극진한 태도를 보면, 그들은 분명 황제였다. 그 황제의 말 한마디에 부하들은 죽음도 마다하지 않을, 절대적인 충성심까지 보였다. 이들이 풀려 나갔을 때 교도소 앞에 늘어선 수십 대의 고급 승용차와 부하들의 행렬은 영화에서나 봄직했던 대단한 장관이었다고 한 교도관이 전해줬다.

한국 조폭의 역사를 보면 신상사파가 명동을 지배하던 70년대 중반까지만 해도 '주먹'이 지배하던 '낭만적인' 시대였다. 그러나 일본 회칼과 몽둥이가 등장하여 신상사파를 무너뜨린 이후 이 땅의 조폭들은 잔인하고 냉혹해졌다. 자기들의 이익과 관할영역 확대를 위해 무자비하게 칼과 몽둥이를 휘둘렀던 것이다.

최근 일부 신문의 행태를 보면 이들이 칼과 몽둥이를 마구 휘두르는 조폭의 행태와 무엇이 다른가 하는 참담한 생각이 든다. 실제로 해당 언론사 내부에서조차 "우리가 조폭과 무엇이 다르냐"는 자조 섞인 개탄의 소리도 들린다.

정상회담 이후 『조선일보』가 보여온 사설 논평은 거의 무차별적 공격이 주종을 이룬다. 6월 13일자 사설에서 "한꺼번에 너무 많은 것을 얻을 수 있다는 생각을 가져서는 안 된다"던 『조선일보』는 그 뒤 남북간 각종 회담이 열릴 때마다 사사건건 트집을 잡았다. 첫 국방장관 회담 때는 '긴장완화'가 빠졌다고 다그쳤고, 이산가족 회담 때는 '면회소 설치' 문제에 진전이 없었다고 호되게 비판했다. 그러다가 일부 회담에서 진전이라도 있을라치면 이번에는 '과속'이라고 나무랐다. 남북 화해시대에 대한 극도의 혐오와 저항이 사설과 칼럼 곳곳에 피처럼 배어 있다. 그 모습이 조폭의 격한 칼질처럼 느껴진다. 그리고 무차별적 비판이 '야성'이라는 이름 아래 정당한 언론행위처럼 일부에서 평가되기도 한다.

극우와 수구라는 이데올로기에서 이처럼 격렬한 붓의 칼을 휘두르는 『조선일보』와 달리 『동아일보』는 일관성도 없이 자기들의 조직 이익을 위해 마구 칼을 휘두르는, 전형적인 조폭 체질이라는 비판을 받는다. "동아일보 보도가 심상치 않다. 정부비판의 강도를 높이면서 영남지역 문제를 집중적으로 부각시켜 동아일보 내·외부로부터 의혹의 눈길을 받고 있다."『미디어 오늘』이 최근 전한 내용이다. 『동아일보』 9월 9일자 「대구 부산에는 추석이 없다」는 기사에 대한 회사 안팎의 비판을 전한 이 신문은 『동아일보』가 정부 '때리기', 영남 '달래기'를 하는 원인으로 열세에 몰린 영남권 사세 확장을 위한 전략적 포석이라는 분석도 실었다. 그리고 "정부에 요구했던 부지매입과 동아방송 반환요구가 거절된 때문이라는 지적도 언론계 내부에서 강하게 제기되고 있어 주목된다"고 지적했다.

언론망국론이 어제오늘의 얘기는 아니다. 군부 독재정권에 빌붙어 온갖 굴종과 왜곡으로 군부 독재정권의 수명을 떠받쳐온 수구언론, 조폭의 왕초처럼 제왕적 권력을 누리면서 조폭적 행태를 일삼는 세습 수구언론의 사주들, 이들 사주들에게 충성을 바치는 중간 보스들의 노예근성과 이들이 휘두르는 붓의 폭력성, 조폭의 관할영역 확대를 위한 피투성이 싸움처럼 판매부수 1위를 위해 벌이는 살인적인 판매 경쟁 양태, 이런 조폭 수준의 신문들이 신문시장의 60% 이상을 장악하면서 이 땅을 황폐화시키고 있는 이 처절한 상황이 계속되는 한, 이 땅에 사랑과 평화가 가득한 공동체 건설을 바라는 것은 허망한 일이다. 젊은 언론인들이여. 일어나 조폭적 사주들에게 저항하라.

2001년 봄 해양수산부 장관을 하고 있던 노무현은 기자들과 만난 자리에서 '조폭적 언론'이라는 표현에 공감한다고 말했다가 한나라당과 조중동(조선일보·중앙일보·동아일보)한테 뭇매를 맞은 바 있다. 그런데 이미 10여 년 전의 『주간조선』 기사와 노무현의 소송 제기를 둘러싼 정황을 살펴보면 정당과 정치인을 대하는 언론의 태도에 분명 '조폭적'인 면이 있음을 확인하게 된다. 노무현은 그걸 직접 체험한 사람이다.

그 사건은 노무현이 『조선일보』와 싸우는 이유를 이해하는 결정적인 열쇠다. 『조선일보』의 '노무현관'과 노무현의 '조선일보관'은 이 싸움을 통해서 형성되었다. 『조선일보』에게 노무현은 언젠가는 제거해야 할 위험한 정치인이 되었고, 노무현에게 『조선일보』는 어떻게 해도 싸움을 피할 수 없는 언론계의 조폭 두목이 된 것이다. 2001년 이후 둘 사이에 벌어진 싸움은 1991년도에 벌인 싸움의 확대복사판에 불과하다.

노무현과 『조선일보』의 명예전쟁

우선 당시 우종창 기자가 『주간조선』에 쓴 기사와 노무현의 반

‘근거 없음’ 판정을 받았음에도 두고두고 노무현을 괴롭혀온 문제의 기사. 조폭언론의 명예(?)를 위해 언제까지 그 칼질에 당해야 하는 걸까? 『주간조선』 1991년 10월 6일자.

박 가운데 제일 첨예한 대립을 보인 내용부터 살펴보자. 먼저 노무현의 해명서에 대해 『주간조선』은 『조선일보』를 거명하지 않은 채 노무현이 "언론에 보도된 자신의 인물평에 대해 이의를 제기하고 나서 정가에 뒷얘기가 무성하다"고 함으로써 마치 남의 일을 논평하는 듯한 태도를 취했다.(여기서 인용하는 『주간조선』의 주장과 노무현의 반박은 1991년 10월 6일자 『주간조선』 기사와 노무현의 소장에서 발췌한 것임을 밝혀둔다.)

정가의 분위기는 그러나 한마디로 '노 의원의 해명이 과연 사실일까' 하며 의아해 하는 눈치다. 그럴 수밖에 없는 것이 노 의원의 재산이 상당하다는 얘기가 1년 전부터 파다했으며, 매스컴을 통해 알려진 노 의원의 이미지가 실제 모습과 같지 않다는 말도 오래 전부터 있어 왔기 때문이다.

당시 정가에 나돈 얘기는 노 의원이 겉으론 돈이 없는 것처럼 보이지만 실제로는 이재에 밝아 재산이 상당액에 달하며, 인권변호사로서의 역할도 상당부분 과장돼 있다는 것이었다. 또 요트 타기를 즐겼을 뿐 아니라 노사분규 중재 과정에서 '재미'를 보았다는 말도 있었다. 그외 사생활과 관련된 얘기도 들렸다.

1년 전에 이미 '상당한 재산'과 '요트' 등으로 구설수에 올랐던 노 의원이 이번에 프로필 해명문제로 다시 한번 입방아에 오르고 있다.

이것이 사실이라면 정치인 노무현은 '뒤로 호박씨 까는 사기꾼'이다.(2002년 3월 국민경선 당시 『조선일보』 기자 출신인, 이인제 후보의 공보특보 김윤수도 바로 이런 이미지를 씌우기 위해 똑같은 논리를 전개했었다.) 노무현의 항변을 보자.

이것은 누구도 진위를 입증하기 어려운 풍문의 나열이다. 과연 1년 전부터 파다했던 얘기이며 구설수를 치르고 입방아에 오를 만큼의 풍문이 있었는지 여부는 알 수 없으나, 이를 통해 나에 대한 악의적 소문들을 열거하고 마치 정가에서는 이미 다 아는 사실이라는 논조를 유지함으로써 일반 독자로 하여금 근거 있는 사실인 양 부정적인 인상을 주고 있다. 노무현의 해명은 거짓말일 가능성이 높으며 이미지와 실제 모습은 다르다. 돈벌이에 밝고 인권변호사 역할은 과장되었다. 노사분규 과정에서 재미를 보았으며 요트를 즐겼다. 이런 결론을 암시하며 대중의 호기심을 자극하는 것이다.

돈을 밝히는 사람이라는 주장을 뒷받침하기 위해 『주간조선』은 노무현의 변호사 활동을 다음과 같이 묘사했다.

그는 부산상고를 나와 10년간 독학한 끝에 75년 제17회 사법시험에 합격, 77년 9월 대전지방법원 판사로 공직생활을 시작하면서 재산을 일구게 된다. 그러나 7개월 만에 판사직을 사퇴했다. 법복을 벗은 이유는 관료주의 체질에 대한 회의도 있었지만 실은 '돈을 벌기 위해서'였다. 본인도 이를 부인하지 않았다.

돈을 벌기 위해 사표를 냈기 때문에 78년 5월 부산에서 개인변호사 사무실을 낸 뒤 주로 한 일은 민사사건이었다. 형사사건은 개업 후 초창기에 관여하다 바로 민사로 돌아섰다. 그러면서도 그는 '등기 사무'에도 손을 대 부산지역 사법서사들로부터 반발을 사기도 했다. 등기사무는 변호사 업무에 속하기는 하나 관례상 사법서사들의 몫으로 인정돼 돈이 되는 줄 알지만 변호사들은 맡지를 않았다. 그런데 노 의원은 금융기관에 종사하는 부산상고 동문들의 도움을 받아 약 1년 간 이를 취급했다. 부산 법조계에 따르면 변호사가 등기 업무에 관여한 것은 노 의원이 처음이었다는 것이다.

이 대목은 노무현이 '돈밖에 모르던 사람'이라는 느낌을 준다. 다시 노무현의 항변을 들어보자.

'대전지법 판사로 공직생활을 시작하면서 재산을 일구게 된다'는 기술은 사실이 아니다. '공직생활'을 시작하면서 재산을 일구게 된다는 표현은 은근히 부도덕의 냄새를 풍긴다. '본인도 이를 부인하지 않았다'는 것은 일면 사실이기도 하다. 그러나 판사직을 사퇴할 때 다른 여러 이유와 더불어 돈을 벌겠다는 생각도 한 가지 요인이었다는 점을 솔직하게 표현한 적은 있지만 오직 돈을 벌기 위해 사퇴했다고 말한 적은 없다. '돈을 벌기 위해 사표를 냈기 때문에 주로 민사사건을 했다'거나 '형사사건은 초창기에 관여하다 바로 민사사건으로 돌아섰다'는 기술은 사실과도 다르며, 법조계의 일반적 상식도 모른 채 기자가 지어낸 것이다. 형사사건은 돈벌이가 안 되고 민사사건은 돈벌이가 잘된다는 전제는 틀린 것이다.

『주간조선』은 노무현의 인권변호사 활동도 문제삼았다. 열심히 하지도 않았을 뿐만 아니라 돈벌이가 되지 않는다고 불평을 했다는 것이다. 『주간조선』과 노무현의 상반된 주장을 들어보자.

노 의원은 부산대 출신 10여 명이 의식화 활동을 벌인 혐의로 체포, 구속된 82년 '부림사건' 때 처음 시국사건을 맡았다. 이때 노 의원은 변호인으로 큰 활약을 한 것으로 알려져 있으나, 당시 재판에 참여했던 부산의 한 변호사에 따르면 이는 사실과 다르다는 것이다.

"부산에서 첫 시국사건 재판이어서 변호인을 물색하기 어려웠다. 선배 변호사가 노 의원에게 참여해 달라고 요청했더니 노 의원은 '돈도 되지 않는 사건을 내가 왜 맡아야 하느냐'며 고사했다. 겨우 그의 마음을 달래 5인의 변호사 중 한 명으로 참여시켰다. 재판이 끝난 뒤 그는 '시국사건은 재미도 없고 끝나고 고맙다는 인사가 없다'고 불평하면서 다시는 맡지 않겠다고 했다. 그는 돈이 되지 않는 사건에는 관심을 보이지 않았다. 85년 부산 미문화원방화사건 재판 때 두번째로 시국사건 변호인이 되었는데 이때도 이름만 걸어놓았지 변론에 적극 참여하지 않았다."

부림사건 당시 난처한 처지에 있던 선배 변호사의 요청을 흔쾌히 수락하고 열심히 했다. 이는 부림사건 관련자들이 지금까지 나와 밀접한 관련을 맺고 활동 중인 사실이 입증하며, 부산 미문화원 방화사건 경우 서울의 이돈명, 황인철, 홍성우 변호사 등 쟁쟁한 분들이 주도하였기 때문에 배우고 관망하는 자세였을 뿐이다.

또한 부림사건 관련 청년 학생들이 석방된 이후 84년부터 본격적으로 노동, 인권 변론을 맡아 세화상사, 삼도물산, 동국제강, 동성버스, (주)통일 등의 해고무효 확인소송과 산재사건, 학생과 노동자 구속 관련 형사사건을 수임하여 처리했다. 84년 초에는 공해문제연구소를 발족하였고, 84년 9월부터 변호사 사무실에 노동법률상담소를 자비로 설치 운영했다. 사건 변론시 형편이 어려우면 무료로, 수임료를 받더라도 인지대를 포함하여 30만 원을 넘지 않았으며, 이 돈조차 상담소에서 자체 관리해 부산지역 인권단체를 지원함으로써 당시 공안기관에서 악명 높은 변호사로 지목받던 상황이었다.

『주간조선』에 따르면 오로지 돈벌이에만 골몰했던 노무현은 도대체 돈을 얼마나 모았을까? 우종창 기자가 추적해본 '상당한 재산가' 노무현의 재산 내역이다.

"87년 7월 거제 옥포사건으로 구속됐을 때 그동안 갖고 있던 재산을 정리해 자동차 종합매매상을 하던 친구에게 투자했다. 친구 공장이 부산 사상공단에 있었는데, 내가 공장부지 98평을 약 1억5천만 원에 매수했다. 부산 남천동 삼익아파트(약 40평)을 제외하고 여기저기 빌려준 돈과 친구에게 맡긴 돈 등을 합했다. 땅을 구입해 준 대가로 매달 120만 원씩 받았다. 그 땅을 89년 7월 친구에게 팔고 지금은 손을 뗐다."

노 의원의 말대로라면 87년 7월 경 그의 재산은 40여 평짜리 아파트 한 채, 콘도 회원권 하나, 친구에게 투자한 1억5천만 원이 전부인 셈이다. 본인 스스로 85년부터 변호사 업무를 거의 중단했기 때문에 재산증식이 멈췄다고 했으나 그 이후 그의 재산은 줄지 않고 늘었다. (…)

노 의원의 재산과 관련해 눈여겨볼 대목은 그의 형 노건평 씨의 재산이다. 노 의원은 3형제 중 막내지만 맏형이 일찍 사망해 둘째 형 건평 씨가 맏이 노릇을 하고 있다. 건평 씨는 69년 세무공무원으로 공직을 시작, 병역관계로 잠시 쉬긴 했으나 78년까지 약 10년간 세무서에 근무했다. 그후 고향에 돌아가 농사를 지으면서 부동산에 상당한 관심을 나타냈다. 건평 씨는 고향인 진영뿐만 아니라 부산, 마산, 창녕 등지의 논밭, 임야, 잡종지, 대지 등 가리지 않고 투자했다. 건평 씨는 부모로부터 물려받은 과수원을 84년 7천여 만 원에 팔아 이를 밑천으로 부동산 매매에 나선 것으로 전해졌다.

지번으로 따져 그가 사고 판 부동산의 개수는 40여 개에 육박했다. 이중 어떤 부동산은 은행에 수십억 원의 근저당이 설정될 만큼 고가였다. 뿐만 아니라 건평 씨의 부인도 한때 수만 평의 부동산을 소유했던 것으로 드러났다.

기사 내용을 보면 노무현 자신의 재산은 '상당한 재산가'라는 표현에 어울릴 만큼 아주 많지는 않다. 그러나 형 건평 씨와 그 부인의 부동산을 문제삼은 것은, 노무현이 변호사 해서 번 돈으로 형과 형수를 통해 투자함으로써 부동산 투기 사실과 재산을 은닉했다는 인상을 준다. 물론 노무현은 이것이 모두 모략이라며 다음과 같이 반박했다.

내 재산에 관한 것은 모두 사실이기는 하나, 바로 내가 기자에게 설명해준 사실 일부를 고의로 생략함으로써 의혹의 실마리를 남기고 있다. 87년 7월 경 재산액은 기사 내용과 같다. 그런데 그 이후 선거에 당선되고 88년 7월 부산 아파트를 팔아 여의도 아파트를 샀고, 그 이후 부동산 값이 폭등하여 재산이 늘었다는 이야기를 기자에게 소상히 해주었는데 기자는 여기에서 내가 마치 무언가를 감춘 채 재산을 늘리고 있다는 암시를 주는 문장으로 끝맺고 있다. (…) 형의 재산과 관련한 보도는 대부분 사실이 아니다. 특히 '은행에 수십억 원의 근저당이 설정될 만큼의 고가'인 땅은 없으며 형 노건평 씨의 아내는 수만 평이 아니라 단 한 평의 땅도 가져본 적이 없다. 또한 노건평 씨가 구입하여 부인 명의로 이전한 땅도 없다.

'노 의원의 재산과 관련하여 눈여겨볼 부분은'이라는 표현이야말로 내가 부정한 재산을 운용한 듯한 인상을 주기 위한 기교적 표현이며 '가리지 않고 투자'라는 문구도 매우 악의적인 표현이다. '사고 판 부동산의 개수가 40여 개에 육박'이란 기사는 한 덩어리에 여러 필지가 묶여 있는 것을 의도적으로 과장하기 위한 표현이며, 그 뒤에 이은 허위사실의 열거를 통해 나는 물론 친인척까지 부도덕하고 부정한 사람들로 매도하고 있다.

『주간조선』은 이런 것들을 "노 의원이 겉으론 돈이 없는 것처럼 보이지만 실제로는 이재에 밝아 재산이 상당액에 달한다"는 근거로 제시했다. 그러면 "노사분규 중재 과정에서 '재미'를 보았다"는 보도의 근거는 또 무엇일까?

　'상당한 재산'과 함께 구설수에 올랐던 노사분규 과정의 '재미'도 약간의 실체가 드러났다. 소문은 노사분규를 조정하면서 노 의원이 노사 양측에서 돈을 받았다는 것인데, 이점에 대해 노 의원은 사용자로부터 2천만 원을 받은 적이 있다고 시인했다. 기자가 몇 개 기업의 이름을 거론했지만 그는 회사 이름을 밝힐 수 없다며 이렇게 말했다.

"3당합당 전 민주당 시절의 일이다. 동료의원 한 분이 김영삼 총재의 직접지시라면서 나에게 어느 기업의 노사분규를 중재해 달라고 하였다. 나중에 YS의 지시가 아닌 줄 알았지만 어쨌든 중재를 했다. 그후 그 의원이 누구를 만나자고 해서 만났더니 그 의원과 나에게 봉투를 하나씩 주었다. 받아보니 2천만 원이 들어 있었다. 한동안 우물쭈물하다가 이름을 밝히기 곤란한 어느 사회단체에 기증했다. 그리고 나서 그 일을 잊어버리고 있는데 그 기업에서 부탁이 들어왔다. 아차 싶어, 형에게 2천만 원을 급히 빌려 기업체에 돌려주고 말았다."

우종창 기자는 그 돈을 준 기업인이 누군지 끝내 확인하지 못했다. 그렇다면 노무현만이 알고 있을 그 일을 그는 어떻게 알았을까? 알고 보니 노무현 스스로 다른 잡지 인터뷰에서 한 말이란다. 노무현의 반론이다.

노무현이 어느 기업가에게서 돈 2천만 원을 받았다가 뒤에 돌려주었다는 보도는 사실이다. 그러나 노사분규 중재를 해서 '재미'를 보았다거나 양쪽에서 돈을 받았다는 것은 완전 허위다. 1년 전 우종창 기자의 집요한 재산조사가 끝난 뒤, 조사한 바에 따르면, 소문은 사실이 아니며 보도할 만한 자료가 되지 않는다고 했다.
그때 다른 잡지와 인터뷰하면서 사용자측의 로비사례를 들어 나 스스로 "돈에 대해서는 까다롭고 깨끗하게 처신해왔다"는 취지로 이야기를 들려주면서 눈먼 돈도 거저 삼키지 못하는 주제에 내가 무슨 부정을 해서 부자가 되었겠느냐고 반문한 적이 있다. 우종창 기자가 이 이야기를 가지고 마치 내가 노사 양측에서 돈을 받아왔으며 '상당한 재미'를 본 것이 '약간의 실체'가 드러났다는 식으로 허위기사를 작성했다. 이것이 가장 핵심적인 명예훼손이다.

『주간조선』 우종창 기자는 노무현의 재산, 인권변호사 활동의 진실성, 노동변호사로서의 정직성과 아울러 취미활동을 비롯한 사생활에 이르기까지 그야말로 '노무현의 모든 것'을 파헤쳤다. 이『주간조선』의 기사가 과연 어디까지 사실인지, 주장이 엇갈리는 부분에 대해서 양쪽의 주장을 모두 들어보았을 법원이 판결을 내렸다. 그러나 판결 이야기는 이따가 천천히 하자. 여기서 더 중요한 것은 감히 조선일보사를 상대로 소송을 건 노무현의 '무모한 짓'이 『조선일보』와 민주당 사이에 일으킨 소용돌이의 전말이다.

『조선일보』, 펜을 든 폭력조직

노무현은 1991년 11월 12일에 소장을 접수시키고 13일 아침 그 사실을 언론사에 알렸다. 그러나 주요 신문과 방송은 아예 기사거리로 취급해주지 않거나 토막기사로 처리했다. 그런데 지금은 인터넷신문 『오마이뉴스』 대표로 일하고 있는 오연호 기자가 노무현과 우종창을 포함한 관련 인사들을 두루 취재해 월간 『말』 1991년 12월호에 쓴 「노무현과 조선일보의 명예싸움」을 보면, 이것이 2002년 민주당 대통령 후보 국민경선 과정에서 터져 나온 노무현과 『조선일보』의 대결을 예고한 간단치 않은 사건임을 알 수 있다.

월간 『말』, 정말 대단하다. 전두환 정권의 '보도지침'을 폭로한 매체답다. 오연호는 곧장 분쟁의 현장에 뛰어들었다. 이런 흥미로운 기사거리를 내버려두고 다른 신문 정치부 기자 양반들은 다 뭐했는지 모르겠다. 이제 오연호의 기사를 토대로 당시 상황을 재구성해

보자. 『주간조선』이 그런 기사를 쓴다는 것을 언제 알았으며 왜 썼다고 생각하느냐는 오연호의 질문에 노무현은 이런 취지로 대답했다.

90년 8,9월 경 어떤 기자가 와서 군 계통에서 '이런 정보'가 나오고 있으니 조심하라고 했다. 며칠 있으니 출입기자들이 전부 와서 물었다. 내가 재산이 1백억대고 숨겨둔 여자가 있다는 것이었다. 『조선일보』 출입기자도 와서 슬쩍 물어보고 갔다. 그냥 웃고 말았다. 며칠 있다가 그 소문이 250억으로 늘어갈 즈음에 『주간조선』 우종창 기자가 전화로 만나자고 해서 만났다.

메모쪽지를 보면서 묻는데 그게 1984년부터 형님이 거래했던 재산 목록이었다. 자꾸 우리 형수 이름으로도 땅이 있다고 해서 적어두었다가 확인해보니 형님 소유 부동산과 번지가 겹쳤다. 그래서 그냥 주운 게 아니고 누군가 아주 의도적으로 흘린 것이라고 생각했다. 아주 체계적으로 전산화한 자료라 정부기관 협조가 없이는 찾아낼 수 없는 것이었다. (…)

당에서 함께 일했던 당원 하나가 우 기자를 만났는데 "사실은 '오더'가 내려왔기 때문에 가지고 있는 자료만 가지고 써버려도 나는 책임이 없다"고 했다고 한다. 그런데 며칠 후 다시 우 기자가 와서 "사실 뭐 조사해 보니까 특별히 보도 가치가 있는 것은 아닌 것 같다"고 했다. 야권통합 과정에서 『조선일보』가 낙종을 해서 그런지 이기택 대표와 김정길 총무를 차례로 때리더니 내가 대변인이 되니까 프로필로 때렸다. 다른 신문에 인용되는 걸 막으려고 언론사에 해명서를 보냈는데 그게 아마 『조선일보』에 괘씸죄로 걸린 모양이다.

야권통합과 관계가 없다면 나 개인을 겨냥한 특수한 경우일 가능성이 높다. 자료를 제공한 사람은 자기의 특수한 목적을 위해 그랬고, 『조선일보』는 이것을 야권통합과 관련해 정치적인 가치가 있는 자료로 평가했을 가능성이 있다.

노무현은 소송을 준비하는 과정에서 적지 않은 압력을 받았다. 조선일보사라는 거대 신문사의 보도를 문제삼아 다른 사람도 아닌 당 대변인이 명예훼손 소송을 낸다는데 민주당 지도부가 말리지 않았을 리 만무하다. 노무현의 하소연이다.

소송을 준비하는 동안 여러 사람과 의논하다보니 이야기가 새나가니까, 11월 8일 민주당 출입기자가 이기택 대표한테 가서 '민주당이 우리 『조선일보』와 싸울 거냐'고 협박조로 말했다고 한다. 소장을 접수시킨 12일 아침에 출입기자가 김대중 이기택 두 대표를 다 만나 대변인직을 내놓게 하지 않으면 민주당과의 싸움이 될 수밖에 없지 않겠느냐고 했다고 한다. 오늘 아침에는 사무총장, 김대중 대표 비서실장, 이기택 대표가 "민주당의 통합을 흡수통합으로 규정하는 방향으로 『조선일보』가 기획기사를 쓰겠다고 하는데 어쩌면

좋겠느냐"고 의논해왔다. 적당히 타협할 수 없느냐고, 화해를 주선
하겠다는 뜻이었다.

이걸 어떻게 평가해야 할까?『주간조선』은 국민들에게 인기가
높은 젊은 정치인 하나를 떡으로 만드는 기사를 내놓았다. 당사자가
명예훼손 소송을 걸었다. 그러자『조선일보』는 반론권을 보장해주거
나 법정 공방을 통해 진실을 규명하는 떳떳한 방법이 있는데도, 당직
을 박탈하지 않으면 그 정치인이 속한 정당을 세게 '조지겠다'고 당
지도부를 협박했단다.(여기서 '조진다'는 말은 언론계에서 통용되는
'전문용어'다. 뜻이야 굳이 설명하지 않아도 될 것이다. 다만 '조진다'의
반대말은 '빨아준다' 임을 독자 여러분께 미리 알려드린다.) 김대중은
지역당이라는 부정적 이미지를 벗기 위해 당세가 비교도 되지 않는
'꼬마민주당'과 대등한 자격으로 통합하면서 부산 출신 이기택에게
공동대표 자리까지 내주었다.『조선일보』같은 거대 신문이 이걸 '흡
수통합'이라고 몰아세우는 기획기사는 전국정당화를 위한 야권통합
의 정치적 효과를 반감시키는 결과를 낳는다. 이것은『조선일보』가
통합민주당에 가할 수 있는 가장 강력한 공격이었다. 이런 행위를 두
고 '조폭적'이라고 하는 게 지나친 표현일까? 아니다. 그냥 '조폭'이
라고 하는 게 맞다. 펜 대신 쇠파이프나 칼로만 바꿔놓으면 그대로
'조폭'이 된다.

오연호는 진실을 찾아 나섰다. 그는『주간조선』안철환 부장에

게 노무현 대변인의 목을 치라고 요구한 사실이 있는지를 물었다. 안 부장의 대답은 단호했다.

그 이야기는 듣지 못했다. 어제 민주당 의원 몇몇이 우리쪽 기자들하고 어떻게 했으면 좋겠느냐고 말을 나눈 적은 있다. 야권통합을 흡수통합이라고 조지는 연재시리즈를 낸다고 협박했다는 것도 금시초문이다. 이 사건이 조용하게 끝났으면 좋겠다. 법정으로 비화하면 혹시나 우리 『주간조선』의 보도태도가 밖으로 왜곡되게 알려질까 봐, 그럴 가능성이 많기 때문에 우리로선 소송이 자연적으로 취하되는 게 바람직하다.

민주당 지도부 협박 여부를 더 확인하기 위해 오연호는 민주당사를 찾아가 대표 비서실장 조승형 의원을 인터뷰했다. 협박당한 적 없다고 시치미를 떼던 조 실장, 끝내는 오연호의 유도심문에 걸려들고 만다. "소송이 그대로 가면 민주당과 노 의원에 대해 자기들이 아는 대로 쓰겠다고 하더구먼." 그게 협박 아니냐고 반문하자 웃고 만다. "으레 하는 소린데 뭐. 맨날 듣는 소리야. 우리는……." 그리고는 '비서실장이 아니라 국회의원 조승형이 한 말'이라고 전제한 다음에 이렇게 경위를 밝혔다.

비서실장실로 나를 찾아와서는 혹시 우리 대표하고 미리 협의하고 노 의원이 소송을 낸 것으로 의심을 하더라고. '모르신다. 같이 가서 확인하자' 해서 함께 김대중 대표실에 가서 내가 보고했더니, 초문이라고. 그래서 그 기자는 이번 사건과 김 대표가 전혀 관계없다는 걸 알았지. 대표실 가기 전에는 "노 대변인이 소송을 계속 유지하면 우리는 우리대로 공격하겠다"고 그러더라고. 무슨 공격? 했더니 "위에서 야권통합이 흡수통합이었다는 기획기사를 자꾸 쓰라고 해대서 고민이다" 하더군. 우리가 파악해 보니까 그쪽 위에서 그런 준비를 하고 있는 것 같더라고. 우리가 그것을 중지시켰어.

바로 이거다. 조승형의 말은 1987년 이후 한국 언론과 정당이 맺었던 상호관계의 본질을 드러내는 증언이다. 난폭하고 교활한 정치권력과 탄압에 굴하지 않고 저항하는 자유언론! 이런 그림은 6월 항쟁 이후 역사의 무대에서 사라졌다. 정치집단이 바랄 수 있는 최대 희망은 언론과 동등한 처지에서 서로 손잡고 일하는 것이 되었다. 일상적인 모습은 정당이 언론의 눈치를 살피고, 눈치가 부족하면 얻어터지는 장면이다.

보라. 민주당 대변인이 개인적으로 신문사와 소송을 하는데, 그 신문사의 일개 출입기자가 민주당 대표 비서실장을 닦달한다. 대표실에 함께 가서 대표가 미리 보고를 받고 허락했는지 여부를 직접 '심문'한다. 소송을 취하하지 않으면 재미없다고 협박한다. 그 정당에 비판적인 기획기사를 무기로 삼아 협상하고 거래한다. 공당의 대표 비서실장이라는 국회의원이 그 앞에서 설설 긴다. 이렇듯 '권력의 탄압을 받는 언론'이란 1991년에 이미 존재하지 않았다. 보도에 대한 권력의 검열과 언론인에 대한 박해가 사라지면서, 우리 언론은 '누구의 통제도 받지 않는 권력'이 된 것이다. 그 권력의 맨 앞자리에 『조선일보』가 있다. 오연호는 당사자 노무현의 입장이 무엇이었는지를 물었다. 조승형의 대답은 이랬다.

당이 그런 쟁송 때문에 피해를 봐서는 안 된다고 했더니 대변인직을 사퇴하겠다고 하더구먼. 그래도 당에 문제라고 말했더니 그럼 탈당하겠다고. 그래도 자네한테 피해가 간다고 했더니, 그럼 정치를 그만두겠다고 하더구먼.

그런데 우종창은 도대체 무엇 때문에 노무현을 조지는 기사를 썼을까? 적어도 오연호가 만난 우종창은 '오더'를 받아서 쓴 것이 아니었다. 그는 시종일관 언론인으로서의 사명감에 불타는 당당한 태도를 보였다. 1년 전에 취재한 것을 굳이 그 시점에서 보도한 이유를 그는 이렇게 설명했다.

그동안 내가 노무현 의원 기사 쓰자고 출판국장한테 이야기한 게 스무 번이 넘는다. 90년 10월 『중앙일보』에선가 국민투표 인기도 1위라고 났을 때 '이걸 계기로 잡읍시다' 했더니 '계기가 안 된다. 좀더

기다리자'고 했고, 그후 『시사토픽』에서 '나는 돈은 좀 있습니다' 라
고 났을 때도 쓰자고 했는데 그것도 안 된다. 그리고 올 초에도 쓰
자고 했다. 그러다가 계기가 온 것이 통합야당 민주당 대변인이 되
면서였다. 그 프로필을 해명한 것이. (…)

노 의원과 나는 인연이 묘하다. 학교도 다르고 부산 사람이라는 것
이외에 공통점이 없다. 87년 9월 노무현 의원이 거제도 옥포사건으
로 구속되었을 때도. 의원직 사표를 냈을 때도 그에 대해 우호적인
기사를 썼다. 그런데 그 이후에 내게 들려오는 게 노무현의 참모습
은 그게 아니었다. 그래서 같이 활동했던 변호사도 만나고 했더니
내가 쓴 기사 내용과 판판이 다르더라. 내가 잘못했구나. 바로잡아
야겠구나. 그런 마음을 가지고 있었다.

우종창 기자, 이 말이 진실이라면 정말 훌륭한 언론인이다. 언
론은 때로 탐지견 노릇을 해야 한다. 썩고 구린 곳, 위선의 냄새가 나
는 곳을 뒤져 귀중한 무엇인가를 건져야 한다. 국민이 알게끔 큰 소
리로 짖어야 한다. 그게 원래 할 일이다. 노무현이 그렇게 위선적이
고 부도덕한 인물이라면 당연히 속속들이 뒤져서 폭로해야 한다. 그
러나 동기가 그렇다고 해서 아무 짓이나 다 해도 좋은 건 아니다. 언
론인의 사명을 다하려다가 실수를 한 경우에는 사과할 줄도 알아야
하고, 잘못 쓴 기사 때문에 피 본 사람의 명예도 귀중하게 여길 줄 알
아야 한다. 그런데 우종창과 『조선일보』에는 그게 없다. 그래서 결국

법정에서 '2천만 원짜리 패소판결' 을 받게 된다.

어쨌든『조선일보』 민주당 출입기자의 '협박' 은 먹히지 않았다. 아무리 소송을 취하하라고 설득해도 소용이 없었다. 대변인 안 해도 좋다, 탈당하라면 하겠다, 정치 그만해도 좋다는 노무현을 주저 앉힐 방법이 없었던 것이다. 노무현은 오연호에게 이렇게 말했다.

민주당 지도부는 '그러면 당이 상처 입는데 어쩌면 좋겠나' 그러는 데, 내 대답은 '당에 부담이 된다면 부담이 안 되는 쪽으로 내 신변을 정리하겠다' 는 것이다. 나는 처음부터 정치하려고 이 판에 뛰어든 게 아니다. 강자의 횡포에 맞서다 보니 나도 모르게 정치인이 됐다. 『조선일보』가 한 정치인을 공략해서 정당생활을 어렵게 한다면 그것은 『조선일보』의 또 하나의 부도덕한 행위가 되지 않겠는가. (…)

『조선일보』는 거대한 입을 가지고 있으니까 엄청나게 불리한 싸움일 수 있다. 그러나『조선일보』처럼 부도덕한 언론과 아무도 싸우지 않는다면 누구도 정치를 바로 하지 못할 것이다. 결국 누군가가 상처 입을 각오를 하고 이런 악의적인 언론의 횡포에 맞서 싸워야 한다. 내가 정치를 잘 하는 것도 중요하지만 정치적으로 상처를 입는 한이 있더라도, 다른 정치인이 이로 인해 조금이라도 피해를 덜 입었으면 좋겠다는 생각이다.

『조선일보』가 노무현을 '조진' 진짜 이유

수모를 참으면서까지 『조선일보』에 잘 보이려 하기에는 자존심이 너무 센 노무현. 그럴 수 있다. 성격이 그러니까. 그런데 사람이 언제나 성격대로 살 수 있는 건 아니다. 『조선일보』처럼 센 신문이 '조지'려고 덤비는데 그런 식으로 배짱을 내밀려면 약점이 없어야 한다. 노무현은 정말 약점이 없는 것일까? 『조선일보』가 손을 봐주겠다고 나서도 뒷감당을 할 수 있을 만큼 깨끗한 것일까? '제2의 보복'을 걱정하는 사람들에게 노무현은 이렇게 말했다.

나도 인간이니까, 또 무슨 뒷조사를 해서, 이번에 쓴 것처럼 쓰면 인간의 어떤 사생활도 다 얘깃거리로 만들어낼 수 있을 것이다. 문제는 그런 것이 두려워 몸을 움츠리고 타협하기 때문에 지금까지 권력의 횡포, 강자의 횡포가 가능했다. 문제의 기사를 보고 한 달 반 가까이 고민했다. 어떤 사람들은 경솔하게 싸우는 것처럼 말하는데, 비대해질 대로 비대한 언론의 횡포와 맞서는 것이 좋은가, 타협할까, 한 달 넘게 고민해서 내린 결론이다.

노무현은 이 싸움을 밀어붙였다. 서울민사지방법원 이진영 판사는 1992년 12월 4일 원고 노무현의 손을 들어주었다. 조선일보사와 안병훈 편집인, 그리고 우종창 기자가 연대해서 2천만 원을 배상하라고 판결한 것이다. '법원 한국어'라 용어가 생소하고 문장이 한 없이 길어 읽기가 부담스럽지만, 관심 있는 독자를 위해 판결이유를 발췌해 소개한다. 법원은 노무현의 재산과 경력 등 사생활 보도의 공 익성을 인정했다. 노무현은 공인이기 때문이다. 그러나 문제의『주간 조선』보도에 진실성이 결여되었다는 이유로 원고 승소 판결을 내렸 다. 판결 이유 가운데 중요한 대목을 보자.

> 신문이나 잡지 등 언론매체가 특정인에 관한 기사를 게재한 경우
> 그 기사가 특정인의 명예를 훼손하는 내용인지의 여부에 관하여는,
> 기사의 객관적인 내용뿐만 아니라 일반의 독자가 기사를 접하는 통
> 상의 방법을 전제로 기사의 전체적인 흐름, 사용된 어휘의 통상적
> 인 의미, 문구의 연결방법 등을 종합적으로 고려하여 그 기사가 독
> 자에게 부여하는 전체적인 인상을 기준으로 판단하여야 할 것인
> 바, (…)
> 이 사건 기사는, 원고가 일반적으로 때묻지 않은 깨끗한 정치인이
> 고 근로자와 농민들을 대변하는 인권변호사로 알려져 있으나, 정가
> 에는 1년 전부터 원고가 겉으로는 돈이 없어 보이지만 실제로는 이
> 재에 밝아 재산이 상당액에 달하고, 인권변호사로서의 활동도 과장
> 되어 있으며, 요트 타기를 즐겼고, 노사분규 중재과정에서 재미를
> 보았다는 소문이 나돌았는데, 실제로도 원고는 어려운 환경에서 사
> 법시험에 합격하여 판사로 임관되었으나, 돈을 벌기 위하여 사법서

사의 직역인 등기업무를 취급하여 부산지역의 사법서사들의 반발을 샀을 뿐 아니라, 1982년부터 1985년까지는 요트에 정신 없이 빠져 시국사건 변호에는 등한히 하고 1985년 당시 고급이었던 콘도미니엄 회원권을 구입하였으며, 부동산 투기를 하는 형에게 자금을 지원하여 재산을 증식하였고, 선거자금 중 남은 돈으로 자신의 집을 마련하였으며, 노사분쟁 중재과정 중 노사 양측으로부터 돈을 받는 등 부도덕한 정치인일 뿐 아니라, 인권변호사로서의 활동도 과장되어 있다는 인상을 주고, (…)

이 사건 기사 중 사진은 원고가 5공 비리 청문회에서 활발한 활동을 하였고 노동현장에서는 근로자의 의견을 경청하는 태도를 보이는 반면, 국회 내에서는 3당통합에 반대했던 사람이 3당통합 이후에도 민자당 대표 최고위원인 김영삼을 찾아가서 인사를 하는 이중성을 가진 정치인이라는 인상을 주며, (…)

풍자만화는 언론에 의하여 사생활이 공개된 원고가 당황해하며 이를 숨기려는 내용으로서 원고는 사생활이 깨끗하지 못한 부도덕한 정치인이라는 인상을 주고 있다 할 것이고, 또 이 사건 광고는 풍자만화와 함께 원고가 상당한 재산가로서 부도덕한 정치인이라는 인상을 주고 있으므로, (…)

위와 같은 이 사건 기사 및 광고가 독자들에게 보도, 공표됨으로 인하여 국회의원으로서의 원고의 명예가 현저하게 훼손되었음이 명백하다 할 것이므로, 피고 우○○의 이 사건 기사내용의 작성, 피고 안병훈의 이 사건 기사의 편집 및 피고『조선일보』의 이 사건 기사 및 광고의 발행, 배포행위는 원고에 대하여 명예훼손이 된다 할 것이다.

한마디로 쉽게 말하자.『주간조선』이 사실적 근거가 없는 과장과 왜곡으로 정치인 노무현을 '나쁜 놈'처럼 묘사했다는 이야기다. 구체적으로는 원고의 재산이 상당하다는 내용, 인권변호사로서의 원고의 활동이 과장되었다는 내용, 원고가 요트 타기를 즐겼다는 내용, 노사분규의 중재 과정에서 이득을 취했다는 내용 등 다툼의 대상이 된 보도 요지 모두에 대해 "진실함을 뒷받침할 만한 자료에 의하여 위 기사를 작성하였음은 인정되지 않는다"는 판결을 내린 것이다.

그러나 이 판결에도 불구하고 문제의『주간조선』보도는 두고두고 노무현을 괴롭혔다. 1992년 3월 24일 치러진 제14대 총선. 노무현은 부산 동구에서 민자당 허삼수 후보와 두번째 대결을 벌였다. 허삼수는 유세장에서『주간조선』을 읽어보았느냐는 말로 입을 뗀 후 이 기사 내용을 근거로 들어 노무현을 인신공격하는 데 열을 올렸다. 노무현은 낙선했다. 1995년 6월 민주당 후보로 부산시장 선거에 나섰을 때도 마찬가지였다. 민자당 문정수 후보 역시『주간조선』기사를 남김없이 우려먹었고, 노무현은 또 떨어졌다. 2002년 3월 민주당 대통령 후보 국민경선에서도 이인제 후보의 공보특보였던『조선일보』기자 출신 김윤수가 같은 수법을 썼다. 소위 '호화요트를 즐겼던

가짜 서민후보'라는 공격이다. 요트 문제에 대해서는 뒤에서 다시 말할 기회가 있을 것이니, 여기서는 『주간조선』의 허황한 기사가 노무현을 얼마나 오랫동안 괴롭혔는지만 확인하고 넘어가자.

그런데 오연호 기자의 인터뷰를 보면 노무현은 한 가지를 착각한 것으로 보인다. 『주간조선』이 그런 기사를 내보낸 이유에 대해서다. 우종창 기자는 스무 번도 넘게 노무현을 '조지는' 기사를 쓰겠다고 했지만 받아들여지지 않았단다. 그런데 '프로필 해명 사건'이 일어나자마자 데스크는 그 제안을 받아들였다. 우종창이 사명감에 따라 썼든 오더를 받아서 썼든 그건 별로 중요하지 않다. 『조선일보』가 노무현을 '조진' 근본적인 이유는 다른 데 있었기 때문이다. 『주간조선』의 보도가 사실이라고 친다 해도, 노무현의 재산을 다 합쳐서 10억이나 20억이고 형이 땅 투기를 좀 했다고 인정하더라도, 다른 정치인들의 경우와 비교해서 특별히 문제가 될 일은 아니지 않느냐는 오연호의 질문에 우종창은 이렇게 대답한다.

일단 노무현 의원은 우리나라 299명의 의원 중에는 조금 다른 의원이라고 봐야 한다. 청문회 스타이기도 하지만 차세대 지도자, 대권주자 얘기까지 하는데, 상당히 책임을 져야 하는 지도그룹이다. 자기가 잘못한 일이 있으면 시인해야 하는데 어물쩍 넘어가고……. 내가 볼 때는 노 의원은 국민들이 다음을 맡겨도 좋겠다는 사람 중의 한 사람이었기에…….

브라보, 『조선일보』! 역시 '신문 그 이상의 신문', 대한민국을 지배하는 '밤의 대통령'이 이끄는 '1등신문' 맞다. 『조선일보』는 치밀하고 단호하다. 자기의 마음에 들지 않는 정치인이 대중적 지도자로 성장할 가능성이 있을 경우, 미리 미리 약점을 조사해서 더 크지 못하도록 꼭꼭 밟아준다. 노무현 자신은 2000년 4월 총선 무렵, 처음으로 진지하게 대통령 출마를 생각했다는데, 『조선일보』의 일개 취재 기자 우종창은 그보다 10여 년 전에 벌써 그런 생각을 하고 있었다!

우종창의 말은 중요한 의미를 지닌다. 만약 노무현이 대통령 감이 아니라면 굳이 근거도 불확실한 기사로 무리하게 '조질' 이유가 없었다는 말이다. 국민이 대통령감으로 본다면 그 인물을 미리 '검증'을 하는 것은 언론이 당연히 해야 할 일이다. 정말 문제가 있는 인물이면 그렇게 해서 정체가 드러나고 선거를 통해 걸러질 것이다. 문제가 없다면 살아남을 것이고. 그러나 『조선일보』는 자신이 얼마나 무서운 존재인지를 맛보여주고, 그렇게 혼을 내서 길들기를 시도한 것이다. '밤의 대통령'이 이런 중차대한 국가적 과업을 외면할 수는 없는 노릇 아닌가.

노무현의 공세적 방어

그런데 『조선일보』는 상대를 잘못 골랐고, 또 잘못 건드렸다.

보내버리려면 그때 아주 확실하게 밟아서 보내버렸어야 했다. 그런데 노무현은 재산이 아주 많지도 않으려니와 불법적으로 축재를 하거나 뇌물을 받아먹어 물의를 일으킨 적이 전혀 없는 정치인이다. 그런 문제를 가지고 '조겨' 봐야 흠집은 조금 내겠지만 '죽일' 수는 없다. 『조선일보』가 정치인 김대중이나 최장집을 비롯한 진보적 지식인들을 상대로 즐겨 써먹었던 색깔론 공세도 노무현에게는 잘 먹혀들지 않는다.

그래서인가. 조선일보사는 여러 경로를 통해서 화해를 청했고, 1심에서 승소함으로써 자존심을 세운 노무현은 화해 제의를 받아들여 소송을 취하했다. 그는 왜 소송을 취하한 것일까? 2001년 6월 7일자 『미디어 오늘』 인터뷰에서 이렇게 밝혔다.

손해배상액이 너무 적어 잘못된 보도에 대한 응징도 반성의 계기도 될 수 없을 것이라고 판단했다. 한겨레와 동아일보를 제외한 다른 언론들이 승소사실을 보도하지 않아 명예회복도 되지 않았고 버거운 보복만 남아 있다는 생각을 했다. 또 소송을 중지하라는 유력 일간지 간부들의 권고를 받았는데 이를 거부한다는 것은 다른 언론도 적대시하겠다는 의미로 받아들여졌을 것이다.

노무현의 말처럼 언론은 『조선일보』의 패소를 보도하지 않았다. 『한겨레』가 제법 크게 보도했고 『동아일보』가 1단짜리 기사로 처리한 것을 제외하고는 모든 언론사가 노무현이 『조선일보』를 상대로 거둔 법정투쟁의 승리에 대해 입을 다문 것이다. 이 '침묵의 카르텔'을 노무현은 언론 전체의 소송 취하 압력으로 받아들였다. 결국 『조선일보』 사장과 우종창 기자의 개인적인 사과를 받고 노무현은 아무 조건 없이 소송을 거두어들였다.

노무현은 언론사 세무조사가 정치적 쟁점으로 등장한 2001년 2월 해양수산부 장관 시절 '수구언론'에 대해 포문을 연다. 그는 얼마 지나지 않아 공격의 초점을 『조선일보』에 집중한다. 민주당이 국민경선을 치른 2002년 봄에는 『조선일보』와의 전면전을 시작한다. 1991년 『주간조선』 보도로 일어났던 싸움은 그가 왜 이 시점에서 만만치 않은 역풍을 각오하고 '신문 그 이상의 신문' 『조선일보』와 일전을 벌이게 되었는지를 해명하는 결정적인 열쇠다.

첫 싸움에서 노무현은 이런 판단을 한 것으로 보인다. "날마다 꽃을 바친다고 해서 나를 잘 봐 주겠느냐" "조선일보와의 싸움은 민주화운동이다"라는 발언을 보면, 노무현은 자신이 어떻게 행동하든 『조선일보』의 태도에는 변함이 없을 것이라고 생각한 듯하다. 또 자신이 민주개혁의 기치를 들고 정치를 하는 한 대통령이 된 후에도 『조선일보』의 공격을 받을 수밖에 없다고 믿은 것으로 보인다. 어차피 당할 수밖에 없는 공격이라면 '무릎 꿇고 살기보다 서서 싸워 죽는' 게 낫다는 것이다.

이런 인식은 노무현의 말에 짙게 배어 있다. 예컨대 노무현은 민주의원 "언론관계 부드럽게…"
노무현 "특정사와 타협안해"

"나는 언론의 피해자다."
노무현(盧武鉉) 민주당 대통령 후보는 9일 국회 문화관광위와 농림해양수산위 소속 민주당 의원 15명과 가진 조찬 간담회에서 여전히 일부 언론에 대한 불편한 감정을 감추지 않았다.
노 후보는 이날 일부 잠석 의원들이 "이제 언론 관계를 부드럽게 가져갈 필요가 있지 않느냐"고 묻자 "나는 피해자로서 불가피하게 싸우고 있는 것이지 내가 먼저 공격한 것이 아니다"며 이같이 답했다.
그는 특히 "특정 언론사는 자신의 존재 근거와 삶의 정당성, 회사의 사활이 걸려 있기 때문에 우리 같은 개혁정당을 용납하지 않으려 한다"며 '특정 언론'을 겨냥했다.
노 후보는 "부당하게 사실을 왜곡하고 편파 보도하는 어느 언론사에 내가 1주일에 한번씩 찾아가서 절을 한다고 하더라도 시정되겠느냐. 시정된다면 그렇게 하겠지만 본질적으로 그렇게 되지 않을 것이다"며 특정 언론과 타협을 맺겠다는 뜻을 분명히 밝혔다.
그는 김대중(金大中) 대통령과 언론과의 관계에 대해서도 언급했다. 그는 "김 대통령이 얼마나 언론을 어루만지고 유화적으로 대했느냐. 그러고도 얼마나 당했느냐"고 의원들에게 묻기도 했다.
이날 잠석 의원들 간에는 노 후

보와 언론과의 관계에 대해 "이제 대통령 후보가 됐으므로 언론과 좋게 지내야 하지 않느냐"는 온건론과 "잘못된 보도에 대해 당당히 맞서는 것은 노 후보의 생명력이므로 언론과 타협할 필요가 없다"는 강경론이 엇갈렸다는 후문이다.
일부 의원들은 자연스레 언론사를 방문하는 형식으로 관계를 개선할 필요가 있지 않느냐고 권유하기도 했다는 것. 그러나 노 후보 자신은 "내가 특정 언론사와 이런 관계가 형성된 데는 나름의 역사가 있다"며 이 같은 권유를 뿌리친 것으로 알려졌다.
모임에 나서던 유종필(柳鍾珌) 후보 공보특보는 "특정 언론사 이름은 구체적으로 거론되지 않았다"고 전했다.

최영haeng기자 ynchoi59@donga.com

14.22일 대선후보초청 관훈토론

관훈클럽(총무 문창극·文昌克)은 14, 22일 낮 12시 한국프레스센터 20층 국제회의장에서 대통령후보 초청 관훈토론회를 개최한다. 14일에는 노무현(盧武鉉) 민주당 후보를, 22일에는 이회창(李會昌) 한나라당 후보를 초청해 남찬순(南贊淳) 동아일보 논설위원 등 5명이 대표토론자로 나서 질의와 토론을 갖는다.

유윤종기자 gustav@donga.com

타협은 없다. 왜냐하면 존재 근거가 걸린 싸움이므로. 『동아일보』 2002년 5월 10일.

2002년 5월 9일 국회 문화관광위, 농림해양수산위 소속 민주당 국회의원 15명과의 조찬 간담회를 가졌다. 유종필 공보특보의 전언을 토대로 쓴 『연합뉴스』 김현재 기자의 이날 기사를 보면 노무현은 이 날 '특정언론사와 부드러운 관계를 맺어야 한다' 는 조언을 받고 이렇게 말했다.

특정 언론사는 자신들의 존재 근거, 삶의 정당성, 회사의 사활이 걸려 있기 때문에 우리와 같은 개혁정당을 용납하지 않으려고 한다.

부당하게 편파 왜곡 보도하는 어느 언론사에 1주일에 한번씩 찾아가서 절한다고 해서 시정된다면 그렇게 하겠지만 본질적으로 그렇지가 않다. 특정 언론사와 이런 관계가 형성된 데는 나름의 역사가 있다. 나는 피해자로서 불가피하게 싸우고 있는 것이지, 내가 먼저 공격한 것은 아니다.

유종필은 '특정 언론사'의 구체적 이름은 거명되지 않았다고 전했지만, 여기서 그 언론사가 『조선일보』임은 말할 나위도 없는 일이다. 그런데 한국의 언론풍토와 정언관계(政言關係)를 고려하면 노무현의 판단에는 직접적인 경험 말고도 여러 가지 분명한 근거가 있다. 언론은 사회적 공기(公器)임을 내세우지만 그 내면을 들여다보면 정치집단으로 볼 만한 요소가 적지 않다. 물론 이것이 『조선일보』만의 문제는 아니다. 모든 정치권력과 언론사가 각자의 이익을 추구하는 과정에서 서로 대립하거나 유착할 가능성이 있기 때문이다. 그 이유를 간단히 따져보자.

탄압받는 언론은 없다

정당과 정치인은 권력을 획득하거나 유지하기 위해 국민의 지지를 얻고자 하며, 국민의 지지를 얻기 위해서는 언론과 사이좋게 지내야 한다. 권력자들은 할 수만 있다면 언론을 지배하고 장악하고 통제하려고 하지만, 민주주의가 어느 정도 자리 잡힌 사회에서는 물리력으로 언론을 장악할 수 없기 때문에 합법적인 수단으로 또는 은밀한 방법으로 언론을 압박하거나 매수한다.

그런데 이건 어디까지나 민주주의 사회에서나 통하는 이야기다. 한국의 권언관계(權言關係)는 그런 정상적인 상태와는 거리가 멀었다. 1972년 10월유신 이후만을 놓고 볼 때 우리의 권언관계는 세 단계를 거쳐 발전해왔다.

1) 10월유신~6월항쟁: 직접적 언론통제와 종속적 유착관계

독재권력이 국민의 주권을 박탈한 시대였기 때문에 언론이 사회적 권력을 추구할 수 있는 환경이 아니었다. 정치권력은 언론시장 신규 진입을 봉쇄하고 취재와 보도의 자유를 제한했으며, 언론인에 대한 협박과 테러를 자행하고 보도와 편집에 직접 개입했다. 협조적인 언론사에 대해서는 이윤 추구의 기회를 열어주되 권력의 나팔수가 되기를 거부하는 언론사에 대해서는 경제적 기반을 공격했다. 『동아일보』 백지광고 사태, 전두환 정권의 언론통폐합, 보도지침은 이 시기의 권언관계를 증언하는 대표적 사례다. 이러한 종속적 유착관계는 전두환 정권의 몰락이 분명하게 예고되었던 6월항쟁 전야에 가서야 비로소 동요의 조짐을 보였다.

2) 6월항쟁~2001년 1월: 선택적 상리공생과 제한적 대립

6월항쟁의 승리와 더불어 선거를 통하지 않고는 정권을 창출할 수 없는 시대가 왔다. 독재시대의 종속적 권언유착은 종말을 고했다. 권언관계는 대등한 상리공생으로 발전한다. 양측이 서로를 필요로 하는 만큼 정치권력은 유력 언론사와 우호적인 관계를 맺고자 했다. 김영삼 정부가 언론사 세무조사를 유야무야 처리한 것은, 정치권력이 직접적으로 통제할 수 없는 독자적인 사회적 권력으로 언론이 성장했기 때문으로 볼 수 있다. 반면 언론사는 자기의 입맛에 맞는 정치권력이 탄생하도록 적극적으로 국민의 의사 형성에 영향력을 행사했다.

그러나 이러한 선택적 상리공생(相利共生)은 안정성이 약하다. 다수 국민의 여론이 정치권력에 비판적일 경우 언론은 이윤과 사회적 권력의 확대를 위해 정치권력과 제한적 대립각을 연출한다. '노태우 대통령 만들기'를 위한 양김 혐오증 유발(87년)과 노골적인 '김영삼 대통령 만들기'(92년)를 했던 유력 언론사들이 이들의 집권 후반기에 가한 대정부 공격은 대등한 상리공생이 얼마나 불안정한가를 보여준다. 김대중 정부가 2000년도에 정기 세무조사를 하지 않는 등 집권 초기 3년 동안 지난 대선에서 이회창 후보를 노골적으로 지지했던 유력 언론사와의 대립을 회피한 것은 소수파 정권이라는 약점과 경제난 등 불리한 환경 때문이기도 하지만, 집권세력으로서 선택적 상리공생의 수혜자가 되려는 희망을 간직하고 있었기 때문이기도 하다.

3) 2001년 1월~현재: 선택적 상리공생의 일시적 붕괴

2001년 1월 김대중 대통령의 연두 기자회견 이후 상황은 1987년 이후 약 15년간 계속되어온 권력과 언론의 선택적 상리공생과 제한적 대립관계가 일시적으로 무너진 과도기다. 김대중 정부는 유력 신문사와의 상리공생이 불가능하다는 판단을 하고, 합법적 수단인 세무조사를 통해 언론사의 물질적 토대와 사주들의 특권을 공격하고 신문고시를 부활시켜 신문시장의 불공정 경쟁행위를 규제하고 나섰다. 그러나 구속된 유력 신문사 사주들은 보석으로 풀려났다. 부활한 신문고시는 별 위력을 발휘하지 못하고 있다. 김대중 정부는 언론개혁을 추진하는 데 필요한 정치적 동력과 국민의 지지를 상실했다. 정치권력과 언론권력의 선택적 상리공생이 어떤 식으로 되살아날지 알 수 없다.

노무현은 『조선일보』가 이회창과의 상리공생 체제를 구축하려는 의도를 가졌다고 판단한다. 그렇지 않고는 『조선일보』를 '한나라당의 기관지'로 규정할 리가 없다. 한나라당과 『조선일보』 사이에 이러한 유착관계가 형성되어 있다면 2002년 대선은 노무현과 이회창의 싸움인 동시에 노무현과 『조선일보』의 싸움이 될 수밖에 없다. 이것은 정치권력과 언론권력의 대립이라기보다는 정치권력을 차지하기 위한 적나라한 권력투쟁에 가깝다. 여기서는 어떤 화해 제스처도 통하지 않는다. 1991년의 소송은 『조선일보』와 노무현 사이의 본격적인 '권력투쟁'을 예고하는 전초전에 불과했다. 우종창의 예언처럼 국민들이 노무현에게 "다음을 맡겨도 좋겠다"고 진지하게 생각하기 시작했을 때, 이 싸움은 10년 세월을 단숨에 건너뛰어 전면전으로 비화했다.

'조·한동맹'과 노무현의 선전포고

노무현, 조중동의 뭇매를 맞다

2001년 1월 11일 김대중 대통령이 연두 기자회견에서 언론개혁을 언급한 후 국세청은 중앙 언론사 모두에 대해 강도 높은 세무조사를 시작했다. 조중동과 한나라당은 이것을 언론탄압으로 규정하고 대대적인 비난을 퍼부었다. 정치권력과 언론권력의 정면대결이 벌어진 것이다. 언론에 찍히지 않게 입조심을 하고 있던 민주당의 다른 정치인들과 달리 당시 해양수산부 장관이었던 노무현은 거리낌없이 세무조사를 옹호하면서 '수구언론'을 개혁의 적으로 몰아세웠다.

독자들께서는 아마도 '언론과의 전쟁 불사' 발언 파문을 기억하실 것이다. 노무현은 해양수산부 장관이던 2001년 2월 6일 출입기자들과 점심식사를 하면서 "언론과의 전쟁선포를 불사할 때가 됐다"는 말을 한 것으로 알려져 있다. 이 사실이 이틀 뒤인 2월 8일 처음 언론에 보도되자, 다음날인 2월 9일 아침 주요 신문들은 일제히 노무현을 비판하는 사설을 내보냈다. 여기에는 『조선일보』 『중앙일보』 『동아일보』뿐만 아니라 『한국일보』까지 가세했다.

그런데 노무현은 구체적으로 어떤 뜻으로 그런 말을 한 것일까? 그는 9일 아침 『오마이뉴스』 오연호 기자와 전화 인터뷰를 하면서 이렇게 말했다.

언론과의 전쟁도 불사해야 한다는 말은 했다. 그 말은 권력이 언론과 전쟁을 하라는 뜻이 아니고 개인 시민이나 정치인이 너무 언론에 굽실거리지 말고, 눈치보지 말고, 싸울 때는 싸워야 한다는 말이었다. 거기서 전쟁이라는 말은 언론을 억압하거나 박살내기 위한 것이 아니라 언론의 횡포로부터 자유를 찾기 위한 투쟁을 해야 한다는 뜻으로 이야기한 것이다.

그러나 주요 신문사의 논설위원들이 그 말을 그렇게 해석할 리가 만무했다. 노무현을 사설로 '조진' 네 신문의 2월 9일 사설을 감상해 보시라. 똑같은 목소리지만, 『한국일보』는 장관직 사퇴를 요구한 점에서 가장 강력한 논조를 펼쳤다.

노무현 씨의 '언론전쟁' (『조선일보』)

노무현 해양수산부 장관은 출입기자들과의 간담회에서 "이제는 정치권이 언론과 전쟁을 벌일 때도 됐다"면서 '언론과의 전쟁선포 불사'를 정권측에 촉구했다. 과거 어느 독재정권 시절에도 들어보지 못했던 놀라운 발언이다. 한마디로 이는 언론이라는 것이 당장 압살해 버리지 않으면 안 되는 무슨 '악마' 같은 존재라는 망상에서나 가능한 발상이며, 극단적 흑백론에 사로잡히지 않는 한 입에 담기조차 어려운 발언이다.

우리는 언론 이기주의 차원에서 그의 발언에 문제를 제기하는 것이 결코 아니다. 언론에 대한 그의 기본 인식이 자유민주주의를 한다는 나라의 정치인으로서는 너무 황당하고 난폭할 뿐 아니라, 현실에 대한 정확한 인식조차 결여하고 있어 그것을 바로잡기 위함이다. 그는 "언론은 더 이상 특권적 영역이 아니다"라면서 "언론과 맞붙어 싸울 수 있는, 기개 있는 정치인이 필요하다"고 목청을 높였다. 대체 지금의 언론이 언제 무슨 '특권'을 요구했고 누가 그것을 향유하고 있다는 것인가. 세금 낼 것은 어김없이 다 내온 것이 언론사들이며, '세무조사' 자체에 대해 거부한 바도 없다. 그래서 그의 이번 발언은 언론 전체를 사악시하고 언론인을 범죄인시하며 언론 현실을 악의적으로 왜곡한 것이다. (…)

노 장관은 집권측의 대권후보 중 하나임을 자임하며 재야 민주화 투쟁 경력을 내세우고 있는 사람이다. 그러한 그가 언론과 민주주의에 관해 이런 정도의 인식과 소양에 머물러 있다고 한다면 이는 정말 우려할 만한 일이 아닐 수 없다. 대통령에 대한 연두보고 바로 전날 이처럼 '성전'을 기개(?)있게 외친 배경과 동기가 무엇인지도 궁금해진다. 엊그제 김수환 추기경은 "정치인들이 국민의 소리를 듣지 못하고 있다"고 했는데, 바로 그 직후 노 장관은 고작 '언론과의 전쟁'을 선언했다. 그가 진정 '전쟁'을 원한다면 '기개'가 더 필요할 것 같다.

언론이 적인가 (『중앙일보』)

"정권이 언론과 전쟁 선포도 불사해야 한다"고 말했다는 노무현 해양수산부 장관의 발언 배경이 궁금하다. 그는 언론이 세무조사를 받는 게 왜 문제가 되느냐면서도 세무조사에 정치적 의도가 있느냐는 질문에 대해서는 "의도 없는 행위가 어디 있겠느냐"고 답변했다고 한다. 그 자신이 언론과 맞싸울 기개를 보여주려고 한 것인지 모르지만 그의 표현을 보면 마치 언론은 적이며 맞싸워 이겨야 할 상대로 간주하고 있는 것 같다. 이런 언론관이 그의 개인적 소신인지, 아니면 현재 집권층의 분위기를 표현한 것인지 알고 싶다.

최근 언론기관에 대한 세무조사를 벌이면서 정부가 최대 지분을 가지고 있는 방송사들과 일부 신문 통신 매체들은 마치 신문이 세금도 제대로 내지 않고 세무조사도 받지 않으려고 하는 것인 양 몰아붙이고 있다. 신문사들이 세무조사를 받지 않으려 한 적이 없고, 그것을 하지 않은 것은 정부의 소임일 뿐이다.

그럼에도 불구하고 이를 신문 탓으로 돌리면서 심지어 기존 신문들을 탈법적인 적대 집단으로 매도하는 소수 의견을 중점적으로 원용하고 있어 많은 양식 있는 사람들이 걱정해온 바다. 그런데 바로 노 장관의 발언을 보면 이 정부가 그런 위험스런 언론관을 공유하고 있는 게 아닌가 하는 의구심을 떨칠 수 없다.

민주당은 그의 주장이 개인적 의견이며 당과 무관하다는 공식 입장을 표명했지만 당내에서는 '누군가 해야 할 발언'을 했다는 평가도 없지 않다는 것이다. 그렇다면 세무조사에 의도가 있다는 그의 발언이 옳다는 말인가. 정부나 민주당 책임자도 노 장관 발언에 대해 아무 말이 없었다고 하니 이런 평가에 암묵적으로 동의하는 것으로 봐도 되는 것인지 묻고 싶다.

권력의 길, 언론의 길 (『동아일보』)

노무현 해양수산부 장관이 엊그제 언론사 세무조사와 관련해 한 발언은 현정부의 국무위원으로 집권 여당에서 차지하는 그의 '정치적 비중' 등으로 보아 단순한 사견이라고 보기 어렵다. 더구나 노 장관 발언에 대해 여권 상당수가 '충분히 할 수 있는 말이 아니냐'고 반응하는 것을 보면 문제의 발언은 현 여권이 지니고 있는 언론관의 일단을 드러낸 것이 아닌가 싶다.

사실이 그렇다면 위험한 발상이 아닐 수 없다. 노 장관은 "이제는

'뚜껑 열린' 신문들, 노무현에게 십자포화를 날리다. 『조선일보』, 『중앙일보』, 동아일보』, 『한국일보』
2001년 2월 9일.

정권이 언론과 전쟁 선포도 불사해야 한다"고 주장했다. '전쟁 선
포'를 해야 한다니 언론과 정권이 적대적 싸움의 상대란 말인가. 권
력을 견제하고 비판하며 시시비비를 가리는 일은 언론의 기본 임무
다. 그것은 단순히 정보 전달에만 머물 수 없는 민주주의 언론의 본
질적 가치이기도 하다. 그런데 권력과 긴장관계를 견지해야 마땅한
언론을 적대시하고 '전쟁'의 상대로 여긴다면 그것은 언론자유를

인정하지 않겠다는 것과 같다.

김대중 대통령이 연두기자회견에서 '언론개혁'을 강조한 데 이어 시작된 언론사에 대한 세무조사를 두고 야당은 '언론탄압'이라며 그 이면에 정권의 '언론 길들이기' 의도가 숨어 있지 않느냐는 의혹을 제기하고 있다. 이는 정부가 최근 강조하고 있는 '강한 정부' '강한 여당'이 그 명분과는 달리 힘으로 밀어붙이는 정치를 하겠다는 것이 아니냐는 사회 일각의 우려와 맞닿아 있다는 사실을 여권은 알아야 한다. 노 장관의 말대로 '의도 없는 세무사찰이 어디 있겠느냐'는 것이다. (…)

거듭 말하지만 세무조사든 공정위 조사든 법 절차에 따라 공정히 하면 된다. 우리는 차제에 언론을 흔들려는 어떠한 바람이 불어오더라도 거기에 추호도 흔들림 없이 권력을 견제 비판하고 시시비비를 가리는 정도를 꿋꿋이 걸어나갈 것을 독자와 국민에게 다시 한 번 다짐한다.

언론과의 전쟁불사라니 (『한국일보』)

노무현 해양수산부 장관의 '언론과의 전쟁 불사' 운운 발언은 도저히 국무위원 신분으로서는 할 수 없는 얘기다. 그는 또 언론사 세무조사에 '정치적 의도'가 있다고 했다는데, 이것 역시도 정부의 방침과는 어긋나는 주장이다.

그가 자신의 그런 뜻을 굳이 부정하지 않은 것은 "그래! 어쩔 테냐?"라는 듯이 들려 심히 불쾌하기 짝이 없다. 그는 얼마 전 소속 정당의 대표를 기회주의자라고 매도, 파문을 일으킨 바 있다. 그는 이번에도 또 정치인 여러 명을 거론하며 누구는 지도자감이고, 누구는 머리가 나쁘고 하는 식으로 평했다. 아무리 소신이라지만 그의 이런 말은 적어도 교양의 틀을 갖췄다고 할 수는 없다. 문명사회에서 하고 싶은 말을 하고 사는 사람은 아무도 없다.

그러나 문제는 그의 이런 '말의 품위'가 아니라 언론을 타도 대상으로 여긴 그의 사고방식에 있다고 봐야 한다. 아무리 언론이 밉기로서니 정권이 전쟁하듯 달려들어야 한다니, 도저히 상식 밖의 일이다. 언론은 그렇지 않아도 진퇴양난의 어려움을 겪고 있다. 경기 침체로 어느 기업보다 경영의 압박을 받고 있고, 세무조사와 공정위조사가 한꺼번에 겹쳐 말하자면 심신이 궁핍하기 짝이 없는 지경이다.

가뜩이나 세무조사를 놓고 일부에선 다음 대선을 겨냥해 정권의 언론 길들이기라는 의혹을 제기하고 있는 터다. 그의 말은 이런 의혹을 부채질할 뿐이다. 노씨는 하루빨리 장관직에서 물러나야 한다. 그것이 그가 평소 원하는 정치일선에 복귀하는 길이라 좋고, 또 국민 정서에도 좋다. 그리고 나서 품격 높은 정치인으로서 소양을 닦기를 바란다. 차세대 지도자는 그 다음의 일일 것이다.

노무현, 정말 '인간문화재' 감이다. 일찍이 모든 주요한 신문사 논설위원들을 이처럼 흥분하게 만든 사람은 없었다. 언론에 이런 직격탄을 날린 정치인도 없었고, 그렇게 뭇매를 맞고도 끄덕하지 않는 정치인도 없었다. 그는 조중동의 십자포화를 맞으면서도 한 걸음도 물러서지 않았다. 오히려 얻어맞을수록 더 뜨겁게 투지를 불태우고 있었다. 앞서 인용한 오연호의 전화 인터뷰를 보라.

오: 오늘 사설들이 일제히 노 장관의 '언론과의 전쟁불사' 발언에 대해 강도 높게 비판하고 있는데, 그 사설들을 보았나.

노: 어젯밤 가판 나왔을 때 보았다. 한마디로 이지메다. 그런 사설을 쓴 사람들과 내 발언의 진의를 놓고 텔레비전 공개토론을 하고 싶다. 내가 과연 못할 말을 했는지에 대해 국민들 앞에서 공개적인 토론을 당당하게 하자. 그렇게 이지메 하지 말고.

오: 노 장관 발언을 비판하는 사설들 가운데는 장관직을 그만두라는 주장도 있다.

노: 난 장관이기 이전에 한 사람의 시민이고 한 사람의 정치인이다. 기자들과의 간담회 자리도 아니고 점심 먹으면서 사담하고 잡담하면서 기자들과 자유롭게 논쟁하는 자리였다. 그런 자리에서의 말을 그렇게 사설에서까지 문제삼는 것도 그렇지만 사퇴 운운은 더 이상하다.

오: 오늘 사설들은 한결같이 민주화운동을 했던 사람이 어떻게 언론과의 전쟁 운운하느냐고 지적하고 있다.

노: 민주화운동을 했기 때문에 권력이 정의와 자유와 개인의 삶을 짓밟을 때 나는 권력과 맞서 싸웠다. 지금은 언론이 자기들 마음에 안 드는 사람을 부당하게 짓밟고 힘없는 사람의 목소리를 무시하는 등 부당한 권력을 마구 휘두르고 있다. 그러나 누구도 거기에 맞서지 못하고 있는 처지다. 그런 안타까운 처지를 누구나 다 느끼고 있다. 지금은 정치권력보다 언론권력이 더 문제다. 시민들은 이에 맞서서 과감히 싸워야 한다.

오: 한겨레 정연주 논설위원은 한겨레신문에 몇 달전 쓴 칼럼에 조선-중앙-동아의 사주횡포를 거론하면서 '조폭적 언론'이라고 표현해 언론계에서 회자된 적이 있다. 노 장관이 '언론과의 전쟁 불사'를 말할 때 범위를 좁혀 '조폭적 언론과의 전쟁불사'라는 표현을 썼으면 진의를 좀더 잘 전달했을 것이라고 어제 오마이뉴스의 한 기사가 지적하고 있다. 거대 신문사들이 '조폭적'(조직폭력배적)이라는 정연주 논설위원의 성격규정에 대해서는 어떻게 생각하나?

노: 정말 공감한다. 내가 '언론과의 전쟁불사' 발언을 할 때 잊어버리고 그 조폭적이라는 말을 안 했다. 공감한다 정말. 왜냐하면 언론이 사회의 보편적인 공론을 형성하지 않고 자기 마음에 안 드는 사람들에게는 몰매를 내리치고 있지 않은가? 밉보인 사람들은 사석의 시시콜콜한 이야기까지 중계하면서 망신을 주고 있다. 자기들에게 굽실거리지 않는 사람에게는 언론의 맛을 보여준다. 그래서 많은 기업인과 정치인들이 언론 앞에서는 굽실거리기에 급급하고 돌

아서서는 억울해 하면서 욕한다. 나도 그런 경우 때문에 대단히 모멸감을 느끼고 살아왔는데 이제 속말을 하니 속이 다 시원하다. 내가 주변사람들한테 맨날 듣는 말이 '언론하고 잘 지내라' '언론을 포섭하라' 라는 말이었다. 얼마나 정치인들이 모멸감을 느끼는지 아는가? 다 눈치보고 산다. 지금도 나를 아끼는 사람들이 언론의 공격에 얼마나 조마조마하겠는가? 이런 상황과 싸워야 한다.

오: 문제의 발언은 이회창 총재의 '언론사 세무조사 중단' 요구를 정면 비판하는 가운데 나왔는데, 이 총재의 언론사 세무조사 중단론의 핵심적 문제는 어디에 있다고 보는가?

노: 이번에 언론사에 대한 세무조사를 실시하는 것으로 이제 권력과 언론의 야합 가능성은 끝나는 거다. 그점에 아주 중요한 의미가 있다. 지금까지 정부는 세무조사라는 정당한 공무집행을 하지 않았는데 그것이 문제였다. 그것은 눈치보기였다. 이번 세무조사는 설령 그 의도가 어디에 있든 간에 과거의 유착관계는 청산된 것이다. 그것이 중요하다. 그런데 이회창 총재의 언론사 세무조사 중단요구는 권력과 언론이 다시 부당하게 타협하고 야합하고 서로 봐주기 하자는 것이다. 그러니 내가 그것을 비판하지 않을 수 있나?

오: 이번 일로 노 장관의 장래를 걱정하는 사람들도 있다.

노: 이 일로 해서 내가 언론으로부터 어떤 박해를 더 받을지 모르지만, 그동안 할 말이 있으면서도 참고 있었던 것이 항상 부끄러웠다. 나도 큰일을 앞두고 있는 사람이라서 걱정이 안 되는 것은 아니지

만 부당한 언론의 횡포에는 당당하게 맞서겠다. 너무 걱정 안 했으면 좋겠다. 시민들이 언론의 부당한 공격으로부터 나를 굳게 지켜주리라 믿는다.

노무현의 발언은 정치권과 언론계를 불난 호떡집으로 만들었다. 주요 신문들은 사설과 기자 칼럼, 외부 필진 칼럼 등을 총동원해 노무현을 공격했다. 너무 많아서 일일이 소개할 수 없어 유감스럽다. 이러니 세무조사를 '언론 길들이기'라고 주장하던 한나라당이 가만히 있을 리 만무했다. 청와대는 침묵을 지키는 가운데 입장이 난처해진 일부 민주당 국회의원들도 비판적인 반응을 보였다.

노무현, 무모한가 대담한가

『조선일보』는 2001년 2월 8일 「현정권 언론 길들이기 의도 드러나」라는 김창균 기자의 기사와 2월 17일자 「야 "노장관 업무 안보고 정치만 하나"」라는 송동훈 기자의 글은 불난 호떡집의 소란스러움을 잘 보여준다.

7일 노무현 해양수산부 장관이 언론사 세무조사에 대해 "세상에 정치적 의도가 없는 것이 어디 있느냐"며 "언론에 대한 전쟁 선포를

"언론 길들이기 의도 드러나"

野 "언론과 전쟁" 盧武鉉장관 발언 비난

7일 노무현(盧武鉉) 해양수산부 장관이 언론사 세무조사에 대해 "세상에 정치적 의도가 없는 것이 어디 있느냐"며 "언론에 대한 전쟁 선포를 불사해야 한다"고 말한 데 대해 한나라당 권철현(權哲賢) 대변인은 "이 정권이 언론사 세무조사를 하는 진짜 이유를 솔직히 드러낸 것"이라고 말했다. 권 대변인은 "노 장관의 발언으로 언론사 세무조사에 대해 정치적 의도가 없다는 여권의 주장이 거짓으로 확인됐다"며 "세무조사는 언론과 맞붙어 싸워 언론을 길들이기 위한 것"이라고 말했다.

민주당 "부적절한 발언"

권 대변인은 이어 "이는 한 개인의 발언이 아니라 김대중(金大中) 대통령을 비롯한 여권 지도부의 최근 집단 심리를 반영한 것"이라고 말했다.

野 "盧장관, 업무 안보고 정치만 하나"

"'88년엔 언론이 활말해야… 지금은 전쟁불사라니"

국회 농림 해양委

16일 국회 농림해양수산위원회에서 한나라당 의원들은 '언론과의 전쟁' 발언을 한 노무현(盧武鉉) 해양수산부 장관을 상대로 "소관 업무는 도외시하고 정치만이 골몰하고 있다"고 집중 질타했다.

한나라당 이방호(李方鎬) 의원은 "노 장관의 '언론과의 전쟁' 발언은 독재정권하에서나 들을 수 있는 발언으로 황당하기 짝이 없다"고 했다. 이 의원은 "특히 지난 88년 저서에서는 '부정부패를 뿌리뽑고 독재정권과 싸우기 위해서는 언론이 할 말을 해야 한다'고 주장한 장관의 언론관이 바뀐 이유가 뭐냐"고 추궁했다. 이 의원은 "해양수산 분야에 전문가가 아니면 회생을 다해도 모자라는데, 머리는 정치에 가 있고, '장관 알기를 1년이면 족하다'는 말이나 하니 걱정"이라고 말했다.

박하태(朴夏太) 김기춘(金淇春) 의원은 "앞 달 후 그만 둘 장관을 위해 누가 충성하겠느냐"며 "큰 일 하시느라고 바쁘시겠지만 제발 해양수산부 일도 신경을 써달라"고 주문했다.

盧해양, 업무관련 답변만

노 장관은 '정치발언' 추궁에 대해서는 일절 답변을 피하고, 소관업무 관련 답변만 했다.

《宋東勳기자 dhsong@chosun.com》

무모함이 불러온 가혹한 대가? 아니, 불붙은 호떡집의 소란스러움! 『조선일보』 2001년 2월 8일(좌), 2001년 2월 17일(우).

불사해야 한다"고 말한 데 대해 한나라당 권철현 대변인은 "이 정권이 언론사 세무조사를 하는 진짜 이유를 솔직히 드러낸 것"이라고 말했다.

권 대변인은 "노 장관의 발언으로 언론사 세무조사에 대해 정치적 의도가 없다는 여권의 주장이 거짓으로 확인됐다"며 "세무조사는 언론과 맞붙어 싸워 언론을 길들이기 위한 것"이라고 말했다. 권 대변인은 이어 "이는 한 개인의 발언이 아니라 김대중 대통령을 비롯한 여권 지도부의 최근 집단 심리를 반영한 것"이라고 말했다. (김창균 기자)

16일 국회 농림해양수산위원회에서 한나라당 의원들은 '언론과의 전쟁' 발언을 한 노무현 해양수산부 장관을 상대로 "소관 업무는 도외시하고 정치에만 몰두하고 있다"고 집중 질타했다.

한나라당 이방호 의원은 "노 장관의 '언론과의 전쟁' 발언은 독재정권하에서도 들어본 적이 없는 발언으로 황당하기 짝이 없다"며 "특히 지난 88년 저서에서는 '부정부패를 뿌리뽑고 독재정권과 싸우기 위해서는 언론이 할 말을 해야 한다'고 주장한 장관의 언론관이 바뀐 이유가 뭐냐"고 추궁했다. 이 의원은 "해양수산 분야에 전문가가 아니면 최선을 다해도 모자라는데, 머리는 정치에 가 있고, '장관 임기는 1년이면 족하다'는 말이나 하니 걱정"이라고 말했다. 박희태 김기춘 의원은 "몇 달 후 그만둘 장관을 위해 누가 충성하겠느냐"며 "큰 일 하시느라고 바쁘시겠지만 제발 해양수산부 일도 신경을 써달라"고 주문했다. 노 장관은 '정치발언' 추궁에 대해서는 일절 답변을 피하고, 소관업무 관련 답변만 했다. (송동훈 기자)

이것과 비슷한 소동은 민주당 국민경선이 중반 고빗길을 오르던 2002년 5월 초에도 일어났다. 이인제 진영에서 노무현이 '동아일보 폐간과 언론사 국유화 발언'을 했다고 주장한 것을 조중동이 그대로 1면 톱 제목으로 뽑아 총공세를 벌인 것이다. 노무현은 정면돌파로 대구·인천·경북 경선에서 압승을 거두었지만, 하지 않았더라면 좋았을 고생을 한 건 사실이다. 이 싸움과 관련해서 가장 흥미를 끄는 것은 언론사 세무조사를 옹호하고 유력 신문사를 '조폭적 언론'이라고 비난하는 데 따르는 조중동의 역공을 노무현이 미리 예상했는지 여부이다. 예상하지 못했다면 노무현은 생각이 부족하거나 입이 가벼운 정치인이다. 그러나 충분히 예상하면서 그런 일을 벌였다면 노무현은 겁이 없는 사람이다. 과연 어느 쪽일까?

나는 노무현이 앞날을 빤히 내다보면서 일을 벌였다고 본다. 결과론적인 이야기일 수도 있지만 실제 전개된 상황과 노무현의 말, 전문가들의 평가를 종합해보면 그는 '의도적으로' 이 싸움을 걸었다. 완곡하게 표현하면 피할 수 없는 싸움을 회피하지 않았다고도 할 수 있다. 다른 사람들이 모두 피하는 싸움을 앞장서서 한다면, 그건 싸움을 건 것일 수도 있다.

노무현의 언론관

노무현은 1991년 『주간조선』 기사를 두고 『조선일보』 하나와 싸웠다. 그때 다른 언론사들은 구경만 했다. 10년 후인 2001년 2월 '언론과의 전쟁 불사' 발언 이후 세무조사와 언론개혁이 가장 뜨거운 사회적 이슈로 떠올랐던 몇 달 동안 그는 조중동과 '패싸움'을 했다. 『한겨레』와 『대한매일』, 『경향신문』 등 소위 '한경대'는 노무현을 노골적으로 또는 넌지시 거들었다. 다른 신문사들과 방송은 최소한 적대적이지 않은 중립을 유지했다.

그런데 어느 시점에서부터인가 노무현은 다시 『조선일보』 하나하고만 싸우는 쪽으로 전략을 바꾸었다. 노무현은 '뛰어난 싸움꾼'이다. 황소처럼 밀어붙이는 것 같지만 실제로는 상황의 유불리와 자기의 힘을 고려해 원하는 방향으로 싸움을 끌고 나가는 감각이 있다. "난 한 놈만 패!" 〈주유소 습격사건〉이라는 영화를 본 독자들은 이 말의 의미를 알 것이다. 수적으로 우세한 상대와 패싸움이 벌어지자 주유소를 습격했던 주인공은 그중 하나만을 붙들고 늘어져 승부를 낸다. 노무현의 전략도 이것과 닮았다.

노무현이 '수구언론'이라는 추상적인 표현을 버리고 『조선일보』를 분명하게 지목해 공격한 첫 시점이 정확히 언제였는지는 분명하지 않다. 언론사 세무조사 이후 민주당 내 회의나 행사 연설에서 비판의 강도를 점차 높여가던 노무현은 해양수산부 장관을 그만두고 민주당으로 돌아온 다음인 2001년 6월에는 확실하게 그런 전략을 택했다. 노무현이 『조선일보』에 대한 입장을 정리된 형태로 제시한 것은 2001년 6월 7일자 『미디어오늘』 이영태 기자와 한 인터뷰에서였다. 이 인터뷰에는 노무현의 '언론관'과 '조선일보관'이 잘 드러나 있다. 언론의 역할, 좋은 언론과 나쁜 언론을 가르는 기준, 언론개혁의 목표와 원칙에 대한 노무현의 생각을 들어보자.

언론에는 좋은 언론과 나쁜 언론이 있다. 정당을 나눌 때 보수와 진보로 구별한다. 그러나 이를 나누기 전에 정당은 정통성 합리성 신뢰성을 갖춰야 하며 이는 언론도 마찬가지다. 언론이 기본적으로 합리적이고 정당한 방법으로 보도하는가, 사실을 왜곡하지 않는가, 사실의 취사선택에 있어 합리적 균형을 유지하는가, 일관된 관점을 견지하는가 등이 중요하며 이 원칙을 지키면 좋은 언론, 합리적 언론이라 할 수 있다.

언론은 사회에 미치는 영향력이 크고 공론화를 통해 사회적 합의를 형성하는 만큼 정확한 사실과 가치 있는 보도를 해야 한다. 정치인을 비판하기에 앞서 스스로 과거를 고백하고 사죄해 겸손하고 품위 있는 언론이 되어야 하는 것이다.

언론이 달라지면 정치도 달라지고 국민도 달라진다. 사회변화를 추구하는 이론이 공론화 과정을 거쳐 사회적 통념이 됐을 때 법과 제도를 바꿀 수 있는데 공론화와 통념에 기여하는 것이 바로 언론이며 언론을 통해 변화의 계기가 마련된다. 도대체 언론이 비판하는 실업자문제, 탈북자인권, 의약분업 등에 대한 대안이 뭐냐고 묻고 싶다.

언론개혁은 사주의 소유지분 제한, 편집권과 인사권 독립이 우선이며 언론간의 경쟁은 보도의 품질로 이뤄져야 한다. 언론사가 배송시스템의 기득권이나 우위를 갖고 경쟁하는 것은 문제이며 공동배송제 등이 필요하다. 앞으로는 광고주로부터의 독립도 큰 문제가 될 것이다.

"난 한 놈만 패!" 『조선일보』, 노무현에게 찍히다. 『미디어오늘』 2001년 6월 7일자.

노무현이 『조선일보』와 싸우는 것은 단순히 『조선일보』가 '좋은 언론'의 기준을 충족하지 못했기 때문이 아니다. 그는 『조선일보』와의 싸움을 '개혁세력 방어를 위한 몸부림'으로 규정했다. 싸우고 싶어서 싸우는 게 아니라 어쩔 수 없어서 싸운다는 것이 그의 주장이다. 이 인터뷰에서 그는 『동아일보』와 『중앙일보』를 『조선일보』와 다르게 취급하는 이유를 함께 밝히고 있다.

정치인이 언론을 두려워하는 것은 군사정권 시절 지식인이 권력을 두려워한 것과 같다. 독재정권에 항거했던 사람은 자부심도 있었고 떳떳할 수 있었으나 언론에 찍힌 사람은 여론의 비판을 받기에 명예를 난도질당하는 더 가혹한 고통을 받는다. 80년대 반독재운동 때 느꼈던 부담감보다 지금 수구언론에 부담감이 더 크다. 그러나 장래에 대한 자신감은 있다.

수구세력 대공세 선봉에 『조선일보』가 서 있다. 『조선일보』는 독재권력과의 야합으로 부정과 특혜를 통해 쌓아올린 기득권 세력이며 언론시장에서 부당한 과실을 누리고 있다. 『조선일보』가 이제 와서 자율경쟁을 주장하는 것은 부당하게 얻은 독점적 지위를 자율이라는 명분을 통해 유지하겠다는 발상이다.

『조선일보』는 민주당의 정권재창출은 절대 용납할 수 없다며 『조선일보』식 정치구도를 만들고 있다. 내가 『조선일보』를 상대로 버거운 싸움을 하는 것은 개혁세력 방어를 위한 전략이며 몸부림이다. 『동아일보』와 『중앙일보』는 차기 정권을 좌지우지하려 들지는 않는다. 『중앙일보』와 『동아일보』는 지극히 보수적인 시각을 갖고 있으나 유연해질 수 있으며 이들의 보수적 시각에 합리적 책임감을 더한다면 합리적 보수신문, 건강한 보수언론으로의 변화 가능성이 있다고 본다. 그러나 『조선일보』의 방씨 일가가 스스로 변화할 가능성을 기대하기는 어렵다.

대통령한테 아부하기 위해 이런 엄청난 모험을 하진 않았다. '언론

과의 전쟁' 발언은 기자들과 논쟁하던 중에 소신을 확인하는 과정
에서 나온 것이다. '역사를 거꾸로 돌릴 수는 없다는 생각'에서 수
구의 총공세를 막아야 한다는 판단을 했다. 시간이 흐르면 내가 피
하려고 해도 공격을 받는다. 당연히 싸울 수밖에 없는 상황에 처해
있다.

언론사 세무조사 결과 『조선일보』와 『동아일보』 사주를 포함
한 대주주들이 구속당한 이후 언론개혁을 둘러싼 정치적 공방이 격
화되자 노무현도 『조선일보』에 대한 공세의 수위를 급격하게 높였다.
그는 언론기관인 『조선일보』와 한나라당, 그리고 한나라당 대통령 후
보가 된 것이나 다름없었던 이회창 총재를 한데 묶어 공격했다. 인터
뷰에서 말한 '조선일보식 정치구도'가 한나라당의 강화와 이회창 대
통령 만들기라고 본 것이다.

『조선일보』 인터뷰를 거절하다

노무현이 2001년 8월 1일 수원 민주당 국정홍보대회에서 한
『조선일보』 비판은 공개적인 선전포고라고 해도 좋을 정도로 강력한
것이어서 마침내 『조선일보』가 더는 입을 다물고 있을 수 없게 만들
었다. 다음은 『조선일보』가 「민주, 연일 본지 공격, 당보 공세 이어

黨報공세이어 당대회서도 비난

民主, 연일 本紙공격

"反민족·反민주 신문 곧 몰락할것"
"이런신문 놔두곤 민주주의 없다"
경기도 黨報서도 '野와 유착' 매도

더 이상 입을 다물고 있을 수 없게
된 『조선일보』. "제발 누가 노무현
좀 말려줘요!" 『조선일보』 2001년
8월 2일.

「당 대회에서도 폭언」이라는 제목 아래 '반민족·반민주 신문 곧 몰
락할 것' '이런 신문 놔두곤 민주주의 없다'는 발언 요지를 소제목으
로 달아 내보낸 8월 2일자 김창균 기자의 기사다.

민주당보가 석 달째 『조선일보』를 직접 공격한 데 이어, 1일 민주당
노무현 고문이 또다시 『조선일보』를 향해 폭언을 퍼붓고, 이날 발행
된 민주당 경기도지부 당보도 『조선일보』를 비난하는 등 『조선일
보』를 향한 여권의 공격이 집요하게 계속되고 있다.

노 고문은 이날 수원에서 열린 민주당 국정홍보대회 연설에서 "조
선일보는 몰락할 것"이라고 폭언했다. 노 고문은 "조선일보는 친일
반민족 신문" "민주세력을 탄압한 반민주적 신문" "세무조사도 받

지 않겠다고 버티는 비리특권 신문"이라는 등으로 사실과 다르게 매도하면서 이같이 말했다.

노 고문은 "이회창 총재는 조선일보와 함께 몰락할 것"이라며 "이런 신문을 그대로 두고 이 땅에 진정한 민주주의와 개혁은 없다"고 『조선일보』를 몰락시킬 것을 촉구했다. 또 이날 민주당 경기도지부가 발행한 당보 『민주경기』는 2면 기고문에서 『조선일보』를 '불순한 의도를 지닌 언론'이라고 규정하면서 한나라당과 유착했다고 공격하기도 했다.

이 기사에 따르면 노무현은 『조선일보』를 가리켜 '친일 반민족 신문' '민주세력을 탄압한 반민주적 신문' '세무조사도 받지 않겠다고 버티는 비리특권 신문'이라고 했는데 이는 『조선일보』를 '사실과 다르게 매도'한 것이다. 누군가를 '사실과 다르게 매도'하는 행위는 형법상의 명예훼손이 될 뿐만 아니라 그로 인한 피해를 배상할 민법적 책임도 따른다. 그런데도 『조선일보』는 노무현을 고소하지 않았다. 싸움을 피하고 싶었던 것일까? 『조선일보』 지면을 보면 『조선일보』는 다른 방식으로 싸우고 싶었던 것 같다.

『조선일보』는 노무현의 이 '사실과 다른 매도'를 비판하는 사설을 내보내지 않았다. 그 대신 민주당 자체에도 『조선일보』에 대한 공격을 말리는 사람이 많다는 신정록 기자의 관련기사를 다음날인 8월 3일 지면에 내보냈다. 「민주 일각, 우리 이대론 안 돼」, 이런 제목을 붙인 이 기사는 『조선일보』의 '희망사항'을 매우 노골적으로 보여준다. 내놓고 싸우는 방식은 싫다는 의사표시다.

'공격만 하는 여당'에 대한 우려와 자성론이 민주당 일각에서 제기되고 있다. 이들은 '국정에 무한책임을 지는 본연의 여당'으로 돌아가야 한다고 말하고 있다.

2일 김원기 최고위원은 최고위원회의 석상에서 "그동안 야당과 이전투구 해온 데 대해 반성해야 한다"면서 "국가 운영에 대한 책임을 지고 있는 여당은 비록 야당이 공격을 해오더라도 유연하게 대처할 필요가 있다"고 지적했다. 김 위원은 회의 후 "(여당이) 화가 난다고 화만 내서는 정치가 있을 수 없다"고 덧붙였다.

한 주요 당직자도 "회의에서 '여당으로서 국민을 안심시키는 방향으로 가려는 고뇌와 노력이 부족한 것 같다'는 얘기가 나왔고 나도 동감했다"면서 "여당이 투쟁하고 싸우기만 하는 모습으로 국민들에게 비쳐서는 곤란하지 않으냐"고 말했다.

한 동교동계 의원도 사견임을 전제, "개혁의 최종 목표는 국가경쟁력 강화에 맞춰져야 한다"면서 "최근 특정 계층이나 집단과 싸우는 게 마치 개혁인 것 같은 분위기가 당내에 형성되는 것은 문제가 있다"고 말했다. 한 초선 의원도 "갈등과 싸움을 부추기는 문제제기를 여당이 해서는 안 된다"고 말했다. 그러나 이 같은 자성론을 말한 의원들은 모두 이름이 밝혀지는 것을 원하지 않았다.

민주당 당보와 노무현 고문의 계속되는 『조선일보』 공격에 대해서도 내부 자성론이 일고 있다. 전용학 대변인은 이날 오전 기자들에게 브리핑을 통해 "최근 당보나 국정홍보대회에서 특정언론사를 거론하는 등의 사례가 있었으나 이것이 적절치 않다는 생각을 갖고 있다"고 밝혔다.

'이름이 밝혀지는 것을 원하지 않'는 민주당 의원들의 말을 짜깁기해 작성한 이 기사에서 『조선일보』가 말하려는 것은 한 가지다. '제발 누가 노무현 좀 말려줘요!' 그러나 노무현은 『조선일보』에 대한 공격을 그만둘 뜻이 전혀 없었다. 이름을 걸고 이걸 말리는 의원도 없었다. 노무현은 대통령 후보가 되기 위해 언론의 지원을 받아야할 시점을 맞았지만 『조선일보』에 대해서는 태도를 바꿀 의향이 전혀 없었다. 아무런 '전과(戰果)'도 없이 선전포고를 취소할 수는 없는 노릇이었다.

김대중 대통령이 2001년 11월 8일 총재직을 사임함으로써 10·25 국회의원 재보선 참패 책임 소재 공방의 소용돌이에서 손을 털어버린 이후, 민주당의 유력 정치인들은 본격적으로 대선 후보 자리와 당권을 둘러싼 경쟁에 들어갔고 언론사들은 앞을 다투어 차기 주자 릴레이 인터뷰를 실었다. 그런데 노무현은 『조선일보』 인터뷰를 거절해 버렸다. 그 바람에 『조선일보』의 민주당 경선주자 릴레이 인터뷰에는 노무현이 없었다. 공식 직함이라고는 민주당 상임고문 하나밖에 없었던 노무현은 11월 13일 공보팀 이름으로, 아무 설명도 없이 다음과 같은 사실 그 자체만을 홈페이지에 달랑 올렸다.

최근 『조선일보』에서 대선주자 연쇄 인터뷰 시리즈를 내보내고 있습니다. 저희에게도 『조선일보』 측에서 인터뷰 요청이 있었으나 위의 인터뷰 요청을 거절했습니다. 감사합니다.

며칠 후인 11월 19일 『한겨레』 박창식 기자와의 인터뷰에서 노무현은 『조선일보』 인터뷰를 거절한 이유를 이렇게 정리했다.

『조선일보』가 반민주적인 특권집단이라는 본질을 알고 있는 상태에서 『조선일보』의 권위와 신뢰를 높여주는 어떠한 인터뷰도 응할 수 없다. 나는 『조선일보』의 장사거리가 되지 않겠다. 민주당과 『조선일보』는 언론사 세무조사를 통해 비정상적 적대관계임이 극명하게 드러났다. 『조선일보』가 편파와 왜곡보도를 통해 끊임없이 정부와 여당에 상처를 입히는 한 일상적인 협조는 불가능하다. 나는 『조선일보』의 편파와 왜곡보도로 많은 피해를 본 피해자의 한 사람이다. 『조선일보』의 특권과 공격에 짓밟혀 고통받는 사람들에 대한 인간적 도리 차원에서도 『조선일보』의 인터뷰에는 응할 수 없다. 『조선일보』는 민주화 과정에서 남은 마지막 특권세력이자 성역이며, 이 특권세력을 실질적 법치주의의 지배 아래 놓이게 하는 것은 민주주의를 완성시키는 민주화 운동이다.

노무현이 인터뷰를 거절하는 소극적 대응에만 머무른 건 아니다. 그는 경우에 따라 『조선일보』 불매운동을 할 수도 있음을 예고했다. 단서가 붙기는 했지만 동원할 수 있는 최후의 수단까지 다 쓸 수 있다는 의미에서 보면 '조건부 최후통첩' 이라 해도 좋을 만큼 강력한 경고였다.

『조선일보』의 불공정, 왜곡 보도가 계속될 경우 대통령 선거 기간이라는 열린 공간을 활용해 지지자들과 함께 『조선일보』 불매운동이라는 최후의 수단을 전개할 것이다. 예상되는 『조선일보』의 보복을 능히 극복할 수 있고, 이에 대한 대비도 확실히 하고 있다.

『조선일보』의 이회창 대통령 만들기

노무현은 왜 그 시점에서 공세의 초점을 '수구언론' 일반에서 『조선일보』로 좁힌 것일까? 10년 전 악연 때문에? 그렇지 않다. 정치인은 '언론의 밥' 이다. 그냥 정치인도 아니고 대통령 후보가 되려는 사람이라면 대한민국에서 가장 힘센 신문에 잘 보여야 한다. 언론이 좋게 보도하지 않으면 대통령이 되기 어렵다는 것은 삼척동자도 다

안다. 노무현이 『조선일보』와 싸우는 것은 『조선일보』가 이회창을 대통령으로 만들겠다는 의도를 가지고 있으며 보도를 통해 그 의도를 실행하고 있다는 판단을 했기 때문이다. 노무현은 『조선일보』를 "언론도 아니"라 "한나라당의 기관지"에 불과하다고 규정했다. 『조선일보』가 그런 정치적인 의도를 가지고 있다면 『조선일보』에 잘 보일 방법이 없다. 잘 보이려고 해도 잘 봐줄 리가 만무하다. 그런데 그가 그런 판단을 내린 근거는 무엇일까?

2001년 9월 12일 노무현은 『조선일보』의 특정인 후보 만들기 음모에 대한 입장'이라는 성명을 냈다. 여기서 노무현은 『조선일보』에 대한 평소 생각을 이렇게 밝혀놓았다.

> 나는 일찍이 "조선일보는 이회창 기관지"임을 선언한 바 있다. 이회창 총재와 한나라당 의원의 발언은 아무런 근거 없는 내용도 여과 없이 대서 특필하고 사설 · 칼럼으로 맞장구 친 경우가 한두 번이 아닐 뿐 아니라 심지어 사설 · 칼럼으로 공개훈수를 하기도 한다. 『조선일보』와 이회창 총재는 수구 · 냉전 · 특권세력이라는 공통점이 있다.

이것이 언론사 세무조사가 시작된 후 노무현이 『조선일보』를 '수구언론의 선봉'으로 간주한 이유다. 그는 평소 『조선일보』를 이렇게 규정하고 있었다. 이 성명을 낸 계기는 2001년 9월 10일 『조선일

보』가 내보낸 「여, 이인제 후보 굳히기 시작됐나」라는 최준석·윤영신 기자의 기사였다. 『조선일보』는 여기서 민주당의 소위 '이인제 대세론'을 기정사실로 만들었다. 좀 길기는 하지만 워낙 중요한 것인 만큼 전문을 소개한다.

　김대중 대통령이 한광옥 청와대 비서실장을 민주당 신임 대표로 내정한 이후 당권을 쥔 동교동 구파와 유력한 차기 대선 후보인 이인제 최고위원 간의 결합 현상이 눈에 두드러지고 있다.

　이에 따라 동교동 구파가 사실상 이 최고위원을 차기 후보로 밀기로 하고, 그와 협력해 '당내 주류'를 형성하려는 것이 아닌가 하는 관측이 일고 있다.

김 대통령의 이번 당정개편으로 권노갑 전 최고위원이 이끄는 동교
동계 구파가 당내의 주도세력임이 보다 명확히 부각됐다. 한광옥
당 대표 내정자가 구파와 가까운 범동교동계이고, 청와대 비서실을
사실상 '장악' 하게 된 박지원 정책기획수석도 구파 쪽과 가깝다. 사
실상 청와대 비서실과 당의 주도권을 '동교동계 구파' 가 장악하게
됐다고 해도 과언이 아니다.

이 최고위원은 지난해 8·30 전당대회를 전후로 권 전 최고위원의
후원을 받아왔다. 이와 때를 같이하여, '동교동계 구파' 와 이인제
최고위원 측이 우호적 회동을 갖는 등 '제휴' 의 모습을 보임에 따
라, 당내의 관심은 김 대통령이 이 최고위원을 차기 대선 후보로 사
실상 '점지' 한 것은 아닌가 하는 쪽으로 모아지고 있다. '동교동 구
파' 의 뒤에는 바로 김 대통령이 있기 때문이다.

양측의 '제휴' 관측이 퍼진 것은 지난 7일 이 최고위원의 '측근 의
원 모임' 이후. 이 자리에 이훈평·조재환 의원 등 동교동 구파 의
원들도 참석, 우호적 '단합 모임' 을 가졌기 때문이다. 권 전 최고위
원 측근 의원들이 이 최고위원이 부정기적으로 갖고 있는 '측근 의
원 모임' 에 참석한 것은 처음이다. 이 자리에는 한 대표 내정자와
가까운 설송웅 의원도 참석했으며, 한광옥 대표 내정자도 참석할
예정이었던 것으로 알려져 더욱 배경에 관심이 쏠렸다.

제휴설을 뒷받침하듯, 이 최고위원은 한때 라이벌인 한화갑 최고위

원의 대표 임명이 가시권에 접어들자 강하게 반발했으나, 한 실장의 대표 내정이 알려진 뒤에는 '훌륭한 분'이라며 적극 환영했다. 이 최고위원은 한 실장에 대한 당내 반대 움직임도 앞장서 막고 있다.

이 최고위원 진영은 이제 한화갑·김중권·김근태 최고위원의 '반 이인제 연합전선'이 형성된다 하더라도 세에서 압도한다는 판단을 하고 있다. 7일 '측근 의원 모임'에 장성원·이정일·김효석·김경천 의원 등 호남출신 의원이 상당수 참석하고, 곽치영·박용호 등 수도권 의원도 가세하는 등 지지범위가 확대되고 있다는 것. '동교동 구파'의 후원까지 노골화되면, 한화갑 최고위원과 김중권, 김근태 최고위원이 반 이인제 연합전선을 편다고 해도, 결국 대세를 장악할 수밖에 없다는 것이다. 라이벌인 한 최고위원 문제도 궁극적으로는 김 대통령이 교통정리를 할 수밖에 없을 것이라는 생각이다.

이 최고위원은 실제 지난 7일 한 실장의 대표 내정이 알려진 뒤 가진 측근 '의원 미팅'에서 "희망이 있다. 단합하자"며 자신감을 보인 것으로 알려지고 있다. 그는 8일에는 자신의 자문위원 등 교수·연구원 350여 명을 서울 양재동 교육문화회관으로 초청, 저녁 모임을 갖는 등 대권 행보를 가속화했다.

한마디로 김대중 대통령을 모시는 동교동 구파가 이인제를 밀고 있으니 민주당 차기 대통령 후보는 이인제로 결정된 것이나 다름없다는 말이다. 불과 6개월 후인 2002년 3월 19일 『조선일보』 김대중 편집인은 김대중 대통령이 노무현 후보를 지원한다고 주장했다. 이른바 '음모론'을 최초로 입에 올린 장본인이 바로 언론인 김대중이다. 그런데 이 기사에서 보는 바와 같이 "당내의 관심은 김 대통령이 이 최고위원을 차기 대선 후보로 사실상 '점지'한 것은 아닌가 하는 쪽으로 모아지고 있"고 "'동교동 구파'의 뒤에는 바로 김 대통령이 있"는데도 『조선일보』는 이것을 '음모'로 보지 않았다. 김대중 대통령이 이인제를 밀면 아주 정상적인 일이지만 노무현을 지원하면 '음모'라는 것이 『조선일보』의 시각이다.

노무현은 이 기사를 보고 흥분했다. 『조선일보』가 '이회창 대통령 만들기' 프로젝트를 본격 가동했다고 판단했기 때문이다. 그런데 여기에는 이회창이라는 이름이 단 한 번도 등장하지 않는다. 단지 민주당에서 '이인제 대세론'이 굳어지고 있다는 이야기를 한 것뿐이다. 그런데도 노무현은 강력하게 반발하고 나섰다. 이유가 무엇일까? 노무현의 성명은 그 이유를 다음과 같이 밝히고 있다.

> 『조선일보』가 사리에 맞지 않는 방식으로 민주당 내 특정인 대세론을 전파하는 이유는 '특정인 후보 만들기를 통한 이회창 대통령 만들기' 전략을 실행에 옮긴 것이다. 이는 이른바 이회창 대세론이 영남의 절대적인 지지에 근거한 것과 관련이 있다. 다시 말해서 이회창의 영남 지지기반을 일거에 허물 수 있는 민주당 후보의 등장을 봉쇄하기 위해 특정인 후보 만들기에 나선 것이다.

다음으로, 『조선일보』는 자신들의 친일행적 및 독재와 결탁한 어두운 과거를 TV토론을 통해 폭로할 수 있는 민주당 후보의 등장을 극도로 불안해하기 때문에 특정인 후보 만들기에 나선 것이다. 『조선일보』는 언론의 정도에서 크게 벗어난 '이회창 대통령 만들기' 및 이를 위한 '특정인 후보 만들기' 공작을 즉각 중단하라.

여기에서 '특정인'이란 말할 것도 없이 이인제를 가리키는 말이다. 노무현의 시각은 이렇다. 이회창이 대통령이 되려면 한나라당의 지지기반인 영남에서 압승을 거두어야 한다. 영남 유권자의 이인제 거부 정서를 고려하면 이인제가 민주당 후보가 되는 것이 한나라당으로서는 최선이다. 전국적으로 고른 지지를 받는 동시에 영남에서도 득표력이 있는 노무현이 민주당 후보가 되면 이회창의 필승을 장담하지 못한다. 게다가 노무현은 『조선일보』에 사실상 선전포고를 한 사람이다. 따라서 국민들에게 민주당 후보가 이미 이인제로 굳어졌다는 인상을 심어줄 필요가 있다. 그래서 이런 기사가 나온 것이다.

그런데 노무현은 이 성명에서 진심을 다 말하지는 않은 듯하다. 국민경선 초기 노무현은 이인제가 민주당과 맞지 않는 사람이라는 이른바 '정체성 논쟁'을 제기했다. 이인제의 정책은 민주당보다는 한나라당과 더 비슷하다는 주장이다. 이때만 해도 같은 당의 당원들끼리 너무 심한 비방이라고 생각한 사람들이 많았을 것이다. 그러나 나중에 드러난 바와 같이 정책면에서 이인제는 민주당보다 한나라당에 훨씬 가까운 인물이다. 경제평론가 정태인은 2002년 3월 6일 『오마이뉴스』에 올린 「이인제 씨는 한나라당 후보? – 분석/정책으로 본 이 후보의 정체성」이라는 글에서 노무현과 이인제의 정책을 민주당과 한나라당의 정책과 비교하면서 공통점과 차이점을 표로 만들어 제시했다. 그의 분석을 들어보자.

먼저 결론을 요약한 표를 보자. 놀라지 마시라. 그는 누가 뭐래도 한나라당 후보다. 맨 왼쪽 열은 민주당의 정책 정강의 내용을 파란색으로 표시했고 맨 오른쪽 열은 한나라당의 정책 정강 내용을 노란색으로 표시했다. 이 표를 보고 누가 이인제 씨를 민주당 후보라고 말하겠는가? 민주당이나 한나라당 모두 보수정당이니 그런 것이라고 말하지 말라. 정체성 문제를 제기한 노무현 씨의 정책과 비

정책이슈		민주당	노무현	이인제	한나라당
남북정책	햇볕정책	기조유지	기조유지	수정(2단계/포용주의)	반대(상호주의, 검증)
	인권거론	전략적 시기상조	전략적 시기상조	필요	필요
	금강산 관광보조	찬성	찬성(보완필요)	반대	반대
	국가보안법	개정	폐지	개정 후 대체입법	유지
	한미관계	부시설득 필요	부시설득 필요	정부대응/비판	정부협입
경제정책	정책기조	시장경제화 생산적 복지	시장경제와 사회통합(생산적 복지)	성장우선 시장경제, 노동시장 유연화	시장기능 확대, 미국식 신자유주의 경제
	노사정위원회	현행유지	활성화	?	폐지
	법인세 인하	반대	반대	찬성	찬성
	재벌출자총액제한	완화	한시적 유지	완화 후 궁극적 폐지	완화 후 궁극적 폐지
	재벌은행소유지분	확대불가피	확대반대	확대불가피	확대
	기업규제	완화	관료적 규제완화 재벌규제 유지	혁명적 방법으로 철폐	획기적 규제완화
	집단소송제 도입	찬성(연내시행)	찬성	찬성(범위제한)	원칙적 찬성(단계적 도입)
	주5일 근무제	찬성(연내시행)	찬성(국민공감대 전제)	신중처리	원칙적 찬성(선실섭 절충)
	철도 민영화	찬성	반대	기존철도반대 신설철도찬성	조건부찬성
사회정책	기초생활보장제도	복지예산 확충	복지예산 확충	현상유지	내실화
	특검제 상설화	반대(필요시 사안별 특검제)	한시적 상설화	반대	반대(상식적 사안별 특검제)
	의약분업	찬성	찬성(보완필요)	초기반대(보완필요)	보완없이 강행반대
	건강보험 재정	통합	통합	통합분리	분리
	언론 세무조사	언론개혁	언론개혁	자율개혁 필요	기획된 언론탄압
	교원정년 재연장	반대	반대	?	찬성

■ 민주당 정체성　□ 한나라당 정체성　□ 독자노선　▨ 중간노선　? 입장미표명

교해 보라.

이 항목들은 자의적으로 뽑은 것이 아니다. 현재까지 이뤄진 각종 언론매체의 토론, 인터뷰에서 나온 질문들을 기준으로 한 것이며 각 언론은 후보들간의 차이를 드러내기 위해서 질문 항목을 뽑았을 것이다. 그러나 혹시 모르니 다른 항목들을 추가해도 좋다. 이번에 확인된 이인제 씨 개인과 그 주위 사람들의 성향을 감안할 때 어떤 항목을 더 집어넣어 봐도 이런 결과는 변하지 않을 것이다.

그나마 이인제 씨가 민주당 쪽을 따른 정책의 내용을 보면 더 놀랍다. 그는 국가보안법 문제와 재벌의 은행소유지분 문제에 관해서 민주당의 정책을 따랐는데 둘 다 민주당이 보수성을 드러낸 항목이다. 오직 건강보험의 재정통합 문제에 관해서만 '상대적으로 진보적인' 민주당의 정책을 택했을 뿐이다.

이인제 대세론을 부추기는 『조선일보』의 기사는 이중적인 의도를 내포한 것이다. 노무현의 주장대로 '이인제 대세론'을 강화함으로써 이회창에게 '만만한 상대'를 제공하려는 의도가 첫번째다. 두번째는 설사 이인제가 이회창을 이긴다 해도 『조선일보』로서는 나쁠 게 없다는 판단이다.

이인제는 97년 대선 당시 『조선일보』와 충돌한 일이 있다. 국민신당 당원들은 선거판세가 김대중과 이회창 양강대결이 되었다는 보도를 비난하면서 조선일보사 앞에서 신문을 불태우며 시위를 벌였다. 하지만 그 이후 이인제는 『조선일보』를 비판한 적이 없다. 언론개혁을 추진하지도 않았고 언론사 세무조사 파문의 와중에도 몸을 사렸다. 『조선일보』 시각으로 보면 이미 길들여진 정치인이다. 게다가 정책면에서 이회창과 별 차이가 없다. 이회창과 별 차이가 없다는 것은 곧 『조선일보』와 생각이 비슷하다는 이야기다. 어쨌든 두 사람은 5년 전 한나라당 전신인 신한국당 대통령 후보 경선에서 1등과 2등을 했던 사람이다. 전통적인 민주당 지지자 입장에서는 둘 가운데 누가 되든 좋지 않지만 『조선일보』 쪽에서야 누가 되어도 좋은 것이다. 민주당의 '이인제 대세론'을 굳히는 것은 어떤 경우든 『조선일보』가 택할 수 있는 최선의 전략이다. 노무현은 이것을 '이회창 대통령 만들기'로 규정했지만 내심으로는 이인제가 이회창과 별로 다르지 않다는 말도 하고 싶었던 것인지 모른다.

국민경선과 이인제의 자만

이 시점에서 민주당 총재는 여전히 김대중 대통령이었고, 권노갑을 비롯한 이른바 동교동 실세들이 당을 실질적으로 지배하고 있었다. 권노갑이 '높은 국민 지지도'를 명분으로 삼아 이인제를 지원한다는 것은 공공연한 비밀이었다. 노무현은 김근태, 한화갑 등 다른 차기 주자들과의 4자연대를 추진했지만 그가 민주당의 대통령 후보가 될 가능성은 극히 희박해 보였다. 모든 여론조사에서 이회창은 민주당 차기 주자들을 큰 폭으로 리드하고 있었고, 노무현에 대한 당원과 국민 지지도는 이인제에 비해 크게 뒤떨어졌다.

예컨대 2001년 8월 초 조사해 8월 7일자에 보도한 『시사저널』 여론조사를 보자. 여론조사 전문기관 미디어리서치는 민주당 대의원 9천354명 가운데 1천4명에게 민주당 대선 후보로 누구를 지지하는지 물어보았다. 이인제는 지지율 33.0%로 다른 모든 차기 주자를 압도했다. 이인제 지지율은 2001년 들어 무려 10% 포인트 넘게 상승했다. 2위를 차지한 노무현 지지도는 겨우 11.6%였다. 누가 민주당 대선 후보가 될 것으로 보느냐는 질문에도 42.3%가 이인제를 지목했다. 노무현은 8.5%에 불과했다. 이런 자료들을 볼 때 노무현은 후보가 될 가능성도 없는 주제에 『조선일보』가 '이인제 굳히기'를 통해 '이회창 대통령 만들기' 프로젝트를 추진한다고 비난한 셈이다.

노무현의 입장을 굳이 옹호한다면 이렇게 볼 수는 있다. 『조선일보』는 '꺼진 불도 다시 보자', '돌다리도 두들겨 보고 건너라'는 격언을 실천한 것일지도 모른다. 이인제 대세론은 권노갑을 비롯한 구 동교동계 주류의 지원에 힘입은 바 크다. 그러나 김대중 총재가 이인제로는 승리할 수 없다고 판단할 경우 다른 주자를 띄우거나 정몽준 등 제3의 인물을 영입해 전혀 다른 선거구도를 만들 수도 있다. 이런 변수의 등장을 예방하려면 '이인제 대세론'을 미리 확실하게 굳혀둘 필요가 있다. 이런 이야기다.

『조선일보』가 노무현의 등장을 막기 위해 '이인제 대세론'을 조장했다고 단정하기는 어렵다. 누가 보기에도 노무현이 민주당 후보가 될 가능성은 거의 없어 보였기 때문이다. 그런데 2001년 10·25 재보선에서 민주당이 참패함으로써 상황은 근본적으로 달라졌다. 서울 동대문을과 구로을, 그리고 강릉 등 세 곳의 국회의원 재보궐 선거에서 민주당은 참패를 당했다. 옷로비 파문 이후 줄을 이어 터져 나온 권력층 비리와 무기력한 여당에 대한 심판이었다. 젊은 개혁파 의원들은 이 선거를 민심의 준엄한 심판으로 평가했다. 구로을 김한길, 동대문을 허인회 등 개혁 성향을 가진 지명도 높은 후보를 투입하고 중앙당이 총력전을 폈는데도 예상 밖의 참패를 당했기 때문이다. 당정 시스템의 대폭적인 수술과 인적쇄신, 정치개혁, 검찰개혁, 사회개혁, 부패척결, 지역구도 타파를 강력히 추진하자는 요구가 봇물처럼 터져 나왔다. 그런데 이런 요구에 대한 김대중 대통령의 응답은 뜻밖에도 총재직 사퇴였다. '나는 정부만 책임지겠다, 민주당은 당신들이 알아서 하라'는 것이었다. 민주당은 갑자기 '선생님이 떠나 버린 초등학교 교실'이 되어 버렸다.

민주당은 혼란에 빠졌다. 그럴 수밖에 없는 일이었다. 당의 지도 중심이 사라졌기 때문이다. 차기 대통령 후보가 새로운 중심으로 등장해야 하는데 그 동안 민주당을 지배해왔던 구 권노갑의 동교동계에는 그럴 만한 사람이 없었다. 계속해서 이인제를 지원할 경우 다른 주자들의 반발은 불가피했다. 자칫하면 분당 사태가 날 수도 있었다. 당내 대세를 잡았다고 자신했던 이인제 진영에 비상사태가 발생한 것이다. 이후 '김대중 없는 민주당'에서는 대통령 후보 선출 시기와 절차, 전당대회 시기 등을 둘러싸고 차기 주자들간에 치열한 힘겨루기가 벌어진다.

그러나 이런 와중에도 민주당 내의 '이인제 대세론'은 흔들리지 않았다. 다른 조사를 볼 것 없이 『조선일보』가 한국갤럽에 의뢰해 2001년 12월 20일부터 사흘 동안 조사해 2002년 1월 1일에 보도한 것을 보자. 한국갤럽은 전국의 20세 이상 유권자 3천157명과 민주당 대의원 1천32명에게 물어보았다. 우선 민주당 대의원 조사결과다.

'만일 내일 대선 후보 선출 전당대회가 열리면 누구를 지지할 것인가. 지지하는 순서대로 두 사람을 말해달라'라는 질문에 '첫번째로 지지하는 후보'로 이인제 고문(43.4%)이 1위를 차지했다. 그 뒤는 노무현 11.5%, 한화갑 11.3%, 김중권 7.9%, 정동영 3.1%, 김근태 고문 2.7%, 유종근 전북지사 0.7% 등의 순이었다. 모름·무응답은 19.4%였다.

'두번째로 지지하는 후보'로는 노무현 15.1%, 한화갑 12.2%, 이인제 11.3%, 김중권 8.8%, 김근태 5.3%, 정동영 4.5%, 유종근 1.6% 등의 순이었으며, 모름·무응답은 41.2%였다.

이 결과를 가지고 민주당이 대선 후보 선출방식으로 추진하고 있는 '선호투표(Alternative Voting) 방식'에 따라 집계한 결과, 이인제

불과 올해 초만 해도 노무현이 대통령 후보가 되리라고 생각한 사람은 거의 없었다. 무엇이 이토록 가망 없던 노무현을 대통령 후보로 만들었을까? 『조선일보』 2002년 1월 1일.

고문의 대선 후보 당선이 가장 유력했다. 선호투표 방식에 따르면,

과반 득표자가 없을 경우 최하위 후보를 1위로 기표했던 투표자의

2위 기표수를 해당 후보에게 나눠주는 방식으로 차례로 집계하게

된다. 이 같은 방식으로 계산한 결과, 이 고문은 유종근 지사부터

김근태·정동영·김중권·한화갑 고문까지 탈락시키면서 계산했

을 때 50.8%로 과반수를 넘겼다. 이때 2위인 노무현 고문은 16.6%
였다.

'지지 여부와 상관없이 누가 민주당 대선 후보가 될 것으로 보는
가'라는 물음에도 이인제 고문이 50.3%로 가장 높았다. 이어 노무
현 8.9%, 한화갑 8.4%, 김중권 4.2%, 정동영 0.9%, 김근태 0.7%,
유종근 0.4% 등이 뒤를 이었다.

이 결과를 보면 노무현이 이인제를 따라잡기는 불가능해 보였
다. 당내에서만 그런 게 아니었다. 일반 유권자들 역시 다르지 않았
다. 본선의 '이회창 대세론'과 민주당 예선의 '이인제 대세론'은 확
고부동한 흐름을 형성하고 있었다. 이회창이 앞서고 있었지만 이인
제와의 격차는 크지 않았다. 반면 노무현은 이회창에 크게 뒤떨어졌
다. 다음은 같은 조사에서 나타난 일반 국민의 의견이다.

이회창 대 이인제: 전체적으로 45.4% 대 34.8%로 이회창 총재의 우
세였다. 이 총재는 그동안 각종 여론조사에서 열세를 보였던 20대
지지율에서도 40.0% 대 39.5%로 이인제 고문을 오차범위 내에서
앞섰다. 40대 · 50대 이상에서는 각각 51.0% 대 30.0%, 48.7% 대
31.0%로 이 총재의 우세가 두드러졌다.

지역별로는 이 총재는 대구 · 경북과 부산 · 경남에서 각각 68.6%,
61.4%를 얻어 이들 지역에서 16.8%, 17.5%인 민주당 이인제 고문

을 크게 눌렀다. 반면 광주·전라에서는 이 고문(76.6%)이 이 총재 (10.3%)를 압도적으로 앞지른 것으로 나타났다. 서울에선 이 총재가 43%로 33.9%의 이 고문을 앞섰다. 1년 전 『조선일보』·한국갤럽 조사에서는 이 총재와 이 고문은 42.2% 대 41.7%로 박빙의 혼전을 보였었다.

이회창 대 노무현: 이 총재 47.4%, 노 고문 31.3%로 나타났다. 연령별로는 30대에서 이 총재(44.1%)와 노 고문(39.8%)이 근접했을 뿐 20·40·50대 이상 모두에서 8~29.1%p의 격차로 이 총재가 우세했다. 지역별로도 노 고문은 자신의 출신지인 부산·경남에서 20.1%를 얻는 데 그쳐 이 총재(63.7%)에 못 미쳤다. 인천, 경기, 강원 등에서는 이 총재가 모든 지역에서 노 고문을 20%p 안팎 앞섰다. 충청권 역시 이 총재가 40.9%로 노 고문의 27.5%보다 상당한 표차의 지지율을 기록했다. 서울에서는 노 고문이 38.1%로 이 총재의 44.0%에 육박한 것으로 나타났다.

이인제로서는 어떤 절차를 통해서 후보를 뽑든 걱정할 이유가 없는 상황이었다. 전당대회에서 대의원을 모아놓고 한 번에 해도 이기고, 국민들을 참여시키는 예비선거를 해도 이기는 선거였다.

그런데 묘한 일이 벌어졌다. 압도적 우세를 보이고 있던 이인제 진영에서 엉뚱하게도 '음모론'이 흘러나온 것이다. 음모론의 요지는 간단하다. "빨리 대통령 후보를 뽑아야 하는데 일정을 지방선거 이후로 미룸으로써 이인제를 낙마시키려는 의혹이 있다." 간단히 말해서 전당대회를 자꾸 늦추는 것은 음모의 산물이라는 이야기다. 다음은 이인제 진영의 음모론에 대한 2001년 11월 3일『연합뉴스』고형규 기자의 보도다.

이인제 최고위원측 관계자가 최근 당내쇄신 갈등에 따른 정치일정 변화 가능성과 관련, '음모론'을 주장한 데 대해 한화갑, 노무현 최고위원측이 반박하고 나서는 등 음모론 논란이 일고 있다.

이 위원측은 최고위원 일괄사퇴와 관련해 당무회의에서 주로 중도개혁포럼 인사들이 최고위원 책임론을 제기하고, 정동영 최고위원이 사의를 표명한 데 이어 한광옥 대표가 갑자기 소집한 최고위원 간담회에서 일괄 사의표명으로 결론이 나기까지의 과정에 모종의 의도가 있지 않느냐는 의심을 하고 있다.

최고위원 일괄사퇴로 1월 정기 전당대회를 열지 않을 수 없는 상황을 만들어 우선 새 지도부를 구성하고 이를 통해 경선을 관리하면서 후보선출을 내년 지방선거 후로 미룸으로써 현재 가장 유력한 대선 주자인 이 위원에게 불리한 경선 상황이 만들어지는 게 아니냐는 것이 의심의 골자.

특히 이 위원측의 한 의원은 '한화갑 대표설'이 다시 나오는 점을 지적하기도 하면서 "청와대가 상황을 정리하지 않고 방치하고 있는 느낌"이라고 말하기도 했다. 또다른 관계자는 "상황을 변화시켜 본선 경쟁력이 가장 높은 이 위원을 흔들고, 정권 재창출은 생각 않고 당권만 손에 넣겠다는 의도를 가진 세력이 있다"고 비난했다. 그러나 이 위원 자신은 정작 3일 "음모라고 말한 적이 없다. 기자들이 그런 것"이라며 음모론 제기를 일축했다.

이인제는 확실히 음모론을 좋아한다. 그는 몇 달 후 민주당 국민경선에서도 음모론을 제기했다. 그런데 이 시점에서는 그가 음모론을 제기할 상황이 아니었다. 민주당은 2002년 새해 첫 주에 정치 일정과 대통령 후보 선출 절차에 합의했다. 집단지도체제 도입, 대통령 후보와 당 대표 분리, 일반 국민이 절반 참여하는 순회 국민경선, 선호투표제 등 이인제 진영에서 다소 불만을 가질 만한 내용도 있었지만, 지방선거 이전인 4월에 대통령 후보를 선출하기로 한 점에서 이 합의안은 이인제의 정치적 승리로 평가할 만한 것이었다. 그러나 그는 지나친 낙관론에 젖어 있었다. 자만심 때문에 국민선거인단의 비중을 50%로 확대하고 선호투표제를 도입하는 데 쉽게 합의해주었다. 이런 제도가 자신의 정치적 몰락을 불러오리라고는 생각하지 못했다.

이인제 대세론은 국민경선 초반부터 흔들렸다. 첫 경선지 제주에서 한화갑에게 1등을 빼앗겼고, 두번째인 울산에서는 노무현, 김중권에 이어 3등을 했기 때문이다. 세번째 광주 경선에서 노무현에게 100표 넘게 뒤진 것은 회복할 수 없는 치명타였고, 민주당 국민경선은 사실상 여기서 노무현의 승리로 끝이 났다. 그 다음은 확인 절차에 불과했다.

이인제는 이 예기치 못한 사태에 격분한 나머지 음모론을 제기했다. 경선 전략으로 보면 음모론은 일종의 자살행위였다. 총재직을 사임한 가운데 아들 비리 논란으로 이미 좌불안석이던 김대중 대통령을 겨냥한 것이었기 때문이다. 이인제는 국민선거인단보다는 민주당 대의원들 사이에서 상대적으로 더 많은 지지자를 보유하고 있었다. 대통령을 공격한다는 것은 오랜 세월 김대중을 지지해왔던 대의원들의 마음을 내치는 것이나 진배없었다.

나는 앞서 이런 의문을 던진 바 있다. 노무현은 과연 조중동의 반격을 충분히 예상하면서 '수구언론'과 『조선일보』를 공격한 것일까? 이제 대답할 때가 되었다. 그렇다. 그는 역풍을 충분히 예견하면서 『조선일보』와의 전선을 연 것이다. 이렇게 보는 근거는 세 가지다.

첫째, 노무현은 무모한 사람이 아니다. 다만 중요한 승부처에서는 기꺼이 위험을 감수하는 배짱 좋은 정치인일 뿐이다. 둘째, 노무현은 『조선일보』와의 싸움을 통해 자신을 개혁세력의 정치적 중심으로 만들고 2002년 대선의 정치적 성격을 뚜렷하게 부각시켰다. 셋째, 노무현은 매체 환경의 변화를 활용하면 『조선일보』의 공격을 이겨낼 수 있을 것으로 판단했다.

노무현의 배짱과 용기

우선 노무현의 퍼스낼리티를 보자. 노무현은 매우 격정적이어서 즉흥적으로 일을 벌이는 사람이라는 평이 있다. 초선 때 회의를 느낀다며 국회의원직 사퇴서를 내고 잠적한 일이라든가, 5공 광주특위 합동 청문회에 증인으로 나온 전두환이 제멋대로 떠든 후에 증인석을 떠나버리자 명패를 바닥에 팽개쳤다든가, 1989년 말 김영삼의 3당합당 때 끝까지 반대했다든가, 주변에서 다 말리는데도 떨어질 게 뻔한 부산으로 내려가 출마를 했다든가, 뭐 그런 일들이다. 노무현에 대해 이런 편견을 가진 사람들은 『조선일보』와의 싸움도 '한 성격 하는 노무현'이 성질을 죽이지 못해 벌인 일쯤으로 볼지 모르겠다.

그러나 노무현은 매우 논리적인 사고를 하는 사람이다. 그는 격정적이지만 무모하지는 않다. 개인적으로 큰 위험이 따르는 일을 잘 벌이지만 아무 계산도 없이 그러는 것은 아니다. 곧 이야기하겠지만 『조선일보』와의 싸움 역시 그 나름대로는 면밀한 계산 끝에 벌인 정치적 행동이다. 노무현의 인간적 특성에 대해서는 출세한 남자들의 내면을 해부하는 데 탁월한 역량을 보여준 정신과 전문의 정혜신의 평을 다시 한번 참고하자. 정혜신은 『노무현: 상식 혹은 희망』에 기고한 「바보 vs 배짱 좋은 남자」에서 이렇게 분석했다.

나는 배짱이 있는 남자가 좋다. 그들은 삶의 일정한 부분에서 두려움을 극복한 사람일 것이라는 생각 때문이다. 반드시 한 가지 전제되어야 할 것은 얼핏 배짱처럼 보이는 무지(無知)와 진짜 배짱은 구별되어야 한다는 사실이다. 펄펄 끓는 물에 용감하게(?) 손을 담그는 갓난아기는 배짱이 있어서가 아니라 그게 자기 손을 아프게 한다는 사실을 모르기 때문이다. 수십 년 동안 기예를 갈고 닦은 예인들이 무대에 설수록 혹은 세월이 흐를수록 자꾸 떨린다고 말하는 것은 단순한 겸양의 수사가 아니라, '진정한 두려움'을 아는 성숙한 인간의 내밀한 토로일 것이다.

그렇다. 삶 속에서 진정한 두려움을 느끼는 사람은 성숙한 인간이다. 두려움을 모르거나 무섭지 않아서가 아니라 두려움을 느끼되 무릎 꿇지 않고 그것을 극복할 수 있는 방법을 아는 사람이기 때문이다.

그런 점에서 노무현은 특이한 사람이다. '진정한 두려움의 극복'이어떤 것인지를 '온몸'으로 보여주는 흔치않은 사람이어서다. 본능에 무릎 꿇을 수밖에 없는 상황에서도 본능에 반하는 방향으로 행동을 조절할 수 있고 자신의 운명에 책임질 수 있는, 심리적 건강의 본질을 극명하게 보여주는 사람이다. 좀 속되게 말하자면 '진짜 배짱'이 있는 사내다.

정치인 노무현을 사랑하는 사람들의 모임인 '노사모' 회원들은 노무현을 '바보'라는 애칭으로 부른다. 끔찍한 지역주의를 타파해야 한다며 지는 싸움에 번번이 나서는 사람이 '바보'가 아니면 무엇이겠느냐는 것이다. 지난 98년 10월 강준만 교수도 노무현을 긍정적으로 다룬 그의 글에서 "뻔히 패배할 줄 알면서도 그 지역구도에 정면 도전해 의연하게 패배한 것을 매우 높게 평가한다"고 말한다. 그러나 나는 개인적으로 그들의 의견에 동의하지 않는다. 그들의 선의를 모르는 바 아니나 배짱이 있는 사람과 바보는 구별되어야 한다는 생각에서다.

사람은 누구나 위험을 피하고 싶어한다. 그건 인간의 본능이다. 그러나 노무현은 그 위험을 피하지 않고 맞서 싸운다. 그게 얼마만한 파괴력을 가지고 있는 위험인자인지 그걸 어느 정도 예상하면서도 맞부딪친다. 그래서 노무현은 배짱이 있는 사람이다. 실상 정계에 입문한 지 15년째지만 보궐선거 당선을 포함해 노무현의 국회의원 경력은 5년 8개월 정도다. 그만큼 많이 떨어졌다. 낙선의 쓰라림을 어느 누구보다 잘 안다. 선거에서 떨어지게 되면 앞으로도 계속 정치를 해야 할 것인가부터 자문을 해보아야 할 정도의 참담한 기분이 된다는 게 노무현의 고백이다.

그럼에도 어느 기자의 말처럼 그는 한국 정치에서 매우 독특한 존재다. 그만큼 낙선을 거듭하고도 유명세와 지지도를 오랫동안 유지해온 정치인이 거의 없기 때문이다. 애초부터 지는 싸움에 나가서 진 때문이 아니라 이길 수도 있었고 이길 자격이 충분한데도 그 몹쓸 '위험인자'를 피하지 않고 맞서다가 패배한 배짱 있는 사내에게 낙선은 오히려 훈장이었던 셈이다. 전두환 집권 시절 민정당 간판

으로 광주에서 출마한 입후보자도 막판까지 '혹시나' 하는 마음을
가지는 게 정치인이나 선거판의 생리라고 한다. 그러므로 노무현이
매번 뻔히 패배할 줄 알면서도 선거판에 뛰어들었다면 진작에 '제2
의 진복기'가 되었거나 부정적 의미에서 '정치적 바보'가 되었을
것이다. 노무현이 '바보'가 아니라 배짱이 두둑한 정치인이라고 말
하는 건 바로 그런 이유다. (…)

노무현은 언론과 정면으로 맞서고 있는 정치인으로서도 유명한데
그것이 손해인지 이득인지 알 수는 없지만 언론의 위력에 대한 두
려움 때문에 말을 못하는 정도의 신념과 용기를 가지고 있다면 국
가적 지도자가 될 수 없다는 게 노무현의 생각이다. 그는 91년 말에
한 잡지와 가진 인터뷰에서 언론에 대해 자신이 가지고 있는 배짱
의 당위성을 이렇게 역설한다.

"『조선일보』처럼 부도덕한 언론과 아무도 싸우지 않는다면 누구도
정치를 바로 하지 못할 것이다. 누군가가 상처를 입을 각오를 하고
이런 악의적인 언론의 횡포에 맞서 싸우지 않는다면 결국에는 더
많은 사람들이 상처를 입게 된다. 내가 정치를 잘하는 것도 중요하
지만 정치적으로 상처를 입는 한이 있더라도 다른 정치인이라도 이
로 인해 조금이라도 피해를 덜 입었으면 좋겠다는 생각이다."

대단한 배짱이다. 같이 가던 친구들이 불량배들에게 끌려가는데도
친구를 내버려두고 비실비실 피해서 집에 가버린다는 요즘 아이들
의 행태를 거론하며 그 아이들의 부모가 한심하다고 목소리를 높일

자격이 있는 사람이다.

그렇다. 노무현은 『조선일보』와 싸우는 것이 정치적으로 얼마나 위험한 일인지 안다. 1991년 『주간조선』 보도를 놓고 한 번 싸워보았기 때문에 누구보다 그걸 잘 안다. 그러나 노무현은 10년 세월이 지나 대통령 자리에 도전하면서 다시 『조선일보』와 싸움을 벌였다. "그게 얼마만한 파괴력을 가지고 있는 위험인자인지 어느 정도 예상하면서도 맞부딪친" 것이다. 거침없는 말과 행동을 보면 노무현은 오로지 열정에 사로잡혀 행동하는 로맨티스트로 보인다. 그러나 그는 동시에 철저한 리얼리스트이기도 하다. 노무현은 자신의 약점과 강점을 잘 알고 있으며 약점을 감추고 강점을 드러내는 방식으로 싸운다. 그는 『조선일보』와의 싸움이 내포한 정치적 위험을 잘 알면서도 이 싸움을 통해 자신을 개혁세력의 리더로 부각시켰다. 그는 로맨티스트라기보다는 배짱이 좋은 리얼리스트다. 『조선일보』는 일찍이 이 배짱을 밟아버리려고 했지만 실패했다.

『조선일보』 비판의 정치적 효과

나는 또한 노무현이 개혁세력의 정치적 리더로 자리잡기 위해 위험을 각오하고 『조선일보』와 싸웠고 지금도 싸운다고 생각한다. 실제로 전개된 상황을 보면 이것은 매우 성공적인 전략이었다. 2001년 2월의 소위 '언론과의 전쟁 불사' 발언 파문으로 조중동의 집중타를 맞으면서도 그는 굽힘 없이 언론사 세무조사를 옹호하고 수구언론을 맹공했다. 그리고 이 기간 동안 노무현에 대한 국민 지지도는 뚜렷한 상승 조짐을 나타냈다. 오프라인 언론사의 여론조사에는 잘 보이지 않았지만 인터넷 공간에서는 이미 하나의 흐름을 형성했다.

노무현이 해양수산부 장관을 그만두고 민주당으로 돌아오자 정치인을 대상으로 한 투자게임 사이트 포스닥(www.posdaq.co.kr)은 노무현 주식을 다시 상장했다. 2001년 6월 15일 상장된 노무현주의 가격은 첫날 6만4천999원을 시작으로 열흘 동안 연속 상한가를 치면서 단숨에 17만 원선을 돌파해 이회창과 이인제를 제치고 최고가를 기록했다. 한화갑, 조순형, 김근태, 박근혜, 정동영 등이 그 뒤를 이었다.

이것은 노무현이 인터넷을 능숙하게 사용하는 고학력 젊은층 유권자들에게 호감을 사고 있었기 때문에 빚어진 현상이다. 다음 『동아일보』 2001년 3월 5일 최건일 기자가 쓴 기사는 1년 뒤 불어닥친 노무현 바람의 징후를 보여준다.

전국 대학신문 · 대학방송 기자들은 노무현 해양수산부 장관을 차기 대통령감으로 보면서도 이회창 한라당 총재의 당선 가능성을 가장 높게 보는 것으로 나타났다. 전국 대학신문 · 대학방송 전 · 현직

기자를 중심으로 오는 5일 창간되는 인터넷신문 『유뉴스』(www. unews.co.kr)는 최근 전국 대학신문·대학방송 기자 332명을 대상으로 실시한 여론조사에서 이 같은 결과가 나왔다고 말했다.

조사결과에 따르면 모든 정치인을 후보로 실시한 차기 대통령감에 대한 질문에서 노무현 장관이 17.8%(59명)로 가장 높았으며 이인제 민주당 최고위원 6.3%(21명), 권영길 민주노동당 대표가 6.0%(20명)로 그 뒤를 이었다. 그러나 실제 차기 대통령 당선 가능성에 대해서는 이회창 총재가 49.7%(169명)로 선두를 차지했으며, 이인제 최고위원 6.9%(23명), 노무현 장관이 2.4%(8명)로 조사됐다.

대학신문 기자들의 정치적 선호는 대학사회의 전반적인 분위기를 반영한다. 기자들뿐만 아니라 대학생들이 일반적으로 노무현에 대해 호감을 가지고 있다는 이야기다. 이런 사실은 『한국대학신문』이 2001년 9월에 전국 대학생 1천918명을 상대로 실시한 여론조사에서 확인할 수 있다. 2001년 10월 13일자 『한국대학신문』의 관련 기사를 보자.

대학생들이 가장 좋아하는 정치인은 해양수산부 장관을 역임한 노무현 민주당 최고위원이었으며 반대로 가장 싫어하는 정치인은 이회창 한나라당 총재인 것으로 밝혀졌다.

주관식으로 한 명만 기입하도록 한 가장 좋아하는 정치인과 싫어하

수구언론과의 싸움은 인터넷에 익숙한 고학력 젊은층을 중심으로 뚜렷한 지지도 상승을 가져왔다. 『한국대학신문』 2001년 10월 13일자.

는 정치인을 묻는 항목에서 노무현 최고위원은 18.5%를 얻어 가장 영광스러운 자리를 차지했다. 노무현 최고위원의 뒤를 이어 차석을 차지한 정치인은 김민석 의원(17.5%)이었으며 그 뒤를 정동영 최고위원(15%), 민주당 총재인 김대중 대통령(14.6%), 이인제 최고위원(8.4%)이 차례로 이었다. 1위부터 5위까지를 민주당에서 독식한 것이다.

이회창 한나라당 총재가 8.2%로 6위를 차지했으며 박찬종(3.6%), 김근태 민주당 최고위원(3.2%), 김종필 자민련 총재 · 고건 서울시

장(각 2.1%), 추미애 민주당 의원(1.6%), 김홍신 한나라당 의원·
정몽준 의원(각 1.4%) 등이 낮은 호감도로 뒤를 이었다.

가장 싫어하는 정치인 분야에서는 이회창 한나라당 총재가 42.8%
라는 압도적인(?) 비율로 불명예를 안았다. 2위는 25.7%를 얻은 김
종필 자민련 총재로 나타났으며 3위는 김영삼 전대통령(14%)이 차
지했다. 이밖에 10% 미만대의 비율로 김대중 대통령(6.9%), 이인
제 민주당 최고위원(5%), 노태우 전 대통령·이한동 국무총리(각
1.4%), 추미애 민주당 의원(0.9%), 박종웅 한나라당 의원(0.3%)
순으로 나타났다.

노무현이 인터뷰와 기고를 거부하면서 『조선일보』를 '수구세
력의 선봉'으로 몰아붙인 2001년 가을 이후 이런 징후는 오프라인
언론사 여론조사에까지 번졌다. 이회창과의 맞대결 가상 여론조사에
서 이회창이 여전히 큰 격차로 리드하고 있었지만 노무현과 이인제
의 경쟁력 격차가 현저하게 줄어 오차범위 안에 들어온 것이다. 참고
로 2001년 11월의 몇몇 여론조사 결과를 살펴보자.

노무현은 서민적 이미지를 지녔다. 그러나 그는 서민층보다는
대학생과 시민단체 회원, 화이트칼라와 전문직 등 젊은 고학력 유권
자들에게서 상대적으로 높은 지지를 받고 있었다. 이런 역설적인 현
상은 이회창에게 지지율 선두를 내준 2002년 7월 이후에도 변함없이
계속되고 있다. 저학력, 저소득, 고령층 유권자들이 압도적으로 '귀

조사기관	조사 시점	이회창	노무현	이인제	노-이 격차
연합뉴스	11.3~4	42.0%	26.4%		-3.3%
		40.5%		29.7%	
한길리서치	11.10~11	47.2%	38.2%		-2.4%
		47.9%		40.6%	
문화방송, 갤럽	11.12	44.9%	31.8%		-1.8%
		43.2%		33.6%	
세계일보	11.13~14	44.8%	27.6%		-3.3%
		45.7%		30.9%	

족후보' 이회창을 지지하는 것이다. 그 이유가 무엇일까? '서민후보'
노무현이 사실은 서민들의 피부에 와닿지 않는 추상적 가치를 내세
우고 있기 때문이다. 국민통합, 노사화합, 한반도의 평화와 동북아시
대, 이런 것들의 중요성을 먹고살기 힘든 서민들이 쉽게 이해하거나
받아들일 수는 없다.

　어쨌든 노무현은 민주당 국민경선이 시작되기 전부터 고학력
의 젊은 유권자들을 사로잡았다. 대표적인 사례를 몇 가지만 보자.
우선 2002년 1월 3일자 『미디어오늘』 기사의 일부다.

　　미디어오늘이 한길리서치에 의뢰해 지난달 21~27일에 걸쳐 실시
　　한 기자 여론조사에 따르면 현직기자 62.0%는 노무현 고문을 차기
　　대통령 적임자로 꼽았다. 이는 최근 당선 가능성을 묻는 여러 설문
　　조사 결과와는 달리 기자들이 적임이라고 생각하는 후보가 따로 있
　　음을 보여주고 있어 주목된다. 노 고문 다음으로는 김근태 고문이

대다수 젊은 기자들은 '언론과의 전쟁'을 선언한 노무현을 오히려 대통령 적임자로 꼽았다. 『미디어오늘』 2002년 1월 3일자.

48.8%의 지지를 받았으며 이회창 한나라당 총재는 43.8%, 이인제 민주당 고문 42.0%, 정동영 민주당 고문 39.2%의 순으로 나타났다. 언론자유 신장과 언론발전을 가져올 적임자를 묻는 질문엔 김근태 고문이 73.6%로 가장 많은 응답을 얻었으며 다음으로는 노무현 고문(69.4%), 정동영 고문(67.6%), 권영길 민주노동당 대표(63.0%)의 순으로 나타났다. 이어 한화갑 민주당 고문(30.2%), 이인제 고문(27.4%) 이회창 총재(21.6%), 박근혜 한나라당 부총재(21.4%)의 순으로 나타났다.

노무현 고문에 대한 응답은 평가자(64.4%)와 근무년수 1~3년차(69.5%)에서 많이 나와 상대적으로 젊은 기자들이 선택했으며 부서별로는 사회부(69.2%)에서 많이 나왔다. 이회창 총재에 대한 응답은 국부차장급(55.3%), 근무년수로는 16년차 이상(57.9%) 부서별로는 정치부(56.0%)에서 상대적으로 많아 노 고문과는 대조적인 경향을 보였다.

이번 여론조사는 12월 21일부터 27일까지 신문·방송사별 할당 무작위 추출법으로 뽑힌 전국의 신문·방송기자 500명을 대상으로 구조화된 설문지를 이용한 전화면접을 통해 실시했다.

386세대가 주도하는 증권가에도 비슷한 경향이 드러났다. 『시사저널』이 국내 13개 증권사 기업담당 애널리스트를 대상으로 11월 중순 실시한 증시전망 조사에서 노무현은 의외로 좋은 평가를 받았다. 『머니투데이』가 2002년 1월 3일 증시 전문가 234명을 대상으로 실시한 신년기획 설문조사에서는 경제대통령 적임자로 단연 수위를 차지했다. 두 기사의 관련 부분을 차례로 발췌해 소개한다. 먼저 『시사저널』 기사다.

일반 국민과 경제 전문가의 시각은 크게 달랐다. 지난 11월 14일 MBC 국민여론조사에서 '경제를 살릴 것 같은 인물'로 뽑힌 사람은 이회창이었다. 이인제·정몽준·노무현은 큰 차이로 처졌다. 그러흔히 진보적 성향의 노무현은 경제인들에게 거부감이 클 것이라 여기기 쉽다. 그러나 증권가 사람들을 대상으로 한 설문조사가 말해주듯, 그것은 근거없는 선입견일 뿐이다. 『시사저널』 2001년 11월 29일자.

나 애널리스트들은 '경제를 가장 잘 이끌 만한 대선 주자'로 정몽준(26%)을 꼽았다. 이어 이회창(13.3%)과 노무현(12.7%)이 2 · 3위에 올랐다.

정몽준은 경제학을 전공했고 현대중공업 회장을 지내 실물 경제에 발을 걸쳐 보았다는 점이 호감을 얻었다. 그러나 정몽준이 1위를 한 데는 전문가들이 경제에 대한 정치인들의 소양과 자질을 불신하고 있다는 점도 크게 작용했다. 무응답이 28%에 달했고, '현 후보들 중에는 경제를 제대로 이끌 사람이 없다'고 답한 사람도 있었다.

이례적인 것은 유력한 대선 후보라는 이회창의 인기가 증권가에서는 높지 않다는 점이다. 그가 경제와 유관한 일을 한 번도 한 적이 없다는 지적이 많았다. 반면 노무현이 한 표 차로 이회창의 뒤를 이은 점도 특이했다. '외압에 흔들리지 않고 소신 있게 구조 조정을 할 수 있다'는 평이었다. 애널리스트들이 주로 30대 젊은층이어서 개인적 정치 성향이 개입되었을 수도 있다. 김근태(9.3%)·이인제(6.7%)·정동영(3.3%)이 그 뒤를 이었다.

다음은 『머니투데이』 보도 내용이다. 『시사저널』 조사에서 정몽준에게 크게 뒤지고 이회창과 비슷한 지지를 받았던 노무현이 불과 한 달 남짓 지난 시점에서 이회창은 물론이요 정몽준까지 압도했다.

노무현 민주당 고문이 시장을 가장 잘 이해하는 대선주자로 증시 전문가들이 인식하고 있는 것으로 나타났다. '내년 대통령 선거에 출마를 선언했거나 출마가 예상되는 인물 중 시장에 대한 이해가 가장 깊다고 생각하는 인물은'이라는 설문에서 노 고문은 41표로 가장 많은 표를 얻었다.
234명의 증시 전문가 중 이 설문에는 167명이 답했다. 67명은 설문에 응답을 하지 않음으로써 정치에 대해 무관심을 드러냈다. 노 고문은 응답자의 24%로부터 지지를 얻은 것이다. 증시 전문가들은 노 고문을 대선주자 중 '경제대통령'에 가까운 인물로 인식하고 있는 것으로 나타났다.

이회창 한나라당 총재는 30표를 얻어 노 고문의 뒤를 이었다. 이 총재가 최근 일반국민들로부터 많은 지지를 얻고 있지만 증시에 대한 이해는 노 고문에 비해 떨어진다는 게 증시전문가들의 견해다. 이번 대선에서 이 총재의 경쟁상대로 지목되고 있는 이인제 민주당 고문은 25표를 얻었다. 다음으로는 김종필 자민련 총재가 22표, 김근태 · 정동영 민주당 고문이 각각 20표를 얻었다. 박근혜 한나라당 부총재는 4표, 한화갑 민주당 고문은 3표, 정몽준 의원은 2표를 얻는 데 그쳤다.

노무현은 시민운동가들 사이에서는 원래부터 독보적인 위치를 차지하고 있었다. 시민운동가들은 2년 연속 노무현을 '희망을 주는 정치인'으로 선정했다. 다음은 참여연대가 발행하는 월간 『참여사회』 2001년 12월호 기사다.

월간 『참여사회』는 지난해에 이어 2001년 송년호 특집으로 전국의 시민운동가 100인 대상 여론조사를 실시했다. 총 5개 분야(시민/정치인/경제인/언론인/시민운동가)로 나눠 우리 시대 희망을 주는 사람과 희망을 뺏는 사람을 중복응답 가능한 주관식 문형으로 질문했다.
정치 분야에서 시민운동가들이 꼽은 우리 시대 희망을 주는 사람 최다 득표자는 노무현 민주당 상임고문(49.4%)이 선정됐다. 이하

시민운동가들은 2년 연속으로 노무현에게 '희망'이란 이름을 부여했다. 『참여사회』 2001년 12월호.

는 김근태 민주당 전 최고위원(19.1%), 권영길 민주노동당 대표 (14.6%), 정동영 민주당 전 최고위원(7.9%), 이미경 민주당 국회의 원(6.7%) 등이다.

조사결과에 따르면 시민운동가들은 개혁적 입장을 가지고 정치활 동을 하는 정치인들에게 높은 점수를 준 것으로 나타났다. (…) 조 사결과 한나라당 국회의원들이 단 한 명도 순위에 들지 않았는데, 이는 보수정당으로서 기득권층을 대변하고 개혁적 입장에 소극적 인 한나라당에 시민운동가들의 불만이 표출된 것으로 보인다.

그동안 지역주의 타파, 언론개혁 지지, 사회통합을 표방하고 있는 노무현 민주당 고문이 지난해보다 15%나 오른 득표율로 2년 연속 희망을 주는 정치인 1위로 선정됐으며, 많은 시민운동가들은 대안의 진보정당에 대한 희망의 끈을 놓지 않았다.

노무현은 기자, 증권 전문가, 시민운동가, 대학생 등 소위 '여론주도층'의 지지를 기반으로 『조선일보』와의 싸움을 시작했다. 그런데 싸움이 격렬해지면서 전통적으로 민주당을 지지해왔던 유권자들이 노무현을 눈여겨보기 시작했다. 이런 시점에서 민주당이 전국 순회 국민경선제를 도입하자 본선경쟁력과 국민통합이라는 노무현의 구호는 민주당 지지자들 사이에서 더 강력한 흡인력을 발휘하게 된다. 경선 첫 주 선두를 차지한 노무현의 상승세는 광주 경선을 눈앞에 둔 시점에서 이회창을 제압할 가능성을 보여준 『문화일보』와 SBS 여론조사를 지렛대 삼아 날개를 달았다. 민주당 본거지인 광주 경선 압승은 이 모든 요소들이 종합된 결과 나타난 사건이었다. 이인제 대세론과 이회창 대세론이 함께 무너졌다. 노무현은 『조선일보』와 『동아일보』를 향해 민주당 경선에서 손을 떼라고 호통쳤던 2002년 4월에는 일시적으로 무려 60%에 육박하는 지지율을 기록했다.

『조선일보』와의 싸움은 노무현이 민주당 경선에서 이길 수 있었던 중요한 이유 가운데 하나다. 그는 이 싸움을 통해 민주당 지지자들의 심정적 동조를 이끌어냈다. 김대중 정권은 『조선일보』뿐만 아니라 신문시장의 70%를 점유하고 있는 조중동 전체와 불편한 관계였다. 정권과 언론이 서로 편안한 관계를 맺는 것은 물론 좋지 않다.

그러나 문제는 그 '불편한 관계'의 내용이 자연스럽지 않다는 것이다. 특히 언론사 세무조사를 시작한 이후 김대중 정권과 조중동 사이에는 '총성 없는 전쟁'이 벌어졌다. 민주당 지지자들이 김대중 대통령과 정권 실세들에게 전폭적인 지지를 보낸 건 아니다. 그러나 그들 역시 조중동이 한나라당과 유착해서 김대중 정권을 과도하게 비난한다고 생각하고 있었다.

노무현의 정치벤처

노무현은 2001년 11월 10일 전국의 지지자들이 '노무현과 함께 하는 사람들'이라는 이름을 걸고 전북 무주에서 개최한 단합대회에서 이렇게 부르짖었다. 조중동에 불만을 품고 있던 민주당 지지자들이 열광적인 박수로 화답한 건 당연한 일이다.

지금 과거 군사독재하에서 국민들에게 온갖 박해를 가하면서 특혜를 누렸던 수구 기득권세력이 국민의 정부를 흔들고 있습니다. 한나라당과 일부 특정 소수 언론이 우리 정부의 공은 십분의 일로 깎아내리고 잘못은 열 배로 부풀리고 있습니다. 근거 없는 유언비어를 감히 국회에서 발설하고, 일부 언론은 이 유언비어를 대문짝만하게 신문에 실어 국민들을 현혹하고 있습니다. 민심의 법정에 왜 이처럼 거대한 역류가 일어나고 있습니까? 수구세력의 거짓 술수 때문입니다.

물론 우리 국민의 정부도 많은 시행착오가 있었음은 인정해야 합니다. 과거 군사정권이 걸었던 잘못된 길을 답습한 잘못도 있습니다. 그러나 과거의 정권에는 그처럼 관대했던 언론이 왜 우리 국민의 정부는 이처럼 가혹하게 흔들어대는 것입니까? 과거 그 언론들은 정권의 지시에 따라 기사를 썼던 사람들입니다. 그래서 특권을 누렸습니다. 문민정부가 되니 그들이 먼저 언론자유를 내세웠습니다. 국민의 정부가 들어섰습니다. 정권이 교체되었습니다. 좀더 민주화된 사회에서 그들은 언론자유를 주장하면서 그들이 탄생을 바라지 않았던 국민의 정부가 가는 길은 가로막고 있습니다

소수 특정 언론이 민주당을 이렇게 방해하며 두들기는데 앞으로 태어날 민주당을 얼마나 흔들 것이냐, 이 벽을 어떻게 넘을 것인가가 걱정되시는 분들이 있을 겁니다. 여러분 이제 달라졌습니다. 지금도 특권을 누리는 수구언론들에 대해서 많은 국민들이 일어나 싸우고 있습니다. 대통령 선거의 과정은 신문만 있는 시대가 아닙니다. 전 과정에서 언론개혁을 위해서 전 싸울 것입니다. 이제 권력이 언론을 개혁할 수는 없습니다. 다음 정권은 국민의 지지 위에 탄생합니다. 국민의 지지를 얻어나가는 전 기간 동안 우리 당의 후보를 공격하는 언론과 우리 당원들이 맞서 싸운다면 언론은 민심 앞에 무릎을 꿇게 될 것입니다. 그리고 그 민심은 언론개혁의 제도적 장치

를 요구할 것입니다. 그러면 국회에서 2003년 언론개혁 법안이 통과될 것이라고 저는 기대합니다. 여러분이 해낼 수 있습니다 제가 앞장서겠습니다. 싸워 나갑시다.

이 단합대회는 민주당이 2001년 10·25 국회의원 재보궐 선거에서 참패를 당한 직후에 열렸다. "한나라당이 근거 없는 유언비어에 국회에서 발설하고 일부 언론은 이 유언비어를 대문짝만하게 신문에 실어 국민들을 현혹하고 있다"고 한 노무현의 말은 조중동을 겨냥한 것이다. 그 당시 조중동은 한나라당이 폭로한 각종의 권력형 비리 의혹과 과장된 국가채무 통계 등 정책쟁점을 여과 없이 그대로 대문짝만하게 내보냈다. 한나라당의 일반적 주장에 따옴표를 달아 그대로 제목으로 뽑았다. 여기서 일일이 소개하기에는 지면이 모자라니 재보선 다음날 열린 한나라당 의원총회 풍경을 묘사한 『오마이뉴스』 최경준·이종호 기자의 「특히 기자들에 감사, 우린 한식구」라는 기사를 참조하자. 한나라당은 조중동의 활약에 경의를 표했다.

환한 미소를 띄우며 의원총회장에 모습을 나타낸 한나라당 이회창 총재는 '10·26사태' 22주년을 의식한 듯 박근혜 부총재와 한참 대화를 나눈 뒤 곧바로 인사말을 시작했다.
이 총재는 인사말 서두에서 "감사드립니다"를 연발했다. "당선자 세 명" "국민 여러분" "당원과 당직자" "입당한 김용환, 강창희 의

한나라당과 한식구인 수구언론에 맞서는 것은 가장 효과적인 전선이었다. 『오마이뉴스』, 2001년 10월 26일

원" 등을 차례로 거론하며 감사를 표했다. 이 총재는 "우리 당에 입당한 김용환, 강창희 의원 두 분께 감사드린다"며 "이번 선거에서 두 분이 공헌하신 바가 매우 크다"고 말해 충청권 조직표에 대한 공헌을 치하했다. 이 총재는 이어 다섯번째로 감사해야 할 사람들을 거론했다. "특히"라는 강조법을 구사하면서.

"특히 이번 선거 기간에 애써주신 (한나라당) 출입기자들에게 감사드린다."

순간 의원들이 일제히 취재 중이던 기자들을 향해 박수를 보냈다. 기자들은 연단을 바라보고 왼편에 20여 명이 앉아 있었다. 때아닌

박수에 일부 기자들은 난처한 표정을 짓기도 하고 일부 기자는 고개를 숙인 채 취재노트를 응시했다. 박수소리가 잦아들자 이 총재는 말을 이어갔다.

"립서비스 하는 것이 아니라 정말 우리 한식구로서 너무 애쓰셨다." 다시 의원들의 박수가 쏟아졌다. 의원들 일부는 "맞다"고 호응하면서 박수와 함께 웃음소리도 터져나왔다. 이 총재가 인사말을 하는 동안 감사를 표한 다섯 부류의 사람들 가운데 이 출입기자들만이 유일하게, 그것도 두 번씩이나 박수갈채를 받았다.

노무현의 싸움은 민주당 국민경선과 맞물려 전개되었기 때문에 정치적 파괴력이 증폭되었다. 세무조사 실시 이후 정국은 조중동과 한나라당이 한패가 되어 정부와 맞서는 형세였다. 노무현은 이 전선에 뛰어들어 『조선일보』라는 거대 언론을 상대로 시종일관 치고 받는 육탄전을 벌였다. 반면 이인제를 비롯한 다른 경선주자들은 남의 일처럼 외면하거나 비판적인 시선을 던졌다. 민주당 지지자들의 관심이 노무현에게 집중될 수밖에 없었다.

이 전선은 민주당 내에서 또다른 전선을 형성했다. '독자(獨子)'와 '효자(孝子)의 전선'이었다. 독자론을 표방한 이인제 진영의 주장은 이런 것이다. 여론조사 지지도를 기준으로 볼 때 한나라당 이회창 총재와 자웅을 겨룰 수 있는 민주당 후보는 이인제밖에 없다. '독자'는 전쟁의 와중에도 몸을 아껴야 한다. 자칫 언론의 집중포화를 맞을 경우 집권세력의 대가 끊길 수도 있기 때문이다. 부상 위험이 있는 궂은 일은 다른 정치인들이 처리하는 게 현명한 역할 분담이다.

그러나 '효자' 노무현 캠프는 다른 주장을 폈다. 장차 가문을 이어받을 사나이라면 위험한 상황일수록 몸을 돌보지 않고 싸워야 한다. 그러다 십자포화에 걸려 장렬하게 전사하더라도 어쩔 수 없다. 하지만 위기를 극복하고 살아남으면 전에 없던 정통성과 지도력을 확보하게 된다.

국민경선 초반전에는 '효자'가 '독자'를 공격했다. 그 '독자'가 알고 보면 '적자(嫡子)'가 아니라 유산 상속에만 관심이 있는 '양자(養子)'에 불과하다는 것이다. 광주의 예기치 못한 패배로 갑자기 수세에 몰려버린 '독자'는 대전, 충남, 강원 경선에서 '효자'를 역공했다. 대통령의 측근들이 여론조사를 조작하고 언론사를 움직여 '노풍'을 만들었다는 음모론이 무기였다. 그러나 이 음모론은 실패한 자살테러로 끝났다. 경선 선거인단이 더 차가운 눈길로 자칭 '독자'를 외면해 버렸기 때문이다.

노무현과 합리적 개혁세력

같은 현상을 전문가들은 다른 언어로 설명한다. 경제사회정책 e아카데미의 연구기획실장 정상호 박사는 「노무현 현상에 대한 정치학적 분석」(www.knowhow, 베스트뷰, 글번호 53821)이라는 탁월한 논문에서 노무현 현상을 "합리적 개혁세력의 정치적 성장의 반영이자 결집의 결과"라고 진단한다. 여기서 '합리적 개혁세력'은 특정 정치인이나 연대나 쇄신파, 소장파 등의 의원집단을 가리키는 말이 아니다. 좌우의 이념적 편향에 따라 구분한 것도 아니다. 그것은 "한국 사회의 문제가 개혁의 과잉이 아니라 진정한 개혁의 결핍이라고 믿는", 그래서 "개혁의 중단이 아니라 더 많은 민주주의와 보다 효율적인 개혁을 기대하는 시민들의 집합"을 말한다.

정상호는 노무현의 지지기반이 바로 국민경선에 참여한 민주당 안팎의 '합리적 개혁세력'이며, 그들이 다음과 같은 '보편적 정서와 기대'를 지니고 있다고 지적한다.

① 성공한 개혁의 계승: 햇볕 · 복지 · 벤처 · 여성정책

② 실패한 개혁의 극복: 인사(지역)정책과 교육 · 경제의 시장 편향정책

③ 미완성 개혁의 발전: 언론개혁, 정치개혁

무엇을 성공, 실패, 미완성 개혁정책으로 분류할 것인지에 대해서는 견해가 엇갈린다. 예컨대 한나라당은 정상호가 성공한 정책으로 분류한 김대중 정부의 햇볕정책과 복지정책을 '대북 퍼주기'와 '사회주의적 정책'이라고 비난한다. 정상호는 교육과 경제 분야의 시장편향정책을 실패한 개혁으로 보지만 교육 분야에 실질적인 경쟁의 원리가 도입된 실적은 별로 없다. 노동시장의 유연화로 인한 고용 불

안정 문제가 있기는 하지만 김대중 정부의 기업·금융 구조조정은 국내외에서 많은 성과를 거둔 정책으로 평가받았다. 정상호가 미완성 개혁으로 규정한 언론개혁 역시 한나라당은 정치권력의 언론탄압으로 규정한 바 있다.

김대중 정부의 정책 가운데 어느 것을 계승하고 어느 것을 수정 극복하며 어떤 정책을 새롭게 도입할 것인지는 민주당과 노무현 후보가 더 검토할 문제이다. 그러나 나는 다음과 같은 정상호의 분석에는 전적으로 동의한다는 것을 밝혀둔다.

현시점에서 확인해야 하는 것은 '합리적 개혁세력'이 ①부터 ③까지를 얻을 수 있는 전제조건은 민주당의 집권이라는 사실이다. 개혁정책의 성공과 실패를 나누는 데 있어서 '합리적 개혁세력'과는 완전히 상반되는 견해를 가진 이회창 후보가 집권할 경우 그들이 얻을 수 있는 것은 아무것도 없다. 민주당 국민경선에서 허망하게 무너져 버린 "이인제 대세론의 근본적 한계는 필패론에 있던 것이 아니라 그를 통해서는 ②와 ③을 도저히 충족시킬 수 없다는 합리적 개혁세력 내부의 공유된 믿음에 있었던 것이다.

『조선일보』와의 싸움은 일종의 '정치적 벤처'였고, 이 벤처사업은 대박을 터뜨렸다. 이 싸움을 하지 않았다면 노무현은 민주당을 지배하고 있던 '이인제 대세론'을 무너뜨릴 수 없었을 것이다. 노무현은 확실하게 지는 길을 버리고 위험이 따르지만 이길 수도 있는 길을 선택했던 것이다. 아무 계산도 없이 성격과 배짱만으로 이런 일을 벌일 사람은 없다.

그러나 노무현은 이 승리를 위해 녹록치 않은 대가를 치를 각오를 했다. 넓게 보면 조중동, 좁혀서 보면 『조선일보』와 원수가 될 것임이 자명했기 때문이다. 조중동은 국민경선 과정에서 이인제의 음모론과 색깔론, 언론사 폐간 발언 주장을 여과 없이 대서특필함으로써 막강한 화력을 선보였다. 경선이 끝난 후에는 '깽판 발언' 보도에서 드러난바, 노무현의 '지도자답지 못한 저질발언'을 타깃으로 삼아 은근하고 끈기 있게 흠집을 냈다. 방송 토론이 끝나 유권자와 직접 접촉할 공간을 잃어버린 노무현은 이런 흠집내기에 속수무책으로 당해야 했다. 한때 60%에 육박했던 여론조사 지지도는 시나브로 가라앉아 6·13 지방선거를 전후한 시점에서는 역전을 허용하고 말았다. 가랑비에 옷이 흠뻑 젖고 만 것이다.

노무현이 아무리 배짱이 좋아도 이런 공세를 극복할 대비책도 없이 일을 벌였다면 그는 무모한 사람이라는 말을 들어 마땅하다. 과연 그는 무얼 믿고 일을 벌인 것일까? 노무현에게 '비빌 언덕'이 있기는 하다. 매체환경의 변화다. 특히 그는 인터넷의 위력을 일찍이 간파했으며, 이 새로운 매체를 정치적으로 활용하기 위해 많은 노력을 했고 또한 그에 어울리는 성과를 거두었다.

여론독점 카르텔의 붕괴

　노무현이 자신감 있게 『조선일보』와 싸우는 것은 달라진 매체 환경 덕분에 얼마든지 힘센 종이신문에 대항할 수 있다고 믿기 때문이다. 이런 맥락에서 노무현이 2001년 6월 28일 전국언론노동조합 초청강연에서 한 강연은 다시 음미해 볼 가치가 있다. 이 강연의 제목은 '언론의 자유는 사주의 자유가 아니다' 였다.

　"오늘 이 자리가 뜻 깊은 자리라고 생각합니다. 만일 몇 년 전 나를 이 자리에 초청했다면, 아마 제가 오긴 왔겠지만 상당히 부담을 느꼈을 것입니다. '오늘은 손해보는 날이다, 손해보는 날이라도 가자.' 하지만 이제는 그렇지 않습니다. 오늘은 '뭐 이제 한번 해볼 만하잖아, 손해날 것은 없겠지' 하는 가벼운 마음으로 왔습니다. 우리 사회의 변화를 그렇게 느끼고 있습니다."

　여기서 노무현은, 언론은 항상 권력의 반대에 서 있어야 하며 권력으로부터 제약을 받지 말아야 한다는 소신을 피력하면서도, '언론의 자유' 는 '언론사주의 자유' 가 아니라 '기자의 자유' 임을, 기자는 사주의 특권을 비호하는 하수인으로 전락해서는 안 됨을 주장했다. 그리고 '역사의 발전을 가로막는 한두 개의 수구특권 언론' 과 싸울 필요성을 강조했다. 이 강연에서 가장 눈여겨볼 대목은 "뭐 이제 한번 해볼 만하잖아, 손해날 것은 없겠지"라는 발언이다. 그는 어째서 거대 신문의 사주들을 내놓고 비판하면서도 손해날 것이 없다고 생각한 것일까? 그 이후의 사태 전개를 보면 노무현이 이렇게 '배짱' 을 가질 만한 이유가 있었다.

첫째는 언론시장의 '내부 분열'이다. 조중동은 여전히 신문시장의 70%를 점유하고 있다. 그러나 여론을 주무르는 힘은 예전만 못하다. 방송이 신문의 '정신적 지배'에서 벗어났고, 『한겨레』와 『경향신문』, 『대한매일』 등 소위 '한경대'가 조중동과는 다른 정보를 생산하고 유통시키기 때문이다. 특히 언론사 세무조사가 시작된 후 방송과 조중동, 한경대와 조중동은 공공연한 대립 양상을 보였다. 수십년 동안 여론을 지배해왔던 조중동의 사주들에게 '언론계의 분열'이 얼마나 뼈아픈 것이었는지는 세계신문협회(WAN) 회장에 선출된 홍석현 『중앙일보』 회장의 말을 들어보면 잘 알 수 있다.

2002년 6월 28일 한국신문협회는 프레스센터에서 홍석현의 세계신문협회(WAN) 회장 선출 기념 축하연을 열었다. 세계신문협회는 '신문업자'들의 국제조직이다. 조중동은 이 조직을 동원해 김대중 정부의 언론사 세무조사를 언론탄압으로 몰아붙이는 데 혁혁한 전과를 올린 바 있다. 그런데도 이 성대한 축하연을 위해 김대중 대통령은 축하메시지를 보냈다. 이한동 국무총리가 축사를 했다. 정부에서는 박지원 청와대 비서실장, 전윤철 재경부총리, 남궁진 문화관광부 장관, 김명자 환경부 장관, 민주당에서는 노무현 대통령 후보, 김근태 상임고문, 이낙연 대변인, 강성구·박병석·정동채 의원, 한나라당에서는 이회창 대통령 후보, 이규택 원내총무, 김무성·안택수·

이원창·정병국 의원(이상 한나라당), 언론계에서는 박권상 방송협회장과 최학래 신문협회장 등 대한민국에서 힘깨나 쓴다는 사람들이 대거 참석했다. 여기서 홍석현은 다음과 같이 언론계의 화합을 역설했다.

이 자리를 빌려 몇 가지 말씀드리겠습니다. 우리 언론계는 지난 세무조사 이후 분열과 반목의 상처를 아직 완전히 치료하지 못했다고 생각합니다. 그 원인이 어디에 있든 언론계는 큰 신문 대 작은 신문, 방송 대 신문, 보수신문 대 진보신문 등으로 나눠지고 있다고 생각합니다.

나라 전체적으로도 지역간, 세대간, 이념간 갈등이 여전합니다. 이번 월드컵이 국민통합에 큰 기여를 했듯이 언론계도 이제는 화합할 때입니다. 언론계 자신은 분열 반목하면서 국민의 분열과 반목을 나무랄 수 없습니다. 이 자리를 통해 우리 언론계가 화합할 수 있는 출발점이 되길 바랍니다. 제가 먼저 겸손히 마음을 열겠습니다.

홍석현은 착각하고 있다. 언론계의 '분열과 반목'은 달리 표현하면 '대립과 경쟁'이 된다. 서로 다른 철학과 취향과 가치관을 가진 사람들이 운영하는 서로 다른 언론기업들이 저마다 더 많은 시장점유율과 이윤과 사회적 영향력을 차지하기 위해 경쟁하는 언론시장에서 대립과 경쟁은 불가피하다. 언론사들이 기사와 논평을 통해 경쟁자와 다른 목소리를 내고 경쟁자의 약점과 오류를 지적하는 것은 독자들의 판단을 돕고 바른 여론을 형성하는 데 없어서는 안 될 필수조건이다. 그런데도 홍석현은 이것을 반목과 대립으로 규정하고 화합을 역설한다. 조중동이 업자들끼리 서로 잘못을 눈감아주며 사이좋게 시장을 지배하면서 돈벌이를 하고 권력을 행사했던 '앙시앵 레짐'의 회복을 갈망한다. 그런 체제 아래서라면 노무현처럼 거친 도전자도 가볍게 제압할 수 있기 때문이다.

홍석현이 어떻게 마음을 열지 모르겠으나 '작은 신문'과 '진보신문'이 조중동과 같은 거대한 보수신문과 화합하는 날은 오지 않는다. 살아남기 위해서는 차별화해야 하기 때문이다. 조중동과 비슷해지는 순간 그렇지 않아도 한계상황에 놓여 있는 작은 신문들이 사망의 깊은 골짜기로 떨어진다는 것은 불을 보듯 뻔하다. 방송과 조중동도 화합하기는 어렵다. 이제 방송은 종이매체에서 정신적으로 독립했기 때문이다.

1997년 대선 당시를 돌아보자. 『한국논단』이라는 극우 종이잡지가 대통령 후보의 사상을 검증한답시고 토론회를 열면 조중동이 대서특필하고 방송사들이 생중계를 했다. 오늘날에는 상상도 할 수 없는 몰상식의 극치였다. 방송 종사자들은 자기네가 보유한 미디어의 막강한 사회적 영향력을 독립적이고 자주적으로 행사할 준비가 되어 있지 않았다. 그러나 지금은 1997년이 아니다. 2002년 봄 민주당과 한나라당 국민경선 당시 방송사들은 독자적으로 토론회를 열었다. 전문가와 시민단체들의 협조를 받아 패널과 의제를 자주적으로 결정했다. 쓸데없는 간섭을 받기 싫어서 유력한 종이신문들의 공동 주최 제안을 거절한 방송사도 있다.

　　대통령 후보들도 종이신문의 토론회를 좋아하지 않는다. 제목을 마음대로 달고 발언을 거두절미하고 자기네 취향대로 편집하는 신문사 토론회보다는 직접 유권자들 앞에 나서서 모든 것을 보여줄 수 있는 방송 토론을 원한다. 유권자들에게 편집되고 왜곡되지 않은 자신의 모습을 그대로 보여주고자 하는 것이다.

　　노무현이 언론노동조합 강연에서 말한 것처럼 이제는 조중동에게 찍힌 정치인도 '해볼 만한' 세상이 왔다. 조중동의 집중포화를 당해서 잃는 것도 있지만 동시에 얻는 것도 있고, 또 그런 정도 공격은 견딜 수 있는 것이다. 민주당 국민경선을 통해 노무현은 이것을 입증했다.

인터넷과 네티즌의 등장

　　노무현이 호기를 부릴 수 있었던 두번째 요인은 인터넷이다. 인터넷의 정치적 위력에 대해서는 상지대 홍성태 교수가 「노풍의 사회문화적 분석」(www.knowhow.or.kr, 베스트뷰, 글번호 54091)이라는 글에서 명료하게 분석해 놓았다. 통계자료를 조금 보충해 홍성태의 견해를 소개하면 대충 이런 이야기가 된다.

이른바 '3김시대'를 거치는 동안 한국 사회는 급속한 구조적 변화를 겪었으며 그 변화의 핵심은 '다양화'로 요약할 수 있다. 통계청의 자료에 따르면 김대중이 처음 대통령 선거에 출마했던 1971년 한국의 1인당 명목 GDP는 286달러였다. 3김이 제각기 대통령 선거 출마를 준비하다 5·18을 맞았던 1980년에는 1천598달러, 13대 대선을 치른 1987년은 3천201달러, 김대중과 김영삼이 두번째로 맞붙은 1992년은 7천138달러, 그리고 김대중이 이회창을 눌렀던 1997년은 무려 1만315달러였다. 외환위기 이후 경제위기와 환율 변화로 2001년에는 8천900달러를 기록했다.

경제성장은 분업의 발달과 직업의 다양화를 수반한다. 성장이 빠를수록 변화도 급속하다. 우리나라의 경우 미국 등 선진국에 비해서는 뒤떨어지지만 1980년대 약 1만여 종이었던 직업의 수가 1990년대에는 두 배로 늘어났다. 2002년 현재에는 4~5만 종을 넘을 것으로 추정되며 그 증가속도는 점점 더 빨라지고 있다. 경제적으로 유복할수록 사람들은 다양한 욕망을 추구하게 되며, 그에 발맞추어 다양한 상품과 서비스가 개발되고 직업의 종류도 증가하며 개별적 집단적 이해관계도 다양해지는 것이다.

이 기간 동안 유권자 집단의 구성과 성격도 크게 바뀌었다. 통계청의 인구 추계에 따르면 2002년의 전체 유권자는 약 3천444만 명이다. 20대 유권자는 806만으로 전체의 23.4%, 30대 유권자는 856만 명으로 전체의 24.9%, 40대는 760만 명으로 전체의 22.1%를 차지한다. 50세 이상 유권자는 다 합쳐도 1천21만 명으로 전체의 26.6%에 불과하다. 유권자의 절반에 육박하는 20대와 30대 가운데 가장 나이가 많은 것이 1963년 태어난 39세 유권자다. 그들은 1970년에 초등학교에 입학했으며 1982년에 대학에 진학했다. 전두환 정권 아래서 청년기를 보냈고 6월항쟁을 직접 체험했다.

20대와 30대는 상대적으로 풍요로운 시대에 청소년기를 보낸 반(反)권위주의적·탈(脫)권위주의적인 세대이며, 앞선 세대보다 높은 교육을 받았고 다양한 내적 지향과 문화양식과 가치관을 지니고 있다. 통계청의 자료에 따르면 대학과 전문대학 등 고등교육기관 진학자의 수가 10만 명을 처음 넘어선 것이 1977년이다. 그런데 불과 6년 후인 1983년에 30만을 돌파했다. 10여 년 동안 30만 명대를 유지하며 완만하게 증가하던 대학 진학자 수는 1993년에는 40만을 넘어서더니 다시 빠르게 증가해 불과 5년 만인 1998년에 60만을 돌파했다. 실로 눈부신 성장이 아닐 수 없는 것이다. 그들은 다양성을 추구하는 동시에 정치적 참여의 중요성을 이론적 실천적으로 체득한 세대이다. 정치적 무관심과 저조한 투표 참여율은 그들이 기성 정치권의 낡은 정치행태에 대해 갖고 있는 혐오감의 표현일 뿐이다.

인터넷은 이 새로운 세대가 자기의 정치적 지향을 깨닫고 조직하고 표출시킬 수 있는 길을 활짝 열어주었다. 한국은 세계에서 가장 훌륭한 초고속통신망을 보유하고 있다. 심지어는 시골 읍소재지에도 ADSL이 깔리는 나라다. 한국인터넷정보센터(http://www.nic.or.kr/index_kr.html) 자료에 따르면 최근 인터넷 사용인구는 눈부신 속도로 증가했다. 1997년 163만여 명에서 2001년 12월에는 2천438만여 명으로 15배나 늘었으며, 2001년에만 470만 명이 늘었다. 이 추세가 지속된다면 올해 12월 대선 때는 3천만 명을 넘길 것이다. 7세 미만 어린 아이들과 80세 이상 노인층을 제외하고 따지면 전국민의 70%가 인터넷을 이용하는 셈이다.

세대별 인터넷 사용자 비율은 연령에 반비례한다. 2001년 한 해 동안에만 20대는 71.6%에서 84.6%로, 30대는 44.2%에서 61.6%로, 40대는 25%에서 35.6%로 증가했다. 50대 이상은 6.1%에서 8.7%로 높아졌으나 절대적으로 낮은 수준에 머물고 있다. 인터넷 이용자 가운데 62.4%인 1천521만 명이 매일 인터넷을 이용하며 주 2회 이상 이용하는 사람은 2천319만 명으로 무려 93.1%나 된다. 학력별로 보면 대졸자의 인터넷 이용비율은 81%, 고졸자는 41.2%다. 직업별로 보면 전문관리직의 83.9%, 사무직의 83.3%가 인터넷을 이용한다.

인터넷은 정치정보의 생산과 유통에 들어가는 비용을 사실상 제로로 만들었다. 조중동은 여전히 신문시장의 70%를 차지하고 있지만 인터넷은 조중동의 정치적 영향력을 상당 부분 무력화시킬 정도로 힘이 세다. 네티즌들은 조중동의 공격에 대응하는 정보와 논리와 자료를 즉각 생산·유통시킴으로써 메이저 신문들의 여론조작을 저지했다. 노무현 후보가 조중동의 집중공격을 받는 와중에도 지속적으로 지지율을 올리고 국민경선에서 완벽한 승리를 거둔 것은 인터넷의 존재 덕분이었다. 젊은 유권자층과 화이트칼라, 고학력 계층에서 노무현 지지도가 높은 것도 인터넷 사용과 관계가 있다. 인터넷 사용률이 높은 유권자 집단일수록 이회창을 싫어하고 노무현을 지지하는 경향이 강하다.

인터넷은 신문이나 방송과는 다른 쌍방향 미디어다. 신문과 방송조차도 인터넷과 결합하지 않으면 생존할 수 없는 시대가 되었다. 신문 독자나 텔레비전 시청자와는 달리 인터넷은 능동적인 참여를 보장한다. 조작과 왜곡은 불가능하다. 수없이 많은 능동적 이용자들이 지배하는 인터넷의 세계에서는 스스로를 논리적으로 정당화할 수 없는 리더십은 인정받지 못한다. 국민을 통치의 대상으로 여기는 지도자는 실패할 수밖에 없다. 오로지 네티즌과 호흡을 나누며 대화할 수 있는 정치인만이 지도력을 획득할 수 있다.

조중동은 차별성이 없는 신문이다. 특히 정치적인 면에서는 종종 똑같은 날 똑같은 주제에 대해 똑같은 논리로 무장한 사실상 똑같은 사설을 내보내는 사실상 똑같은 신문이다. 물론 큰 틀에서 방향을 결정한 것은 『조선일보』다. 이 세 신문은 반론권을 인정하는 일에 몹시도 인색하며, 사주와 경영진과 데스크의 취향에 맞지 않는 기사나 시론을 거의 실어주지 않는다. 한마디로 다양성을 인정하는 쌍방향 커뮤니케이션과는 어울리지 않는 신문들이다.

노무현은 대한민국에서 제일 배짱이 좋은 정치인이기도 하지만 인터넷을 가장 효과적으로 활용하는 정치인이기도 하다. 그가 사이버 공간에서 '대권'을 잡은 건 이미 오래 된 일이다. 노무현은 정치인 개인 홈페이지가 별로 없었던 1999년 8월 15일 홈페이지를 개설했다. 홈페이지 오픈을 앞두고 우리나라에서는 처음으로 사이버보좌관을 모집했는데 『딴지일보』에 올린 배너광고는 네티즌의 폭발적인 관심을 끌었고 수백 명의 사이버보좌관 지원자 중에서 80여 명을 정치, 경제, 사회, 문화 등 분야별로 선정해 정책제안을 받기 시작했다.

당시 홈페이지에는 노무현의 철학을 알리는 '무현생각', 네티즌의 정책제안을 받는 '사이버보좌관', 일반 네티즌들의 이슈별 토론장인 '네크로폴리스', 뉴스, 자유게시판 등 다양한 메뉴가 있었다. 특히 자유게시판에서는 많은 네티즌들이 토론을 벌임으로써 노무현 홈페이지가 가장 인기 있는 사이트가 되었다. 2000년 4·13총선에서 낙선한 후 만들어진 최초의 정치인 팬클럽 노사모의 창립멤버들도 사이트에 자주 출입하던 네티즌들이었다.

해양수산부 장관으로 임명된 후인 2000년 8월 노무현은 홈페이지를 개편해 네티즌 스스로 주도해나가는 토론 전문 사이트로 바꾸었고, 사이버보좌관도 홍보·홈페이지운영·언론모니터·정책제안 등 분야를 다양화했으며, 네티즌칼럼과 인터뷰 등의 새로운 메뉴를 포함하는 웹진을 발행했다.

노무현 홈페이지 '노하우'는 민주당 국민경선이 시작되면서 그야말로 폭발적인 인기를 끌었다. 2002년 1월 22일 100만을 돌파했던 방문자 수가 두 달 만인 3월 26일에 200만을 넘어섰다. 웹사이트 분석평가 전문 랭키닷컴에 의하면 노무현 홈페이지는 2002년 4월 정치 관련 사이트 전체에서 점유율 69.45%를 기록했다. 하루 방문객이 10만 명, 페이지뷰가 500만을 넘겼다. 네티즌들은 매일 7천여 개의 글을 남겼다.

노무현이라는 이름 석자는 엠파스, 네이버 등 대형 포털사이트 주간 인기뉴스 1위를 차지했고, 인기 검색어 40위 권에 진입했다. ARS, 휴대폰결제, 카드결제 등 온라인 후원금 1억 원을 돌파했는데, 하루 150명이 평균 1만7천 원꼴로 약 300만 원을 후원한 것이다.

여기에다 하루 페이지뷰가 600만을 훌쩍 넘긴『오마이뉴스』를 비롯해 조중동과는 전혀 다른 시각에서 전혀 다른 정치정보를 전달하는 인터넷 매체가 즐비하고, 여러 포털사이트에 만들어진 헤아릴 수 없이 많은 카페와 동아리에서 네티즌들은 다양한 정치적 견해와 자료, 동영상을 주고받는다. 네티즌들은 여기서 얻은 정보와 시각을 가족과 친지 등 오프라인에서도 널리 유포시킨다. 조중동의 판매부수와 시장점유율은 그대로일지 모르지만, 여론에 미치는 실질적인 영향력은 97년 대선 당시와 비교할 수 없을 만큼 약화된 것이다.

3 『조선일보』는 왜 노무현을 싫어할까?

　　『조선일보』는 노무현을 싫어한다. 노무현을 좋게 보도하는 일은 절대 없다. 조그만 약점이라도 보이면 집요하게 파헤쳐 물고 늘어진다. 약점이 없으면 만들어서라도 '조져댄다.' 왜 그럴까? 노무현이 사교성이 부족하기 때문에? 아니다. 노무현이 정말로 나쁜 사람이라서? 그것도 아니다. 『조선일보』가 노무현을 오해해서? 물론 아니다. 『조선일보』는 노무현을 너무나 잘 안다. 잘 알기 때문에 싫어하는 것이다. 『조선일보』는 노무현과 잘 지낼 수가 없는 신문이다. 둘 사이에 싸움이 벌어진 것은 그런 면에서 필연적이다. 『조선일보』가 도대체 어떤 신문인지를 알면 『조선일보』가 노무현을 싫어하는 이유를 저절로 알게 된다.

　　사람을 평가하는 기준은 여러 가지가 있다. 재산, 지위, 성격,

능력은 물론이요 외모와 사생활도 때로는 중요한 기준이 된다. 하지만 가장 정확하고 종합적으로 평가하려면 그가 어떻게 살아왔는지 알아보는 것이 제일 좋다. 좋은 점과 나쁜 점, 성공과 실패의 원인까지 다 살필 수 있기 때문이다. 신문을 평가할 때도 마찬가지다. 창업에서 오늘에 이르기까지 걸어온 길을 보면 그 신문을 알 수 있다.

『조선일보』, 항일신문인가 친일신문인가

나는 앞에서 『조선일보』가 '밤의 대통령'이라는 말은 새빨간 거짓말이라고 한 바 있다. 그렇다. 『조선일보』는 '밤의 대통령'이었던 적이 없다. 앞서 우리는 『조선일보』에 대한 노무현의 평가를 들은 바 있다.

"저는 『조선일보』 사장님 회장님처럼 그렇게 고상한 말만 쓰고 살지 않는지 모르지만, 그분들처럼 천황폐하를 모시고 일제에 아부하고, 군사독재 정권에 결탁해서 알랑거리고, 특혜 받아 가지고 뒷돈 챙겨서 부자가 되지는 않았습니다. 그렇게 기회주의적인 인생을 살지는 않았습니다."

우선 『조선일보』가 친일신문이라는 노무현의 주장은 과연 사실인가? '밤의 대통령'이 정말 그런 짓을 했을까? 당사자의 말을 들어보자. 아니나 다를까. 『디지틀조선일보』에 나와 있는 회사소개를 보면 『조선일보』는 항일신문으로 명성을 쌓은 비판적인 신문이다.

『조선일보』는 1920년 3월 5일 창간되었습니다. 1920년 8월 27일 사설 총독부 당국은 「왜 우리 일보를 정간시켰는가?」라는 사설로 정간을 받은 것을 비롯, 일본식민지 당국에 적극적으로 저항하는 신문으로 명성을 쌓았습니다. 이외에도 수차례 발매금지, 배포금지 등의 처분을 받은 적도 있습니다.

1929년 7월에는 문맹퇴치운동을 전개하는 등 다양한 사회활동을 전개했습니다. 1940년 8월 10일 중일전쟁이 발발, 신문이 폐간되었으나 1945년 8월 15일 해방과 함께 복간이 되었습니다. 1950년 6월 25일 한국전쟁으로 발행이 중지되었으며, 방응모 사장이 납북되었습니다. 인쇄시설도 약탈이 되는 등 어려움을 겪기도 했습니다.

1960년 이후는 『조선일보』의 본격적인 발전기라고 할 수 있습니다. 유명 칼럼니스트들이 『조선일보』를 무대로 활약을 했으며, 이를 통해 『조선일보』는 오늘날의 명성에 토대를 쌓았습니다. 이후 사회의 문제점을 정확히 전달하고 비판하는 기사, 그리고 세계와 국내의 동향을 정확하게 파악한 각종 기획사업 및 행사로 성가를 높였습니다.

친일신문과 항일신문, 어느 쪽 주장이 맞을까? 둘 다 맞다. 출생과정을 보나 당시 시대상황을 보나 기사내용을 보나 『조선일보』는 친일신문인 동시에 항일신문이다. 친일 행적은 크고 항일 업적은 작지만, 어쨌든 양면이 다 있는 건 사실이다.

　　우선 출생과정부터 보자. 여기에는 조금 혼란스러운 면이 있다. 다행히 '조선일보 바로보기 시민모임(약칭 조선바보)' 홈페이지 물총닷컴(www.mulchong.com)에 '조선일보 80년사'를 꼼꼼하게 뜯어보고 일목요연하게 정리해준 ID '추수'의 글이 있기에 그것을 참조해 간단히 소개한다.

　　『조선일보』는 2000년 3월 5일 창간 80주년 기념판에서 "한일합방에 찬성했던 인사가 일부 포함된 대정실업친목회가 창간에 관여했지만 대대적인 지원은 받지 못했고 5개월 만인 1920년 8월 12일 관계를 완전히 청산했다"고 주장했다. 무척 모호한 표현이다. 그러나 분명한 건 『조선일보』가 민족지로 출발한 것은 아니라는 사실이다. 대정(大正)은 당시 일본의 연호다. 이런 연호를 쓰는 기업인 모임이 친일단체였다는 걸 입증하려고 굳이 한일합방에 찬성한 인사가 얼마나 섞여 있었는지 따질 필요는 없을 것이다.

　　『언론연보』를 비롯한 여러 자료에 따르면 『조선일보』는 친일기업인 단체인 '대정실업친목회' 앞으로 발행허가가 났으며 1920년 3월 5일 고율 소작료로 치부한 예종석을 발행인으로, 나중에 조선총독부 중추원 참의를 지낸 조진태를 초대사장으로 창간되었다가, 5개월 만에 배일파(排日派)인 권병하–유문환 체제로 바뀌었다. 그러나 불과 8개월 후인 1921년 4월에는 고종의 양위를 강요해 나라를 일제에 바친 대표적 '친일 매국노' 송병준이 인수해 3년간 운영했다. 『조선일보』가 민족지 성격을 가지게 된 것은 젊은 민족주의자 신석우(申錫雨)가 인수하여 이상재를 사장으로 하여 새출발한 1924년의 일이다.

『조선일보』는 반일 또는 항일활동 때문에 무려 네 차례나 정간 처분과 숱한 압수, 발매금지 처분을 받았다고 주장한다. 도대체 어떤 일을 했기에? 시기별로 대표적인 사례를 찾아보자.

친일파 예종석-조진태 체제였던 1920년 4월 28일 『조선일보』는 왕세자 이은(영친왕)과 일본 왕족 방자의 강압적 결혼을 비판하는 기사 때문에 처음으로 압수를 당했다. 이은과 먼저 혼약했던 민규수가 파혼을 당하고 약혼반지를 되돌려 받은 사연과 함께 민규수 댁 탐방기사를 실은 것이 문제가 되었다. 그런데 당시 상해 임시정부기관지 『독립신문』에 따르면 총독부 기관지 『매일신보』도 같은 이유로 발매금지 또는 경고를 받았다. 총독부가 내세운 명분은 요즘 말로 '선정적인 기사'라는 것이었다.

두번째는 1920년 6월 1일부터 열흘 동안 3·1운동 관련자 공판을 다룬 시리즈 「골수에 깊이 맺힌 조선인의 한」 때문에 부사장 예종석과 기사를 쓴 최국현, 방한호 등 기자 세 명을 쫓아낸 사건이다. 그러나 이 기사는 반일 보도라기보다는 일본에 대해 조선통치 방법의 유연화를 촉구한 '체제 순응형 기사'라는 평가도 있다.

권병하-유문환 체제가 들어선 후에는 총독부와의 대립이 심해졌다. 『조선일보』는 1920년 8월 27일 사설에서 미국 국회의원단 경성 방문을 환영하는 조선 민중을 탄압한 일본 경찰의 처사를 비난했다가 1차 정간조치를 당했다. 1차 정간이 풀린 지 겨우 이틀이 지난 9월 5일에는 지난번 정간조치를 규탄하면서 '철두철미한 배일신문'이 될 수밖에 없다고 선언한 논설을 내보냈다가 무기한 정간조치를 당했다.

송병준이 『조선일보』를 경영한 3년 동안은 당연히 별일이 없었다. 그러나 『조선일보』가 요즘처럼 잘 나가는 신문은 결코 아니었다. 창립 당시 『조선일보』는 실업(實業)신문을 표방했다. 요즘 말로는 경제신문이다. 그러나 경제가 형편없이 낙후한 조선에서 그런 신문이 장사가 될 리 만무했다. 친일파는 일본어 신문인 『경성일보』나 총독부 기관지 『매일신문』을 구독했다. 지식인들은 민족주의자들이 만든 『동아일보』를 읽었다. 이런 판이니, 송병준도 경영난을 극복하지 못했다. 당시 언론계 사정을 다룬 잡지들에 따르면 송병준이 처음에는 '바지 사장'을 내세웠다가 나중에 직접 사장에 취임했다고 하는데, 『조선일보』의 공식 기록에는 송병준이 사장을 지냈다는 이야기는 없다.

송병준은 결국 1924년 상해 임시정부 교통총장을 지낸 청년 민족주의자 신석우에게 『조선일보』를 넘겼다. 이후 『조선일보』의 활동에 대해서는 성공회대 교수 한홍구의 글을 참조해 소개하겠다. 한홍구는 조부가 당시 『조선일보』 편집국장을 지낸 덕분인지 『한겨레21』(2001년 7월 4일자)에 쓴 「일제시대엔 떼먹고 변명 안 했다」에서 남들이 잘 모르는 에피소드까지 곁들여 놓았다.

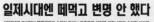

경영난으로 허덕이던 『조선일보』는 결국 방응모 체제의 등장과 더불어 그 '민족지' 시대를 마감했다.
『한겨레21』 2001년 7월 4일자.

신석우는 월남 이상재를 사장으로 추대하고 자신은 부사장에 취임했다. 이를 계기로 『조선일보』는 크게 발전했다. 『조선일보』는 일제에 타협적인 태도를 취한 『동아일보』보다 더 민족적이고 진보적인 노선을 취했다. 일제 감옥의 인권유린을 폭로하고 일본군의 산뚱 출병을 비판하는 등 반일 기사와 논설 때문에 정간을 당하고 편집인이 구속되는 사태가 이어졌다. 오늘날과는 달리 당시 『조선일보』에는 박헌영, 조봉암, 김단야, 임원근, 김준연, 양명, 신일용, 홍덕유, 홍남표, 홍증식, 배성룡 등 한국 공산주의운동의 초기 주역들이 기자와 논설반원으로 포진해 있었다.

『조선일보』의 간부들은 1927년의 신간회 창립을 주도했다. 총독부는『조선일보』에 무기정간 조치를 내리고 이들의 신간회 간부직 사임을 요구했다. 『조선일보』는 133일 만에야 정간에서 풀려났지만 재정적 타격은 막대했다. 기자와 사원들의 월급이 몇 달씩 밀렸고 단골식당에 밥값을 내지 못해 직접 밥을 해먹으면서 신문을 제작했다.

그러다 경영난에 시달리던『조선일보』에 회복하기 어려운 타격을 입힌 사건이 터졌다.『조선일보』 경영진이 만주 동포들이 보낸 의연금을 신문 만드는 데 유용한 것이다. 사장이 구속당하고 경영진이 재산을 압류당하는 파국을 겪은 끝에『조선일보』는 1933년 광산업을 해 떼돈을 번 사업가 방응모의 손에 넘어가게 된다. 그리고『조선일보』의 민족지 시대는 방응모 체제의 등장과 더불어 종말을 고했다.

방응모가 인수한 후『조선일보』는 조선총독부와 별 문제 없이 지냈다. 정간이나 구속 사건은 단 한 차례도 없었다. 『조선일보』가 '민족지'를 자처하는 또다른 근거인 '강제폐간' 역시 근거가 박약하다. 2000년 2월 25일『조선일보』는「할 말은 하는 신문」이라는 기사에서 이렇게 주장했다.

일제가 대륙침략에 본격적으로 나선 39년 12월 총독부는『조선일보』에게 폐간하라는 방침을 통고해왔다. '자진폐간하느니 차라리 강제폐간을 당하겠다.' 결국 지령 6923호로 40년 8월 10일 강제폐간당했다.

끝끝내 민족지요 정론지였음을 강변하는 『조선일보』. 과거를 자진청산하느니 차라리 강제청산을 당하겠다는 오기인가? 『조선일보』 2001년 2월 25일.

그러나 『매일신보』 1940년 8월 11일 보도를 보면 총독부 경무국장은 다른 말을 했다. "신문통제를 결정해 1939년 이후 협의하자 조선일보사는 쾌히 시국의 대세를 양해하고 나아가 국책에 순응한다는 태도로 나오고 동아일보와 동시 폐간을 희망하는 허락의 뜻을 나타냈다"는 것이다. 『조선일보』 1940년 8월 10일자에 나온 폐간사도 다르지 않다.

조선일보는 신문통제의 국책과 총독부 당국의 통제방침에 순응하여 금일로써 폐간한다. (…) 지나사변(중일전쟁) 발발 이래 본보는 보도보국의 사명과 임무에 충실하려고 노력하였고 더욱이 신동아 질서 건설의 위업을 성취하는 데 만의 일이라도 협력하고자 (…)

실제 강제폐간되었다고 해도 총독부의 눈치를 보느라고 자진 폐간하는 것처럼 말했을 수는 있다. 하지만 『조선일보』가 스스로 강제폐간을 택했다고 단정할 근거도 없다. 그런데 조선총독부는 말 잘 듣는 『조선일보』를 왜 폐간시켰을까? 유력한 해석은 전쟁으로 인한 물자부족이다. 1938년 이후 일본 정부는 본토에서도 신문통폐합을 추진했다. 인구 10만 명 도시에 신문 하나만 남기는 '1현1지' 원칙 아래 통폐합을 추진해 1935년에는 1천2백 개나 되던 일간신문을 1943년에는 55개로 줄였다. 식민지 조선에서 같은 조치를 취한 건 너무나 당연하다. 분명한 것은 '조선일보 폐간'이 항일언론에 대한 탄압은 아니었다는 점이다. 총독부의 심기를 거스르지 않는 신문을 뭐 하러 폐간시키겠는가.

'원조사주' 방응모는 누구인가

지금까지 우리는 『조선일보』가 자랑하는 항일업적을 살펴보았다. 『조선일보』는 어떤 시기에는 일제의 탄압을 받았다. 이건 부정할 수 없는 사실이다. 그러나 다른 시기에는 너무나 노골적인 친일의 길을 걸었다. 『조선일보』의 '친일 보도'는 기업으로서 생존하기 위한 불가피한 타협으로 봐줄 수 있다. 그러나 너무나 심해서 자발적 친일로 볼 수밖에 없는 사례가 무수히 많다. 일일이 열거하기에는 지면이 모자라니 궁금하신 독자들께서는 물총닷컴을 방문해 직접 맛보시기를 바라며, 여기서는 일왕의 생일을 맞아 충성을 다짐하는 사설과 일제의 조선 청년 징집을 찬양하는 사설 두 가지만 소개한다.

'봉축 천장절'(『조선일보』 1939년 4월 29일 사설)

春風(춘풍)이 태탕하고 萬花(만화)가 방창한 이 시절에 다시 한번 天長佳節(천장가절)을 맞이함은 億兆臣庶(억조신서)가 경축하지 않고는 견디지 못할 바이다. 성상폐하께옵서 옥체가 유강하시다니 실로 誠惶誠恭(성황성공), 同慶同賀(동경동하)할 바이다. 일년 일도 이 반가운 날을 맞이할 때마다 우리는 鴻遠(홍원)한 恩(은)과 廣大(광대)한 仁(인)에 새로운 감격과 경행이 깊어짐을 깨달을 수 있다. 뿐만 아니라 赤誠奉公(적성봉공) 忠(충)과 義(의)를 다 하야 一念報國(일념보국)의 확고한 결심을 금할 수가 없는 것이다.

(봄바람이 불어오고 온갖 꽃이 화창한 계절에 다시 한번 천황폐하의 생일을 맞아 모든 신하와 백성들이 경축하지 않고는 배기지 못할 것이다. 성상폐하께서 옥체가 건강하시다니 실로 황공하고 경하할 뿐이다. 매년 이 반가운 날을 맞이할 때마다 우리 백성들은 천황

폐하의 한없는 은혜와 드넓은 어지심에 새로운 감격이 깊어짐을 깨닫는다. 뿐만 아니라 충과 의를 다하여 일념으로 천황폐하와 일본 제국에 보답한다는 결심을 금할 수가 없는 것이다.)

『조선일보』 1938년 6월 16일 사설

조선 통치사의 새로운 기원을 이룬 것이자 미나미 총독의 일대 영단 정책하에 조선에 육군특별지원병제도가 실시된 것에 대하여 이미 본란에 수차 우리의 찬성의 뜻을 밝힌 바 있거니와 (…) 종래 조선 민중의 국민으로서의 의무를 다 하지 못하고 있던 병역의무를 실현케 하는 것이다. (…) 황국신민 된 사람으로 그 누가 감격치 아니하며 그 누가 감사치 아니하랴. (…) 황국에 대하여 갈충진성을 하지 않으면 안 된다. 그래서 국방상 완전히 신민의 의무를 다 하여야 할 것이다.

『조선일보』의 친일행각은 방응모 체제가 들어선 1933년 이후 일본이 패망할 때까지 계속되었다. 이 『조선일보』는 신석우-이상재-안재홍이 이끌던 『조선일보』와 제호만 같을 뿐 내용은 전혀 다른 신문이다. 오늘날 우리가 아는 『조선일보』는 바로 이 '방응모의 『조선일보』'에서 자라난 것이다. 따라서 『조선일보』를 향해 "천황폐하를 모시고 일제에 아부"했다고 말한 노무현의 독설은 역사적 근거를 가진 것이다.

그렇다면 오늘의 『조선일보』를 제대로 이해하기 위해서는 방응모를 먼저 알아야 한다. 방응모는 과연 어떤 인물인가?

2002년 3월 1일 '민족정기를 세우는 의원모임'이 발표한 반민족행위자 명단에는 『동아일보』의 김성수와 함께 『조선일보』 방응모가 포함되어 있다. 의원모임이 『조선일보』의 강력한 반발을 각오하고 방응모를 '언론 내세워 일제에 아부한 교화 정책의 하수인'으로 규정한 이유가 무엇일까? 간단하게 요약해보자.

방응모는 1883년 평안북도 정주 출생이다. 1923년 『동아일보』 정주지국을 경영하다가 삭주군 교동광업소를 시작해 큰돈을 벌어 1933년 3월 조선일보사의 경영권을 인수했다. 1935년 7월 서울 태평로에 새 사옥을 지었고, 월간 『조광(朝光)』을 창간해 사장으로 취임했다. 그는 1938년 7월 국민정신총동원조선연맹 발기인을 시작으로 국민총력조선연맹 참사와 조선임전보국단 이사로 참여했으며, 1941년 9월에는 윤치호 · 이광수 · 최린 등과 함께 종로 채권가두판매에 나섰다.

『조광』 1942년 2월호에는 「타도! 동양의 원구자(怨仇者)」라는 논문을 발표했고, 다음해 11월에는 '출전학도 격려대회'를 다른 잡지와 공동 주최했으며, 자기 돈으로 고사포를 사다가 일본군에 기증했다. 해방 후에는 『조선일보』를 복간했으며, 한국전쟁이 터진 직후인 1950년 7월 납북된 이후 소식이 끊어졌다. 방응모는 자신이 자발적으로 친일행위를 한 것이 아니라고 변명했다. 1945년 11월 23일

『조선일보』속간사를 보자.

> 우리는 더퍼노코 황국신민이 되라는 강잉을 바덧스며 징병으로 징
> 용으로 공출로 전쟁에 철저협력하라는 호령을 듯고 볼 뿐이엿다.
> 우리는 입을 가젓스나 생벙어리 행세를 하여야 하엿스며 할 말은
> 만헛스나 호소할 곳이 업섯다. 우리는 죽으라면 말업시 죽는 시늉
> 을 하지 안흐면 안 될 환경에 노혀 잇섯다. 굴근 철쇄(鐵鎖)로 억매
> 이고 날카로운 총검밋테 떨허 오직 노예적 굴종을 하지 않흐면 안
> 되엇섯다. 확실히 총독정치 36년간에 이 기간가치 언론이 구속된
> 때는 업다고 단언할 수 있다.

그러나 '민족정기를 세우는 의원모임' 은 『조선일보』와 『조광』
의 친일 보도와 논설이 일제의 탄압 아래서 살아남기 위한 방책으로
보기에는 지나친 것으로 판단했다. 문제가 된 친일 논설을 찾아보고
싶은 독자들께서는 민족문제연구소 홈페이지(www.minjok.or.kr)
를 방문하시면 된다. 여기서는 방응모가 『조선일보』와 『조광』 등을
통해 적극적인 친일활동을 전개했다는 사실을 확인하자. "천황폐하
를 모시고 일제에 아부"했다는 노무현의 독설에 대해 『조선일보』가
'사실과 다른 주장' 이라고 하면서도 구체적으로 반박하거나 소송을
내지 않는 것은 '사실과 어떻게 다른지' 를 입증할 수 없기 때문이다.
노무현은 또한 『조선일보』가 "군사독재 정권에 결탁해서 알랑

거리고, 특혜 받아 가지고 뒷돈 챙겨서 부자가 되"었다고 공개적으로 비난했다. 『조선일보』는 이것에 대해서도 반박하거나 소송을 내지 않았다. 사실이기 때문이다. 방응모는 해방 후 『조선일보』를 복간했지만 "입을 가젓스나 생벙어리 행세를 하여야 하엿스며 할 말은 만헛스나 호소할 곳이 업섯"고 "죽으라면 말업시 죽는 시늉을 하지 안흐면 안 될 환경에 노혀 잇섯"던 시대가 완전히 끝난 것은 아니다. 쿠데타와 독재로 얼룩진 한국 현대사가 『조선일보』를 기다리고 있었다. 그리고 『조선일보』는 이 시대를 통과하면서 '1등신문'이 되었으며, 오늘의 『조선일보』는 그 시대를 떠나서는 이해할 수 없다.

물론 이것이 방응모의 잘못은 아니다. 방응모가 납북된 후 『조선일보』는 손자 방일영과 방우영에게 넘어갔다. 이 두 사람은 방응모의 손자다. 첫번째와 두번째 아내한테서 자식을 얻지 못했던 방응모는 1924년 친형의 차남 방재윤을 양자로 받았다. 방일영과 방우영은 양자 방재윤의 아들이다. 그런데 방응모는 60세에 화신백화점 점원 노호용과 네번째 결혼을 해서 1944년에 아들 방재선을 낳았다. 방응모가 납북되어 소식이 끊어졌던 1950년 7월 '손자' 방일영의 나이는 27세였다. 그러나 '장남' 방재선은 겨우 여섯 살이었다. 『조선일보』는 방일영 체제로 굳어졌다. 방재선은 배다른 형에게서 난 조카 방일영에게 아버지의 회사를 빼앗긴 것이다.

방재선은 1998년 12월 『조선일보』 방우영 회장, 방상훈 사장 등을 사기 및 배임, 해외 재산도피 등의 혐의로 고소 고발하고, 『조선일보』를 되찾아 100% 국민주로 바꾸겠다며 소송을 벌이고 있다. 재산 문제를 비롯한 방씨 집안의 복잡한 문제에 대해서 더 자세히 알고 싶은 독자들께서는 『디지틀 말』 기사를 참조하시기 바란다. (http://www.digitalmal.com/news/news_read.php?no=94)

박정희와 '밤의 대통령' 방일영

그런데 방일영이 '밤의 대통령'이라는 말을 들은 건 사실이다. 앞서 인용했던 한홍구의 글에 그 사연이 나와 있다. 그런 칭호를 내린 것은 다른 사람도 아닌 절대권력자 박정희였다. '밤의 대통령'이 의미하는 바도 전혀 다르다.

방일영은 박정희의 가까운 술동무였다. 군사반란으로 갑자기 정권을 잡은 박정희가 요정에 가보면 방일영은 화술로나 주량으로나 늘 좌중을 휘어잡았다. 박정희가 보기에 자기에 대한 마담이나 기생들의 대접은 깍듯하기는 해도 거리감이 있었지만, 방일영에 대해서는 대접이 극진하면서도 정감이 넘쳐났다. 하긴 방일영은 술이 거나해지면 동석자들의 지갑까지 털어 기생들에게 듬뿍 돈을 쥐어주었다니 누군들 마다했을까? 나이는 박정희가 다섯 살 위였지만 술집 출입의 경력으로 보나 여자들 다루는 솜씨로 보나 방일영은 '촌놈' 박정희보다 한참 위였다. 박정희는 자신을 '대통령 형님'이라 부르는 방일영을 "우리나라에서 제일 팔자가 좋은 사람"이라며 부러워했다. 그러면서 하는 말이 "낮에는 내가 대통령이지만 밤에는 임자가 대통령이구먼"이라는 것이었다고 한다. 좋게 이야기하면 당대의 풍류객이라는 것이고, 좀 진하게 이야기하면 최고의 '오입대장'이라는 것이다. 조선일보사가 펴낸 방일영의 전기에 "권번(券番) 출신 기생의 머리를 제일 많이 얹어준 사람이 바로 방일영"이란 이야기까지 버젓이 나오는 것을 보면 박정희가 방일영을 그렇게 부른 것도 무리가 아니다.

이승만 정권이 들어선 후 1987년 6월항쟁까지 40여 년 동안 우리 언론은 권력의 혹심한 탄압을 받았다. 박정희 정권은 광신적 반공주의와 군대의 폭력을 무기 삼아 언론자유를 목졸랐고, 전두환 정권은 날마다 보도지침을 내려보내 신문과 방송 편집자를 무위도식하게 만들었다. 그러나 『조선일보』는 "입을 가졌스나 생벙어리 행세를 하여야 하엿스며 할 말은 만헛스나 호소할 곳이 업섯"고 "죽으라면 말업시 죽는 시늉을 하지 안흐면 안 될 환경에 노혀 잇섯"던 시대라고 말하지 않는다. 『디지틀조선일보』에 올라와 있는 회사 소개를 보라.

1960년 이후는 『조선일보』의 본격적인 발전기라고 할 수 있습니다. 유명 칼럼니스트들이 『조선일보』를 무대로 활약을 했으며, 이를 통해 『조선일보』는 오늘날의 명성에 토대를 쌓았습니다. 이후 사회의 문제점을 정확히 전달하고 비판하는 기사, 그리고 세계와 국내의 동향을 정확하게 파악한 각종 기획사업 및 행사로 성가를 높였습니다.

방응모가 『조선일보』 복간사에서 내비친 변명, 그 비슷한 것도 찾아볼 수 없는 이 회사 소개는 『조선일보』의 정치적·사상적 정체성을 증명한다. 여기에는 1960년대 이후 『조선일보』는 탄압을 받은 흔적이 없다. "군사독재 정권에 결탁해서 알랑거리고, 특혜 받아 가지고 뒷돈 챙겨서 부자가 되"었다면, 민주정부가 들어선 후에는 당연히 사죄를 해야 한다. 궁색한 변명이라도 해야 한다. 하지만 『조선일보』는 그럴 생각이 전혀 없다. 모든 것을 당당하게 했고, 그래서 지금도 너무나 당당하다.

『조선일보』는 민주화 운동가를 싫어한다

『조선일보』는 노무현을 싫어한다. 미워한다. 혐오한다. 사설과 기사를 보면 삼척동자도 알 수 있다. 그 이유가 무엇일까? 수없이 많은 이유가 있지만, 한마디로 말해서 노무현 같은 사람이 대통령이 되면 나라가 망한다고 생각하기 때문이다.

『조선일보』는 민주화운동 전력을 가진 사람을 싫어한다. 『조선일보』는 박정희를 민족의 지도자로 숭배하며 박정희의 개발독재를 필요악이 아닌 역사의 필연으로 규정한다. 전두환의 쿠데타와 양민학살까지도 내놓고 지지했다. 『조선일보』의 시각으로 보면 노무현은 '입으로 민주화를 떠드는 시끄럽고 무책임한 선동가'에 속한다.

아무 근거 없이 『조선일보』를 험담하는 게 아니다. 지난날의 『조선일보』가 한 독재 찬양 행적을 보면 그렇게 말할 수밖에 없다. 그럼 먼저 지난날 행적부터 잠깐 보자. 사례가 하도 많아서 대표적인 것만 본다. 더 많은 사례를 확인하고 싶은 분들은 강준만이 쓴 『권력변환─한국언론 117년사』를 보시기 바란다.

『조선일보』는 5·16쿠데타와 유신독재를 지지했으며 아직도 박정희를 민족의 영도자라고 찬양한다. 박정희와 방일영이 술동무라 그랬을 수도 있고, 서로 생각이 같기 때문에 술동무가 되었을 수도 있다. 다음은 박정희 쿠데타 사흘 뒤인 1961년 5월 19일 『조선일보』 사설이다.

혁명의 공약과 국내외의 기대
군사혁명은 이런 불행한 여건 하에서 보다 나은 입장을 마련하기 위하여 감행된 것으로서 이것이 거군적인 단결과 함께 국내외적인 찬사와 지지를 받게 된 소이가 실로 여기에 있다고 하겠다.

5·16쿠데타에 이어 1969년 3선개헌을 지지했던 『조선일보』

파거에는 물론이요. 지금도 여전히 박정희를 그리워하는 『조선일보』가 어찌 노무현을 좋아할 수 있으랴.
『조선일보』 1961년 5월 19일.

가 1972년 10월 17일의 유신 쿠데타를 지지한 것은 자연스러운 일이
다. 민주적 기본질서를 완벽하게 파괴하고 종신집권 체제를 구축한
뒤 새로 대통령에 취임한 박정희에게 『조선일보』는 연일 화려한 꽃다
발을 바쳤다. 다음은 1972년 12월 28일 「새 역사의 전개-제8대 박정
희 대통령의 취임을 경하한다」는 제목의 사설이다. 1934년 일본 왕
의 생일 축하 사설 「봉축천장절」을 떠오르게 하는 명문장이다.

'유신 쿠데타'를 지지·찬양한 전력이 이렇게 시퍼렇게 살아 있는데도 '정론지'라고? 『조선일보』 1972년 12월 28일.

지난 4반세기에 걸쳐 지속되어온 냉전 속에서의 동족상잔과 남북 결원의 민족사에 10·17 구국의 영단으로 종지부를 찍고 평화통일의 새 역사를 위하여 정초한 박정희 대통령을 다시 대통령으로 선출, 취임토록 하게 되었다는 것을 우리는 미덥고 자랑스럽게 생각한다. 무엇 때문에 지난 10년 동안 5, 6, 7대나 대통령을 역임한 그를 또다시 환영하는 것인가. 한마디로 말해서 그것은 그의 영도력 때문이다. 그의 높은 사명감과 뛰어난 능력과 역사의식의 정당성 때문이다. 더욱 전망적인 민족통일의 사명감과 구국중흥의 신념에 불타는 영도자를 가졌다.

중앙정보부가 종종 비판적 언론인들을 지하 취조실에 끌어다 매운맛을 보이는 한편, 기자들의 검열거부운동과 권력 비판을 봉쇄하기 위해 광고주를 협박해서 광고를 싣지 못하게 하는 방법으로 『동아일보』의 숨통을 조였던 시대에 『조선일보』는 번영의 토대를 구축했다. 조선일보사는 1969년 한일국교정상화 이후 최초로 일본 이토추상사의 민간차관 400만 달러를 연리 6%에 들여와 코리아나호텔을 지었다. 은행금리도 연 25%를 넘던 그 시절로서는 엄청난 특혜였다.

『조선일보』는 훗날 군사반란과 내란행위로 처벌받은 전두환 일파의 1979년 12·12 쿠데타를 지지했고, 군부의 언론자유 탄압을 옹호했으며, 1980년 광주학살을 왜곡 보도해 역사의 진실을 감추었다. 1979년 12월 20일 사설에서 "군의 이러한 입장과 결의가 새삼 천명되었다는 것은 전국민의 공감과 지지를 받아 마땅"하다고 군사반란을 예찬했다.

『조선일보』는 또한 신군부의 언론통제와 여론조작을 노골적으로 옹호했다. 강요가 아니라 자발적인 협력이었다. 당시 『조선일보』 주필이었던 선우휘는 1980년 1월 30일 일본 『산케이신문』과 회견했다. 『산케이신문』은 일본의 역사교과서 왜곡에 앞장선 극우파 신문으로 유명하다. 이 회견에서 선우휘는 당당하게 말했다.

언론규제는 없는 것이 낫다. 하지만 한국에서 언론의 제약이 가해져도 하는 수 없는 상황이 있다. 4·19에서 5·16까지의 1년은 어떠했는가. 언론의 자유와 책임이 전혀 양립되어 있지를 않았다. 하룻밤 새 모든 신문이 정부에 대해 비판적으로 나서게 되고 1년 내내 연일 조석간을 통틀어 정부를 두들겨팼다. (…) 그 사태를 한국의 언론이 심각하게 반성하지 않고 5·16에 의해 언론규제를 받게 되자 이번에는 언론의 자유를 붙잡고 '슬픈 노래'를 부른다는 것은 너무도 감상적인 처사이다.

『조선일보』는 광주민주화운동을 '폭도'들의 '난동'으로 묘사했다. 그리고 신군부가 광주를 피바다로 만든 직후인 1980년 5월 28일 사설에 다음과 같은 거짓말을 늘어놓았다.

지금 오직 명백한 것은 광주 시민 여러분은 이제 아무런 위협도, 공포도 불안도 느끼지 않아도 될, 여러분의 생명과 재산을 포함한 모든 안전이 확고하게 보장되는 조건과 환경의 보호를 받게 됐고 받고 있다는 사실이다. (…) 비상계엄군으로서의 군이 자제에 자제를 거듭했던 사실을 우리는 알고 있다. (…) 때문에, 신중을 거듭했던 군의 노고를 우리는 잊지 않는다.

광주항쟁을 유혈 진압한 전두환은 군부의 힘을 바탕으로 정치

社說

惡夢을 씻고 일어서자
— 汎국민的 團結運動을 호소하면서 —

'민주화운동 폭도들의 난동을 유혈 진압한 군의
노고를 우리는 잊지 않는다.' 『조선일보』 1980년
5월 28일.

권력을 찬탈하려 했다. 1980년 8월 21일 전군지휘관회의가 충성서약을 하고 전두환이 최규하를 축출하고 유신헌법에 따라 선거인단을 집합시켜 권좌에 오르자 『조선일보』는 즉각 '영웅 만들기'에 나섰다. 8월 23일과 28일 『조선일보』는 다음과 같은 사설을 내보냈다.

국민 일반은 크게 안도와 고무를 간직했을 것으로 우리는 믿는다. (…) '8·21 군 결의'는 이러한 국민의 기대와 신뢰를 한층 더 공고히 뒷받침하고 보장하는, 일찍이 없었던 국가 간성들의 담보의 표징이다. 건국 이래 모든 군이 한 지도자를 전군적 총의로 일사불란하게 지지하고 추대한 예는 일찍이 없었다. 그러한 점에서 '8·21 군 결의'는 또한 역사적으로 깊은 함축을 간직하는 것이 되기도 한다.

일제 땐 천황을, 박정희 시대엔 박정희를, 그리고 전두환이 들어섰으니 당연히 전두환을! 『조선일보』,
대단한 초지일관이다. 『조선일보』 1980년 8월 23일(좌), 8월 28일(우).

우리는 우선 전두환 대통령의 당선을 온 국민과 더불어 축하하며
그 전도에 영광이 있기를 희원해 마지않는다. (…) 전 대통령의 취
임으로 바야흐로 새시대 새역사는 개막되고 있으며 국민들은 전 대
통령 정부에 새로운 소망과 기대를 걸고 (…)

전두환이 1987년 4월 13일 이른바 '호헌선언'을 통해 5공헌

법에 따라 대통령 자리를 노태우에게 물려주겠다는 뜻을 분명히 했을 때도, 『조선일보』는 "현행 헌법에 따른 당초의 단임 공약조차 제대로 이행할 수 없는 시간적, 상황적 위기에 봉착할 우려가 짙게 깔려 있는 것으로 느껴진다"며 맞장구를 쳤다.

『조선일보』는 '1등신문'이 아니었다. 1980년도 이 신문의 매출액은 161억 원이었다. 『동아일보』(265억 원), 『한국일보』(217억 원)과는 상대가 되지 않았다. 그런데 전두환 정권이 끝난 1988년에는 『조선일보』가 매출액 914억 원으로 『동아일보』(885억 원), 『한국일보』(713억 원)를 크게 앞질렀다. 조선일보사가 받은 특혜 가운데 대표적인 것이 『월간조선』이다. 전두환은 언론통폐합 조처를 통해 제 마음대로 매체를 없애고 만들었다. 예컨대 1980년 『월간중앙』이 폐간된 시점에서 조선일보사는 『월간조선』을 창간했다.

이런 『조선일보』가 1981년 부림사건을 계기로 인권운동에 뛰어들었고 1987년 6월을 아스팔트 위에서 보낸 노무현을 반길 리 없다. 이승만-박정희-전두환을 영도자로 찬양한 『조선일보』가 보기에 노무현은 '역사적 정통성'이 없는 인물이다.

『조선일보』는 북한을 미워하지 않는 사람을 의심한다

『조선일보』는 "국군 탱크가 평양 주석궁에 진입함으로써 통일은 완성된다"고 믿는다. 내놓고 북한을 경멸하고 비난하지 않는 모든 사람을 사상적으로 의심한다. 노무현은 김대중의 대북 포용정책을 계승해서 발전시키겠다고 공언한다. '좌경용공분자'가 대통령이 되면 나라가 위태로워진다. 이것이 『조선일보』가 노무현을 싫어하는 두 번째 이유다.

노무현은 김대중 정부의 햇볕정책을 그대로 계승하겠다고 말한다. 북한에 대해 적대적인 발언을 한 적이 없다. 『조선일보』가 '사상검증'의 덫을 씌워 공직에서 축출하려고 했던 사람들과 비슷한 정치적 견해를 지니고 있다. 그러니 『조선일보』가 노무현을 싫어하는 건 너무나 당연한 일이다.

『조선일보』가 멀쩡한 사람을 '용공분자'로 몰아세운 사례는 이루 말할 수 없이 많다. 오래 되지 않아 아직도 기억에 남아 있는 것만 몇 가지 들추어보자. 『조선일보』는 김영삼 정권 시절 김정남 청와대 교육문화수석 비서관과 한완상 통일부 장관, 김태동 경제수석을, 김대중 정권 들어서는 정책자문위원장 최장집 교수를 상대로 집요한 색깔공세를 펴 결국 공직에서 밀어냈다. 대선을 눈앞에 둔 1997년 8월 터진 '이석현 의원 명함 사건'도 『조선일보』 작품이다. 이석현은 해외용 명함의 '한국'이라는 국호 옆 괄호에 '남조선'을 병기했다가 한나라당 전신인 신한국당과 극우단체, 그리고 『조선일보』의 뭇매를 맞은 끝에, 당에 피해를 주지 않기 위해 자기 발로 민주당의 전신인 국민회의를 떠나야 했다. 이석현의 '죄'는 중국을 비롯한 한자문화권

외국인들에게 친절을 베푼 것이었다.

　　피해자는 그밖에도 많다. 소설가 황석영과 조정래, 리영희 교수, 외국어대 이장희 교수도 『조선일보』의 보도 때문에 '불그스름한 용공분자'로 몰렸다. 『조선일보』는 심지어는 『기자협회보』까지 검증의 대상으로 삼았다. 『조선일보』는 1996년 2월 자칭 '세계적 특종'을 보도했다. '김정일 본처 서방탈출' 또는 '성혜림 망명사건'이다. "김정일 후처들이 괴롭혀 결행" "김정일 여성편력에 가슴앓이" 등 『조선일보』가 제시한 망명의 근거를 보면 이것은 일종의 '치정극'이었다. 『기자협회보』는 이 '특종보도'의 진실성을 입증할 만한 사실적 근거가 부족하다고 지적했다. 그러자 『월간조선』 1996년 4월호에서 우종창 기자는 이렇게 물었다. "귀하는 안기부 편인가, 김정일 편인가?" 다음은 『조선일보』의 '사상검증' 공세에 대한 96년 3월 23일 『기자협회보』의 소감이다.

　　본보가 마침내 '사상의 검증대'에 올랐다. 『기자협회보』가 '김정일 편인가' 밝히라는 어이없는 질문이 제기되고 있는 까닭이다. 참으로 서글프게도 이 물음은 우리나라의 언론은 대표한다는 신문사 중의 하나인 『조선일보』에서 발행하는 『월간조선』이 본보를 가리키며 물은 기사 중의 일부이다. (…) 우리를 더욱 서글프게 하는 것은, 문제의 기사에서 우리가 제기한 쟁점들―특종보다 진실보도가 우선―에 대해서 단 한마디의 제대로 된 반론도 찾아볼 수 없다는 사실이다.

이런 『조선일보』가 노무현을 싫어하지 않는다면 그게 오히려 이상한 일이다. 『조선일보』가 햇볕정책을 집요하게 비난하는 것은 김대중 정권을 흔드는 동시에 노무현의 지지기반을 약화시키기 위한 수단이다.

『조선일보』는 개혁 정치인을 싫어한다

『조선일보』는 기득권층의 이익이 곧 사회 전체의 번영이라고 믿는다. 재벌과 명문학교 출신의 지배권을 위협하는 모든 사상과 행동은 불온하다. 민주노총, 전교조, 인권운동과 소액주주운동, 이런 것들은 모두 개혁을 내걸고 있지만 사실은 성장과 번영을 위협하는 교란요인이라고 본다. 그런데 노무현은 '제대로 된 교육'을 받지 못한 인물로서 노동자의 권리를 옹호하고 노동조합을 후원하며 소외계층의 복지를 강조한다. 당연히 환영할 수 없는 인물이다. 더욱이 노무현은 언론사 소유지분을 제한하고 독립된 편집위원회 설치를 법제화하자는 등 『조선일보』 사주의 기득권을 직접적으로 침해하는 발언을 서슴지 않는 '위험인물' 아닌가.

『조선일보』는 전교조나 노동운동에 대한 적대적 보도태도로 악명이 높다. 『조선일보』는 모든 파업에 대해서 '부적절한 파업' '시민의 발을 볼모로 파업' '노노갈등으로 파업 과격화' 따위의 제목을 달아 보도한다. 파업의 원인은 보도하지 않고 파업으로 인한 근로손실 일수와 생산차질 규모는 크게 뻥튀기해서 보도한다. 사설은 거의 언제나 '불법파업에 대한 단호한 대응'을 주문한다. 노무현은 노동운동을 지원하다가 구속당하고 변호사 자격을 박탈당하기까지 한 인물이다. 이것이 『조선일보』가 노무현을 싫어하는 세번째 이유다.

게다가 『조선일보』는 정말로 '밤의 대통령'이 되려고 한다. 『조선일보』는 '신문 그 이상의 신문'이다. '낮의 대통령'이 되려는 사람은 먼저 『조선일보』의 결재를 받아야 한다. 또 대통령은 『조선일보』가 아무리 심하게 물어뜯어도 참고 견디는 사람이라야 한다. 『조선일보』가 하는 모든 것은 권력에 대한 정당한 비판이지만, 정치권력이 『조선일보』의 약점을 찌르는 것은 아무리 합법적인 행정권의 발동이라 할지라도 불순한 언론탄압이라는 것이 『조선일보』의 확신이다.

언론에 대한 권력의 탄압이 사라진 1987년 이후 『조선일보』는 정치권력을 지배하려 들었다. 1987년 대선 당시 『조선일보』는 단일화에 실패한 김대중과 김영삼을 끈질기게 '조졌다.' 양김은 민주세력의 염원을 배신하는 분열행위를 저질렀다. 그러나 그건 어디까지나 민주세력 내부의 문제일 뿐 언제나 독재정권을 옹호해왔던 『조선일보』는 그런 비난을 할 자격이 없는 신문이다. 그런데도 『조선일보』는 양김을 탐욕스런 정치인으로 묘사함으로써 노태우의 당선을 지원했다.

1992년 대선에서는 유근일 칼럼 등을 통해 "정주영이 표를 많이 가져가면 김대중이 당선된다"며 '김대중 낙선을 위한 전략적 투표'를 유도했다. 1997년 대선에서도 『조선일보』는 노골적인 이회창 선거운동을 했다. 인기가 하늘을 찔렀던 이인제 후보는 신한국당에서 200억 원의 자금을 지원받았다고 한 『조선일보』 보도 때문에 치명상을 입었다. 국민신당 당원들은 조선일보사 앞에서 신문을 불태우며 항의했다. 1997년 12월 20일 『기자협회보』는 그날의 풍경을 이렇게 전했다.

> 9년째 가장 영향력 있는 언론인으로 뽑힌 『조선일보』 김대중 주필이 자신의 취중 망언으로 구설수에 올랐다. 국민신당 당원들이 『조선일보』 사옥 앞에서 항의시위 하던 16일 밤, 어디선가 갑자기 나타난 김 주필은 경찰 병력과 국민신당 당원 사이에서 '니네들 뭐하는 거야'라며 불쾌함을 드러내기 시작했다.
>
> 취기가 오른 것으로 보인 김 주필은 긴장감이 가득한 군중 사이를 오락가락하다 국민신당 당원들을 향해 또 한번 외쳤다. '니네들, 내일 모레면 끝이야. 국민회의, 국민신당 너희는 싹 죽어. 까불지 마.' '내일 모레면 없어질 정당이…'라며 한나라당 이회창 후보의 당선을 확신하는 자세를 보였다고 당원들은 전했다.
>
> 이에 시위에 참석한 국민신당 당원들은 어이없어 하면서도 "권력감시라는 본연의 자세를 넘어 권력 만들기를 주도하겠다는 조선일보의 오만함을 느낄 수 있었다"고 입을 모았다. 국민신당측은 시위대

앞에서도 당당했던(?) 김 주필의 모습을 사진으로 담아 당내 게시판에 전시했다.

노무현은 초선의원 시절부터 『조선일보』에 대들었다. 게다가 감히 언론사 소유지분을 제한하고 독립된 편집위원회를 의무화하자는 시민단체의 견해에 동조한다. 『조선일보』입장에서 볼 때, 그런 사람이 대통령이 되도록 방관한다는 건 있을 수 없는 일이다.

4 『조선일보』는 어떻게 노무현을 죽였나?

　　이미 말한 바 있지만 『조선일보』는 가볍게 움직이지 않는다. 대세를 가르는 전투에 대비해 튼튼한 진지를 구축하고 신중하게 움직인다. 2002년 대선은 전략적 중요성을 지니는 전투다. 『조선일보』는 『주간조선』, 『월간조선』 등 '새끼매체' 까지 총동원해 이 전투에 임한다. 『중앙일보』와 『동아일보』 등 우호적인 신문의 간접지원을 조직하는 것도 빠뜨리지 않는다.

　　이것은 전면전이다. 『조선일보』는 노무현의 모든 것을 공격한다. 장점을 약점으로 전환시키고 약점을 최대한 증폭시켜 드러낸다. 공세의 초점은 네 가지다. 첫째, 노무현은 위선적인 인물이다. 둘째, 노무현은 지도자가 되기에는 너무나 경박한 인물이다. 셋째, 노무현은 사상이 의심스러운 과격한 인물이다. 넷째, 노무현은 김대중의 꼭

두각시다. 이 네 가지를 국민들에게 납득시키기만 하면 대선은 그걸로 끝난다.

노무현은 위선자?

일찍이 『주간조선』은 노무현의 재산문제를 물고 늘어졌다. 노무현은 '노동자의 친구'도 아니요 '서민 정치인'도 아니라는 걸 보여주기 위해서다. 『조선일보』는 목적을 달성했다. 비록 1심에서 패소했지만 노무현이 소송을 취하했기 때문에 돈을 물어주지도 않았고, 이 사실을 『한겨레』와 『동아일보』 말고는 보도한 신문도 없기 때문에 크게 욕을 먹지도 않았다. 하지만 허삼수와 문정수에서 이인제까지 노무현의 정적들은 선거 때마다 이 기사를 우려먹었고 노무현은 속수무책으로 당해야 했다. 그래서인가. 『주간조선』은 또다시 문제의 기사를 들고 나왔다.

민주당 국민경선이 막바지에 이른 2002년 4월 10일 『조선일보』 4면에 이상한 1단짜리 상자기사가 났다. 제목은 「91년 노무현 재산 소송 『조선일보』가 화해 제의」. 내용은 이랬다.

10일 발간된 『주간조선』(4월 18일자)은 1991년 『주간조선』이 보도한 「노무현은 상당한 재산가인가」란 제목의 기사에 대한 명예훼손 소송 1심 판결문을 기사화하면서 우종창 당시 『주간조선』 기자의 발언을 인용, 당시 재판에 대해 "1심에 패한 후 항소를 했다. 그러나 노 후보측에서 화해하자는 연락이 와 화해를 하게 됐다"고 보도했습니다. 그러나 당시 화해는 조선일보사가 노 후보측에 제의해 이뤄진 것이기에 바로잡습니다.

『주간조선』이 무언가 오보를 냈고 『조선일보』가 그걸 바로잡는 기사였다. 그런데 같은 신문의 5면 하단에는 문제의 『주간조선』 통광고가 커다랗게 실렸는데 거기 이런 글귀가 있었다.

「검증」 1991년 『주간조선』 기사 '노무현은 상당한 재산가인가' 명예훼손 소송 1심 판결문–"기사내용, 과장된 면 있지만 상당부분 진실이다"

'특별취재팀' 이름으로 나간 이 기사는 1991년 『주간조선』 기사 「노무현은 상당한 재산가인가」에 대한 명예훼손 소송 1심 판결문을 다룬 것으로 거의 전부가 판결문의 내용을 소개하는 것이었다. 다른 건 다음 한 가지뿐이었다.

이 기사(91년 『주간조선』 기사)를 작성한 우종창 당시 『주간조선』 기자(현재 『월간조선』 기자)는 당시 재판에 대해 "1심에서 패한 후

91년 '노무현재산' 소송
조선일보가 화해 제의

　10일 발간된 주간조선(4월
18일자)은 1991년 주간조선이
보도한 '노무현은 상당한 재
산가인가'란 제목의 기사에
대한 명예훼손소송 1심 판결
문을 기사화하면서 우종창 당
시 주간조선 기자의 발언을 인
용, 당시 재판에 대해 "1심에
서 패한 후 항소를 했다. 그러
나 노 후보측에서 화해하자는
연락이 와 화해를 하게 됐다"
고 보도했었습니다. 그러나 당시
화해는 조선일보사가 노 후보
측에 제의해 이뤄진 것이기에
바로잡습니다.

왜곡과 과장을 일삼기는 하지만 그래도 진실을 말한다고? 과연 누가 진짜 위선자인가. 『조선일보』 2002
년 4월 10일.

항소를 했다. 그러나 노 후보측에서 화해하자는 연락이 와 화해를
하게 됐다. 그래서 노 후보가 소를 취하해 이 민사소송 자체가 남아
있지 않다"며 "승소했다는 노 후보측의 주장은 잘못"이라고 말했다.

　　『오마이뉴스』에 「주간조선은 노무현 때리고 다음날 조선일보

는 정정보도?」라는 기사를 올렸던 이병한 기자의 취재에 따르면, 우종창 기자가 그런 말을 한 건 사실이라고 인정했단다. 그런데 상황을 잘못 알았다고 했다는 것이다. 자기가 쓴 기사 때문에 소송이 걸렸고, 1심에서 지고 자기네가 제의해서 화해를 한 사건인데, 그 당사자가 그런 기본적인 상황을 잘못 알았다? 믿기 어려운 일이지만 이건 실제상황이다.

『조선일보』는 노무현의 전량 수거 요구를 외면한 채『조선일보』에 정정보도를 내고 권영기『주간조선』편집장을 출판국 편집위원으로 보내는 가벼운 인사 조처만으로 입을 씻었다. 그런데『주간조선』은 무얼 위해 별로 떳떳하지 못한 옛날 기사를 다시 꺼내든 것일까?『주간조선』'특별취재팀'은 "판결문에는 문제의 주간조선 기사 중 어떤 부분이 진실이고, 어떤 부분이 과장, 잘못됐는지가 적시돼 있다. 주간조선이 일방적으로 없는 사실을 만들어내어 보도한 것이 아님을 보여주고 있는 것"이라고 주장했다. 그렇다. 자기네가 좀 과장을 하긴 했지만 몽땅 거짓말은 아니라는 이야기다. 여기서 제기한 쟁점들은 대통령 후보 노무현을 '검증'하는 데 여전히 유효한 수단이 된다는 말씀이다.

여기서 그 쟁점들을 일일이 거론할 필요는 없을 것이다. 문제의『주간조선』기사가 제기한 쟁점 가운데 노무현에게 가장 오래 후유증을 남긴 것 하나만 다시 살펴보자. 이른바 '요트 문제'다. 요트를 즐기는 서민 정치인이 어디 있냐는 것이다. 독자 여러분께서는 조중

동의 만화가들이 자체 동력을 갖춘 호화요트를 그려가면서 노무현을 '조진' 것을 기억하실 것이다. 그런데 노무현이 탄 것은 '딩기' 또는 '스나이프'라는 무동력 2인승 요트다. 부산 광안리 바닷가에 가면 이런 요트 타는 젊은이를 쉽게 볼 수 있다.

요트는 노무현의 강점인 서민 이미지를 위선자 이미지로 뒤집는 데 매우 유용한 소재다. 이인제와 『조선일보』가 계속 요트 문제를 물고 늘어진 것은 바로 이 때문이다. 만약 그런 의도가 없다면 노무현의 요트 취미는 아주 좋게 해석할 수 있다. 무동력 2인승 요트는 돈이 많아야 탈 수 있는 것도 아니요 돈만 많다고 탈 수 있는 것 역시 아니

신문사들 돈이 많다. 노는 게 맨날 '호화요트' 수준이다보니, 무동력 2인승 요트가 뭔지도 모른다. 믿거나 말거나. 『중앙일보』 2002년 3월 22일.

다. '사나이다운 용기'와 강한 체력과 거친 도전정신을 가진 사람이라야 할 수 있는 거친 스포츠다. 2002년 3월 이인제 홈페이지 자유게시판에 처음 올랐다가 사이버 공간에 널리 퍼진 어느 요트 국가대표팀 지도자의 편지가 그런 시각을 대변한다.

저는 현역 국가대표 요트팀의 전임지도자 직을 맡고 있는 사람으로서 지난 22년간을 요트계에 몸담아 온 사람입니다.

본론적으로 말씀드리자면 요트는 근대올림픽과 그 역사를 같이 하는 스포츠 종목으로서 전혀 귀족적이지도 않으며 바다와 자연을 사랑하지 않는 사람은 돈을 주어가며 하라고 하여도 할 수가 없는 그런 힘든 운동이라고 하는 사실을 말씀드리고자 하는 것입니다.

노무현 후보가 지난 80년도에 요트를 탔던 것은 사실입니다. 그러나 그것은 그저 바다가 좋고 요트가 좋아서 바람 부는 광안리 바닷가에서 불어터지고 모래까지 들어간 라면을 먹어가며 행복해 했던 그런 것이었습니다. 지금 만약에 이 후보님께서 불은 라면에 모래까지 섞인 라면을 먹으며 언제 뒤집어질 줄 모르는 요트를 타고 균형을 잡기 위해 낑낑거리며 험한 파도 속을 헤치고 나가보라고 한다면 과연 그렇게 하실 용기가 있으십니까?

저는 80년도 당시에 어려운 여건 속에서도 주말에 틈틈이 짬을 내어 바다로 나오시는 지금의 노 후보의 그 시절을 아직도 잊을 수가 없습니다. 힘든 세일링이 끝난 저녁이면 후배들과 어울려 바닷가 모래사장에 둘러앉아 소주에 새우깡을 먹으며 서민의 애환에 대해 열변을 토하던 그 모습이 아직도 눈에 선합니다.

우리 요트는 마음이 넉넉한 사람들이 즐기는 것입니다. 그저 돈이나 많은 졸부들은 열 번을 죽었다 깨어나도 결코 할 수 없는 스포츠입니다. 사실이 이렇게 자명한데도 근거 없이 국민들에게 오해의 소지가 있을 수 있는 정보를 오도한 것에 대하여 공식적인 사과와 아울러 시정을 요구하는 바입니다.

한 나라의 대통령 후보가 젊은 시절 취미로 2인승 요트를 즐겼다는 것은 전혀 문제삼을 일이 아니다. 1991년 『주간조선』이 그걸 무슨 헐리우드 영화에 나오는 놀자판 호화요트처럼 묘사한 게 문제다. 노무현의 서민 이미지를 위선자 이미지로 바꾸기 위한 『조선일보』의 공세는 앞으로도 계속될 것이다.

노무현은 경박한 인물?

『조선일보』는 언론이 대중정치인 노무현의 장점이라고 평가하는 노무현의 어법을 '부족한 인격'을 드러내는 약점으로 전환시킨다. 『조선일보』는 이렇게 해서 벌써 쏠쏠한 재미를 봤다.

노무현의 어법은 무척 독특하다. 투박한 구어체를 쓰면서 전하려고 하는 메시지를 직설적으로 표현한다. 비유에도 능하고 광고 카피처럼 상징적으로 와닿는 표현을 잘 구사한다. 전문가와 마주앉아 토론할 때는 학술적인 개념을 자연스럽게 끌어다 쓰지만, 대중연설에서는 추상적이고 현학적인 표현을 쓰지 않는다. 노무현의 연설은 듣는 사람의 머리보다는 가슴에 먼저 다가선다. 2000년 4월 국회의원 총선에서 떨어진 직후 부산시민들이 원망스럽지 않느냐는 질문에 그는 이렇게 대답했다. "농부가 밭을 탓하겠습니까?" 이것이 가장 전형적인 '노무현 어법'이다. 그는 지사(志士)형 정치인이 아니라 대중정치인이다.

노무현의 어법은 언론의 집중 조명을 받았다. 예컨대 『중앙일보』 강민석 기자는 『월간중앙』 2002년 5월호 「철저연구-노무현식 화법이 노풍 불렀다」에서 그의 어법을 종합적으로 분석했다. 다음은 강민석의 평가 가운데 음미할 가치가 있는 대목들이다.

거칠게 툭툭 던지는 그의 언어는 직설적이다. 때로는 선동적이고, 자극적이며, '시장상인' 식의 투박함이 물씬 풍겨나기도 한다. 그러면서도 현란한 비유와 수사(修辭), 기묘하고 독특한 논리와 기교로의 전환이 자유롭다. 어느 순간에나 대중의 '머리'가 아닌 '가슴'을 친다는 특징이 있다.

민주당 대통령 후보 경선과정에서 노무현 고문의 연설을 듣고 난 사람들은 '잘한다'는 칭찬보다 '찡하다'는 반응을 자주 나타내 보인다. 그의 연설은 경쟁 주자인 이인제 고문이 단호하고 우렁차고 또렷한 목소리, 높은 톤으로 사자후를 토해내는 것과는 조금 다르다. (…)

노무현 고문의 연설에서는 정치연설에서 들을 수 있는 '위대한' '비전' '영광' 따위의 '고상한' 말들이나 거대담론을 별로 들을 수

대중의 가슴을 두드리는 어법은 대중정치인의 중요한 덕목이다. 『월간중앙』 2002년 5월호.

없다. 미사여구도 많지 않다. 대신 서민적 소탈함이 듬뿍 묻어 있는 표현, 심지어 저잣거리 용어들도 자주 등장한다. 보기 드문 그의 연설 스타일을 놓고 일부 당직자들은 "중앙당의 책임 있는 당직을 맡은 적이 오래지 않은 탓에 변방의 기운이 느껴진다"고 말한다. 기존 정치인의 틀에 박힌 화법과는 어딘지 차이가 있다는 것이다. (…)

경어와 반말을 적당히 섞어가며 보통의 대화식으로 엮어가는 독특한 연설기법이 엿보인다. 그의 말은 투박하지만 늘 문제의 핵심을 겨냥하고 있다. 구구한 설명이나 안전장치 없이, 우회하지 않고 바로 본질에 접근해가는 스타일이다. 가령 인천 연설에서 "동아 · 조선은 민주당 경선에서 손을 떼라"고 주장한 것이 한 예다. 일부 언론이 자신의 언론관을 대서특필한 것에 대한 반격을 복잡한 설명을 거치지 않고 바로 직격한 것이다.

대중과 정서적으로 교감할 수 있는 언어적 능력은 정치인에게 꼭 필요한 무기다. 그러나 나쁘게 보자면 그럴 수도 있다. 국가 지도자는 근엄하고 품위가 있어야 한다는 보수적인 시각에서 보면 얼마든지 시비를 걸 수 있다. 아니나 다를까 커다란 지뢰가 하나 터졌다. 2002년 5월 29일 『조선일보』가 「노무현 "남북대화만 성공하면 다 깽판쳐도 괜찮다"」는 선정적인 기사를 1면 사이드 톱에 올린 것이다.

민주당 노무현 대통령 후보는 28일 인천 부평역 앞에서 열린 정당 연설회에서 "남북대화가 잘 안 풀리고 으르렁거리고 싸우고 언제 전쟁 날지 모르고 하면 다 헛일되고 만다. 인천이 복 받으려면 남북대화가 잘돼야 한다"며 "남북대화 하나만 성공시키면 다 깽판쳐도 괜찮다. 나머지는 대강해도 괜찮다는 것"이라고 말했다. 노 후보는 이어 "남북대화만 잘 하면 다른 것은 좀 덜 잘돼도 될 만큼 중요하다"고 말했다고 김현미 부대변인은 전했다.
노 후보는 "(남북관계는) 정말 인내심을 갖고 한 매듭 한 매듭 풀어가야 하는데 이를 놓고 발길질하는 게 한나라당"이라고도 했다. 그는 "부패 문화를 완전 청산하기 위해선 다시 제가 좀 (집권을) 해야 하겠다"고 말했다.

보통 사람들이 즐겨 쓰는 표현을 사용하면 천박한 정치인이다? 『조선일보』 2002년 5월 29일.

　　소위 '깽판 발언 파문'을 불러온 기사다. 그런데 『조선일보』 기자는 이 정당연설회를 직접 취재하지 않은 것으로 알려졌다. 『연합뉴스』 보도에다가 『조선일보』 나름의 '양념'을 쳐서 1면에 내보낸 것이다. 『연합뉴스』의 최초 보도와 비교해보면 그 양념의 위력을 알 수 있다.

　　노 후보는 이어 인천 부평역 앞에서 열린 박상은 후보 정당연설회에서 "최소한 우리 아이는 최전방에서 군대를 갔다 왔다. 미국에 가서 손주를 낳지는 않겠다"며 한나라당 이회창 후보를 겨냥했다.

　　그는 부패 문제와 관련 "국민에게 정말 죄송하다. 부패 문화를 완전 청산하기 위해선 다시 제가 좀 (집권을) 해야 하겠다"고 말한 뒤

"남북대화가 잘 안 풀리고 으르렁거리고 싸우고 언제 전쟁 날지 모르고 하면 다 헛일되고 만다. 인천이 복 받으려면 남북대화가 잘돼야 한다. 남북대화 하나만 성공시키면 다 깽판쳐도 괜찮다. 나머지는 대강해도 괜찮다는 것"이라고 주장했다.

그는 그러나 곧바로 자신의 '깽판' 발언을 수정, "정말 인내심을 갖고 한 매듭 한 매듭 풀어가야 하는데 이를 놓고 발길질하는 게 한나라당 이모 후보로, 남북관계의 판을 깨려 한다"며 "남북관계가 깨지면 한국의 꿈도, 인천의 꿈도, 아시아의 꿈도 다 깨진다"고 부연했다.

여러 면에서 상반되는 노무현과 이회창이 가장 격렬하게 충돌하는 지점이 바로 대북정책이다. 노무현은 이 연설에서 햇볕정책의 정당성을 역설하면서 이회창의 대북정책을 비판했다. 그런데 『조선일보』가 보기에 가장 큰 보도가치를 가진 것은 다름 아닌 '깽판'이라는 표현이었다. 그렇지 않다면 '깽판'을 키워드로 삼아 제목을 뽑아 1면에 올릴 이유가 없다. 『조선일보』 윤영신 기자는 '깽판 기사' 후반부에 인천 정당연설회와 아무 관계도 없는 인터뷰 발언을 함께 소개함으로써, 이 기사의 공격 목표가 노무현의 대북정책이 아니라 '노무현의 어법'임을 분명히 했다. 보라. 그렇지 않다면 이 기사에 다음 인터뷰 내용을 왜 끼워넣었겠는가.

노 후보는 또 이날 발매된 시사주간지 『뉴스메이커』와의 인터뷰에서 "한보청문회를 계기로 검찰 내에 이회창 후보 지원세력이 있다고 생각한다", "(검찰이) 장난치는 것 아닌가 생각된다. 노무현을 물 먹이려는 것 아닌가"라고 말했다.

노 후보는 인터뷰에서 최규선 게이트 등 수사와 관련, "검찰에 조금 불만은 있다. 예를 들면 (타이거풀스로부터) 후원금을 받은 것은 사실이지만 이런 내용을 흘금흘금 흘리는 게 문제다. 무슨 의도가 있는 게 아니냐"고 말했다.

노 후보는 이어 "한나라당 윤여준 의원이 최규선 씨를 십수 회 만났는데 그런 윤 의원은 조사하지 않고 나는 (최씨를) 달빛 그림자 보듯 했는데 나에 대해서 시시콜콜한 것까지 검찰 주변에서 나오고 있다"면서 "장난치는 것 아닌가 생각된다. 노무현을 물 먹이려는 것 아닌지, 나도 약간 의심이 든다"고 말했다며 이 주간지는 보도했다.

노 후보는 또 인터뷰에서 "검찰 내부에 그런 세력이 있다고 보느냐"는 질문에 "나는 학맥도 백도 없어 당연히 손해보는 것 아니냐"고 말했다.

여기서 중요한 것은 검찰에 이회창 지원세력이 있는지 여부가 아니라 노무현이 쓴 표현이다. '장난치는' '물 먹이려는' '시시콜콜한' '백도 없어' 등은 보통 사람들이 즐겨 쓰는 표현이다. 『조선일보』는 『뉴스메이커』 인터뷰에서 노무현이 이런 표현을 사용한 대목만 발

"남·북만 성공하면 깽판쳐도…"

국민은 특정 정치인이 사용하는 말을 통해 그의 사고의 폭과 깊이, 품성과 품위를 가늠하고 지도자로서의 자질을 평가한다. 바로 이런 관점에서 보면 민주당 노무현(盧武鉉) 후보의 남북대화 관련 인천 연설과, 시사잡지를 통해 밝힌 검찰 내 '이회창(李會昌) 후보 지지세력' 발언은 노 후보 자신을 위해서도 걸리는 대목이 한두 군데가 아니다.

노 후보는 28일 "남북대화 하나만 성공시키면 다 깽판쳐도 괜찮다, 나머지는 대강해도 괜찮다" "어를 놓고 발길질하는 게…"라고 말했다는 것이다. 선의(善意)로 해석하면, 지리적 위치로 보아 남북대화가 활성화돼야 인천이 발전할 수 있다는 논지의 강조 어법이라고 짐작은 된다. 그러나 한 나라의 국가원수를 지향하는 정치인으로서 최소한의 말의 절제(節制)는 지켰어야 했다.

만일 노 후보가 대통령이 돼 청와대 회의나 각료회의에서 '깽판' 운운 해보라, 국내외에서 나라의 격(格)이 어떻게 그려지겠는가, "나머지는 대강해도…"라는 어법(語法)도 국정을 책임지려는 인사의 이야기론 그냥 흘려보내기 힘들다. 노 후보도 이제 말의 무게를 생각할 때가 됐다.

노 후보는 또 검찰이 자신에게 불리한 내용을 슬금슬금 흘리면서 최규선씨와 십수회 만났다는 윤태준(尹汰駿) 의원은 조사하지도 않고 있다면서 "장난치는 것이 아닌지, 노무현을 물먹이려는 것이 아닌지 의심이 든다"고 했다는 것이다.

이와 관련해 노 후보는 우선 역지사지(易地思之)해 봐야 할 것이다. 지난 몇 년간 정치관련 수사 때 검찰에서 야당에 불리한 내용들이 슬슬 흘러나오고, 소문이 무성한 여당인사에겐 손끝 하나 건드리지 않는 것을 보면서 "검찰 내에 해바라기 세력이 있구나"라고 생각한 적이 있었느냐는 것이다. 그 때는 검찰의 태도가 당연했던 것 같고 지금은 음모가 있는 것처럼 생각된다면, 그것은 노 후보 자신의 균형감각의 문제일 수도 있지 않을까.

노무현만 조지면 나머지는 대강해도 괜찮다? 『조선일보』 2002년 5월 30일.

췌해 '깽판'과 엮어줌으로써 노무현이 저속한 말을 입에 달고 사는 천박한 정치인이라는 인상을 주는 데 성공했다. 그리고 다음날인 5월 30일에는 사설을 동원해 '확인사살'을 했다. 『조선일보』, 정말이지 무서운 신문이다. 사설 제목부터 화끈하다. 「남·북만 성공하면 깽판쳐도…」.

국민은 특정 정치인이 사용하는 말을 통해 그의 사고의 폭과 깊이, 품성과 품위를 가늠하고 지도자로서의 자질을 평가한다. 바로 이런 관점에서 보면 민주당 노무현 후보의 남북대화 관련 인천 연설과, 시사잡지를 통해 밝힌 검찰 내 '이회창 후보 지지세력' 발언은 노 후보 자신을 위해서도 걸리는 대목이 한두 군데가 아니다.

노 후보는 28일 "남북대화 하나만 성공시키면 다 깽판쳐도 괜찮다.

나머지는 대강해도 괜찮다"·"이를 놓고 발길질하는 게···"라고 말했다는 것이다. 선의로 해석하면, 지리적 위치로 보아 남북대화가 활성화돼야 인천이 발전할 수 있다는 논지의 강조 어법이라고 짐작은된다. 그러나 한 나라의 국가원수를 지향하는 정치인으로서 최소한의 말의 절제는 지켰어야 했다.

만일 노 후보가 대통령이 돼 청와대 회의나 각료 회의에서 '깽판운운 해보라. 국내외에서 나라의 격(格)이 어떻게 그려지겠는가. "나머지는 대강해도···"라는 어법도 국정을 책임지려는 인사의 이야기론 그냥 흘러보내기 힘들다. 노 후보도 이제 말의 무게를 생각할 때가 됐다.

노 후보는 또 검찰이 자신에게 불리한 내용을 슬금슬금 흘리면서 최규선 씨와 십수 회 만났다는 윤여준 의원은 조사하지도 않고 있다면서 "장난치는 것이 아닌지, 노무현을 물 먹이려는 것이 아닌지 의심이 든다"고 했다는 것이다.

이와 관련해 노 후보는 우선 역지사지해 봐야 할 것이다. 지난 몇 년간 정치관련 수사 때 검찰에서 야당에 불리한 내용만 슬슬 흘러 나오고, 소문이 무성한 여당인사에겐 손끝 하나 건드리지 않는 것을 보면서 "검찰 내에 해바라기 세력이 있구나"라고 생각한 적이 있었느냐는 것이다. 그때는 검찰의 태도가 당연했던 것 같고 지금은 음모가 있는 것처럼 생각된다면, 그것은 노 후보 자신의 균형감각의 문제일 수도 있지 않을까.

좋은 말씀이다. 만사에는 '균형감각'이 필요하다. 그런데 남에게 '균형감각'을 주문하는 『조선일보』가 정작 자신의 '균형감각'에 대해서는 아무 고민도 하지 않는다. 비판과 충고를 하려면 누구에게나 골고루 해야 할 것 아닌가. 『조선일보』가 모든 대통령 후보에 대해 '언어생활의 품위'를 검증하는 건 아니다. 자기네가 '조지기' 싫은 정치인은 그보다 더 심한 말을 해도 못 들은 척 넘어간다. 노무현 후보 홍보실은 2002년 6월 1일 홈페이지에 올린 반박문을 통해 바로 이런 점을 신랄하게 찔렀다. 제목은 「'빠순이'는 어디가고 '깽판'만 남았는가?」.

아무래도 '빠순이'보다는 '깽판'이 더 저속하고 품위가 없는 말인가 보다. 이회창 씨의 '빠순이' 발언에는 그다지 놀라는 기색이 없던 『조선일보』가, 노무현의 '깽판' 발언 앞에서는 엄청난 충격을 받은 듯, 연일 목청을 돋우고 있으니 말이다. '격조와 품위' 하면 그래도 『조선일보』가 아닌가!

'깽판'으로 인한 『조선일보』의 충격은 5월 29일자 1면에 그대로 드러나 있다. 이와 관련한 기사가 사이드 톱으로 등장한 것이다. 그 전날의 사이드 톱은 '미국의 전투병 아프간 파견 요청'이, 그 다음 날은 'FIFA회장에 블라터 재선' 소식이 차지했다. 굵직하고 비중이 있는 소식들이다. 그런데 그렇게 비중 있는 지면을 난데없이 대선 후보의 짧은 표현 한마디가 차지한 것이다. 『조선일보』는 아마

이 저속한 용어 때문에 받은 대단한 '충격'을, 이처럼 엄청난 '파격'으로 표현한 듯하다.

노무현의 말이 『조선일보』에게 정말 충격이었을까? 여러 가지 정황을 종합하건대 그렇다. 무엇보다 보름 전 스승의 날 한나라당 이회창 씨의 '삐순이' 발언이 있었을 때 『조선일보』가 보여준 모습이 그 증거다. 그때 『조선일보』는 그 발언에 놀라기는커녕 크게 주목도 하지 않았다. 다음날 인터넷을 통해 이 발언이 화제로 등장하자, 다시 다음날 4면 작은 박스기사로 다룬 것이 고작이다. 그것도 민주당의 문제제기로 논란이 있다는 정도의 내용이었다.

반면 노무현의 '깽판'에 대한 반응은 전혀 달랐다. 노무현의 그 발언을 미처 인지하지 못했었는지, 『조선일보』는 부랴부랴 가판의 기사를 밀어내고 이 기사를 서둘러 사이드 톱으로 뽑았다. 그리고 다음날 숨을 고른 뒤 사설 등을 동원하여 '깽판'을 맹폭했다. 이 폭격은 만물상 등을 통해 지금도 계속되고 있다. 자, 그렇다면 어쩔 수 없이 결론은 하나다. 『조선일보』의 입장에서 '깽판'은, 감히 '삐순이'에 비길 수 없을 정도로 천박하고 저속한 표현인 것이다.

얼핏 생각에 그저 오십보백보처럼 보이는 이 두 표현을, 그처럼 다른 느낌으로 받아들이는 『조선일보』의 잣대는 무엇일까? 두말할 것도 없이 문제의 발언을 한 장본인에 대한 생각과 입장의 차이이다. 이회창 씨에 대한 동류의식이고 노무현에 대한 적대의식이다. 자기 자식이 말썽을 부리면 아무 소리도 안 하다가 남의 자식이 말썽을 부리면 바로 '버릇없는 놈' 하고 욕설을 내뱉는 일부 '몰지각한 부모'의 오만과 독선, 그리고 끝없는 횡포와 같은 것. 그 이상도 그 이하도 아니다. 그것은 '공정'을 지향하는 언론의 자세가 아니다.

정치인은 말을 많이 한다. 말을 많이 하다 보면 실수도 있기 마련이다. 실수가 보도되는 것 또한 충분히 있을 수 있는 일이다. 큰 실수는 크게, 작은 실수는 작게 보도하면 된다. 문제는 균형을 맞추는 일이다. 적어도 똑같은 잘못에는 똑같은 대응을 할 줄 아는 감각이 있어야 '공정'과 '정론'을 말할 자격이 있는 것 아닐까?

『조선일보』의 '균형감각'에 비추어 보면 '깽판'은 노무현의 천박함을 드러내는 증거다. 그러나 '빠순이'는 서민에게 다가서려는 이회창의 눈물겨운 노력의 증거일 뿐이다. 『조선일보』의 '균형감각'은 매우 특별하다. 이회창은 봐주거나 '빨아주고' 노무현은 생트집을 잡아서라도 사정없이 '조지는' 것이 『조선일보』의 '균형감각'이다. 같은 술자리 발언도 『조선일보』는 예의 그 '균형감각'에 따라 다르게 처리한다.

2002년 4월 이인제 진영이 제기한 '동아일보 폐간과 언론사 국유화 발언' 논란 때 『조선일보』가 노무현을 어떻게 '조졌는지' 다시 말할 필요는 없을 것이다. 『조선일보』는 노무현 본인이 강력하게 부인하고 술자리에 있었던 기자들 역시 분명한 증언을 내놓지 못한 일을 가지고, 이인제의 주장을 사실처럼 만드는 기사를 1면 톱으로 내보냈다. 그것을 사실처럼 전제하고 노무현을 비난하는 외부 필자 칼럼과 사설을 실어 융단폭격을 퍼부었다. 그러나 이회창의 술자리 발언은 그보다 훨씬 끔찍하고 심각하며 명백하게 사실로 입증되었는데도 오로지 침묵으로 일관했다. 노무현이 그런 말을 했다면 아마 뼈도 추리지 못했을 것이다. 『월간중앙』 2002년 6월호에 『중앙일보』 정치전문기자 이연홍이 뒤늦게 그 전모를 공개했다. 다음은 「정치인과 술자리 실언」이라는 기사의 관련 부분이다.

> 술자리 실언은 정치인이라면 누구나 한번쯤 경험했음직하다. 한나라당 이회창 후보도 마찬가지다. 1997년 선거 때의 일이다. 그가 여당의 대통령 후보로 확정된 직후였다. 당시 이 총재는 여당을 출입하는 차장급 기자들과 신고식을 겸한 술자리를 가졌다. 서울 소공동 롯데호텔 지하 1층의 '상해'라는 중식당이었다. 그곳에는 매·란·국·죽이라고 이름 붙인 몇 개의 룸이 있었다.
>
> 우연이었는지는 모르지만 이 총재측은 당시 죽실을 예약했다. 이 총재가 한창 '대쪽'으로 불리던 시절이었다. 이 총재는 무슨 술을 시킬까 하고 기자들에게 물었다. 한 기자가 "대쪽(이회창 후보)이 죽실을 예약했으니 '죽엽청주'가 어떠냐"고 물었다. 이 총재도 좋다고 해서 50도짜리 죽엽청주를 시켰다. 보통 독한 술이 아니었다. 얼마 뒤 누군가가 폭탄주를 마시자고 제의했다. 폭탄주용 양주를 따로 시키려 했지만 어떻게 하다 보니 이 총재는 죽엽청주로 폭탄

정치전문기자 **이언홍의 취재수첩**

정치인과 술자리 失言

이회창의 '창자 발언'은 입을 열 수 없을 만큼 충격적이었던 모양이다. 당시엔 어느 신문도 그 발언을 보도하지 않았다. 『월간중앙』 2002년 6월호.

주를 만들고 있었다. 보통 폭탄주보다 두 배는 독했다.

세 잔째인가 돌았을 때였다. 한 언론사 기자에게 이 총재가 말했다.

"내 기사 똑바로 써줘. 그렇지 않으면 재미없어."

순전히 농담이었다. 그 기자도 말을 받아 농을 던졌다.

"그런 식으로 하면 대통령 안 돼요." 필자를 비롯해 옆에 있던 기자들 모두 웃었다. 이 총재의 농담은 계속됐다.

"잘 쓰라고. 그렇지 않으면 내 자네 창자를 뽑을 거야."

옆에 있던 한 기자가 "아이구 무서워라"고 했고 다른 기자가 "몸조심하자"고 거들었다. 그리고 1년여가 지난 뒤였다. 한 월간지가 그

때의 일을 보도했다. 정색하고 문제를 삼았다. 틀린 지적은 아니었다. 만약 미국이었다면 분명 대서특필됐을 것이다. 집권당의 대통령 후보가 그런 말을 한 것 자체가 엄청난 뉴스다. 미국식 시각에서 보면 폐간 운운보다 더 심각한 발언일 수 있다. 그러나 당시 현장에 있던 20여 명의 기자들 누구도 그것을 보도하지 않았다.

당시 상황을 더 자세히 알고 싶은 독자들은 월간 『말』 2000년 7월호에 정지환 기자가 쓴 「창자를 뽑아버리겠다, 이회창 발언은 사실」이라는 집중취재 기사를 읽어보시라. 『디지틀 말』에서 검색할 수 있다. 기자들은 이회창의 '창자 발언'에 대해 정보보고를 올렸지만 어떤 신문도 보도하지 않았다. 『조선일보』도 예외는 아니었다. 그러나 문제는 여기서 끝나지 않는다. 이회창은 이미 여러 차례 이런 말을 한 적이 없다고 거짓말을 했다. 가장 명시적으로 거짓말을 한 것은 『딴지일보』와의 인터뷰에서였다.

2002년 5월 관훈클럽과 방송기자클럽 토론에서 이회창은 처음으로 '창자 발언'을 공개적으로 해명했다. 패널들이 빙빙 돌려서 한 질문에 대해 그는 기자들과의 술자리에서 '막말'을 한 사실이 있음을 인정했다. 그러나 "불리한 기사를 쓴 기자는 용납하지 않겠다"는 뜻은 없었고 "싸우면서 한 말도 아니었"으며 "농담으로 한 말로 그리 심한 발언이라고 생각하지 않는다"고 말했다. 앞서 인용한 『월간중앙』 기사가 이미 시장에 깔린 시점이었고, 공개적인 텔레비전 생

방송 토론이었던 만큼 거짓말을 했다가는 뒷감당을 하기 어렵겠다고 생각했을 것이다.

어쨌든 이회창은 그런 '살벌한 농담'을 했다. 그가 대통령이 된다고 해도 정말로 기자의 '창자를 뽑아놓을' 수는 없기 때문에 이건 어디까지나 농담으로 봐줘야 할 것이다. 그런데 아무 뜻 없는 농담이었다면 왜 그는 의혹이 제기된 지 몇 년이 지나도록 사실 그 자체를 부정했을까? 누가 물어보지 않았다면 모르겠지만 분명히 물어본 사람이 있다. 그때 이회창은 그런 말을 한 적이 없다고 했다.

이런 걸 안면 몰수하고 물어볼 만한 언론인은 대한민국에서 『딴지일보』 김어준 총수밖에 없다. 김어준의 「대선후보 (궁금증) 일망타진 이너뷰」는 정치인 인터뷰의 최고봉이다. 이렇게 재미있고 무지막지하며 핵심을 찌르는 인터뷰는 다른 언론매체에서는 볼 수 없다. 김어준은 2001년 1월 9일 오후 4시, 여의도 부국증권빌딩 11층, 이회창 당시 한나라당 총재의 후원회 사무실에서 이 인터뷰를 했다. 참모가 넷 배석했고 녹음도 했다. 관련 발언을 발췌해서 옮겨본다.

김어준: 97년 대선 당시, 신문 방송 기자 모임 자리에서 기자 두 명이, 이건 별로 하고 싶지 않으신 말씀이겠지만….

보좌관: 격한 말씀 하셨던 걸 말씀하시는 거죠?

김어준: 아, 예, 뭐. 창자를 씹는다는 창자론도 거론되고.

이회창: (크게) 에이고! (웃음)

대통령 후보가 언론 인터뷰에서 거짓말을 했는데도 어느 신문 하나 문제삼지 않는다. 혹시 창자를 뽑힐까 봐 무서워서? 『딴지일보』 2001년 1월 15일.

김어준: 씨를 말린다는 표현도, 뭐 그런 말을 하셨다는데.

이회창: 나한테 직접 그 말을 들었다고 한 사람이 있습디까? 허허…….

김어준: 직접 듣진 않았는데 그 자리에서 그랬다고 하더라고 하는…….

이회창: (작게) 에이고……. (웃음)

김어준: 전혀 사실무근입니까?

이회창: 전혀 없어요. 근데, 그 당시는 우리가 신한국당에 이른바 그 칠룡 팔룡 구룡 해가지고 경선 후보들이 많이 있었고, 서로간의 그런 어떤 비방하는 말 같은 것들을 하고 다니니까 경계를 했습니다.

그런 과정에서 그런 얘기가 한 번 언론에 나오고, 나도 그걸 보고 그런 말이 나온 걸 알았는데. 그런 식의 표현은 한 적이 없습니다.

김어준: 그러니깐, 비슷하게 오해할 말 같은 것도 없었다?

이회창: (고개를 흔들며) 그런 기억이 없는데…….

김어준: 그 이야기 듣고 저희는 뭐, 곱창을 좋아하시는 줄 알았습니다.(웃음)

이회창은 『딴지일보』에 거짓말을 한 것이다. 이 인터뷰는 지금도 『딴지일보』에 걸려 있다. 그런데 공당의 대통령 후보가 사석도 아닌 언론 인터뷰에서 거짓말을 한 것이 명백한데도 문제삼는 신문이 없다. 『조선일보』도 잠잠하다. 이상하다. 사실로 입증되지도 않은 노무현의 술자리 발언을 가지고 그렇게 난리를 쳤던 『조선일보』의 그 '균형감각'은 어디로 갔나. 『조선일보』는 앞으로도 같은 태도를 보일 것이다. 노무현을 경박하고 품위 없는 정치인으로 묘사하는 데 쓸모 있는 발언은 대서특필하고, 이회창에게 불리한 발언은 무시하고 넘어가는 것이다. 독자 여러분이 노무현이라면 가만히 참고 있으시겠는가.

지도자의 발언은 품위가 있는 게 좋다. 그러나 시장통의 언어를 즐겨 쓰는 것이 대통령 결격사유가 되는 건 아니다. 『조선일보』는 『한국일보』 박래부 논설위원에게서 '균형감각'이 무엇인지를 새로 배워야 한다. 다음은 2002년 7월 10일 『한국일보』에 실린 「위악은 위선보다 안전하다」는 칼럼의 일부다. 지면 사정 때문에 전문을 소개하지 못해 안타깝다.

민주당 노무현 대통령 후보가 독특한 어법으로 남북관계를 역설하다가 혼이 났다. 정당연설회에서 "남북대화 하나만 성공시키면 다 깽판 쳐도 괜찮다"고 말했다가 언론의 집중 포화를 맞은 것이다. 언론들은 그의 비속어 사용을 장기간 강도 높고 집요하게 비판했다. "대통령 후보가 뒷골목 말을 해서야…"하는 식의, 이성보다는 감성을 앞세운 비판일수록 대중적 설득력을 갖는다. 그 말은 사실 민망하고 부적절한 표현이었다. 그러나 그것이 전부는 아니다. 격식을 따지는 형식상의 비판이 남북문제의 중요성을 강조하고자 하는 말의 본질을 흐려서는 안 된다. 강조법적 수사학을 위악적으로 동원한 그 말은 남북관계의 성공에 대한 의지와 집념, 진정성을 강조해서 전달하고자 한 것으로 보아야 한다.

결과론적으로 서해교전 후의 상황을 보면, 그가 우려한 대로 남북의 평화구조는 허약하기 이를 데 없고 순식간에 긴장의 살얼음이 깔린다. 위험하기 때문에 더 경계해야 할 것은 위악이 아니라 위선이다. 정치인에게는 품격으로 포장된 미사여구보다 창조적인 사고와 실천 의지가 더 값지다. 점잖은 화법으로 치면 최근 구설수에 오른 한 국회의원을 따라갈 사람이 없을 것이다. 그는 『주간한국』에서 "우리나라도 명문학교를 나온, 좋은 가문 출신의, 훌륭한 경력을 지닌 사람이 대통령이 돼야 한다"고 말했다가 비난을 받았다.

장욱진은 도저한 정신의 자유를 추구했던 화가다. 세상에 대한 통찰력도 탁월했던 그는 겸손-교만-죄의 관계를 이렇게 갈파하고 있다. "나는 심플하다. 때문에 겸손보다는 교만이 좋고 격식보다는 소탈이 좋다. 적어도 교만은 겸손보다는 덜 위험하며, 죄를 만들 수 있는 소지가 없기 때문에 소탈은 쓸데없는 예의나 격식이 없어서 좋은 것이다."

'우리가 남이가' 라는 다정한 말이 얼마나 지역감정을 조장하며, '북한 퍼주기' 라는 말은 어떻게 남북관계를 왜곡하고 있는가. 거친 비속어보다 비수를 품격으로 은폐한 말이 더 위험하다. 우리는 위장된 말로 반민주적 편견을 조장하거나, 평화를 위협해서는 안 된다. 교언으로 냉전시대로의 복귀를 속삭여서도 안 된다. 이성적 언어로 평화를 얘기해야 한다.

노무현은 빨갱이?

『조선일보』는 극우신문이다. 일제시대 '천황폐하 만세' 를 부른 것은 강요를 못 이겨 한 일인지 모르겠지만, 박정희와 전두환을 찬양한 것은 자발적인 행위로 보는 게 적절하다. 『조선일보』는 내놓고 북한을 적대시하지 않는 모든 정치인과 지식인을 '사상이 불건전'

하고 '국가관이 투철하지 않다'고 의심한다.

앞서 말한 것처럼 『조선일보』는 한완상·김정남·최장집·이장희·이석현 등 진보적인 학자와 정치인들에게 '사상검증'의 덫을 씌워 '혁혁한 전과'를 올린 바 있다. 1994년 북한 김일성 주석이 사망했을 때 김영삼 정부에게 조문 의사를 물었다가 뭇매를 맞았던 한나라당 이부영 의원도 이 목록에 덧붙여야 할 것이다. 『조선일보』가 햇볕정책의 계승을 약속한 노무현을 사상검증의 대상으로 삼는 것은 너무나 당연하다.

그런데 노무현을 붉게 채색하는 게 결코 간단한 일은 아니다. 얻어맞아도 입 다물고 참는 스타일이 아닌데다가 그 사이 세상이 많이 변하기도 했다. 김대중처럼 해방공간에서 사회활동을 한 것도 아니요 일본이나 유럽 등 '북한 공작원'과 접촉할 수 있는 지역에 체류한 적도 없다. 더욱이 재야 민주화운동 출신이기는 하지만 김근태나 이부영처럼 대학가 이념서클에서 좌파 서적을 탐독한 경력도 없다. 지식인 냄새가 없으며 외모도 '소박'해서 '불온한 사상가' 이미지를 씌우기가 매우 어렵다.

『조선일보』는 몸조심을 한다. 노무현을 사상적으로 공격하는데 만만치 않은 정치적 법률적 위험이 따르기 때문이다. 이인제를 비롯한 정적들이 사망한 장인의 좌익전력을 거론하거나 노동현장에서 한 발언 가운데 과격해 보이는 것을 끄집어낼 때, 그 주장을 제목으로 뽑아 큼직하게 보도하는 게 고작이다. 하지만 『조선일보』에는 '새끼매체'가 있다. 『월간조선』과 『주간조선』이다. 이들 새끼매체는 부상 위험이 높은 기동전을 기꺼이 떠맡는다. 그리고 그 선봉에는 『월간조선』 사장이자 편집장인 조갑제가 있다.

2002년 7월 10일 저녁 서울 신라호텔에서 출판기념회가 하나 열렸다. 책의 제목은 『오! 대한민국 누가 지키리』, 저자는 해방공간에서 반탁운동의 기수였고 1970년대 신민당의 리더였던 자칭 '대한민국 보수의 대부' 이철승이었다. 7월 11일 『오마이뉴스』에서 최경준·이종호 기자는 이 책의 내용 가운데 관심을 끄는 대목을 이렇게 요약해 주었다.

이 전 의원은 「노무현 후보는 김대중과 김정일의 합작품」이라는 제목의 글에서 "노무현은 그간의 과격하고 너절한 언동으로 보아 해방 당시 무지막지한, 경우 없는 공산당 망령을 보는 것 같은 인상을 주고 있다"며 "노무현을 보면 해방 당시 붉은 띠를 두르고, 붉은 깃발을 들고 다니던 빨갱이들의 말과 행동이 똑같다"고 '색깔론'을 제기했다.

그는 또 노무현 후보가 대선 후보로 확정되자마자 자신의 장인의 묘를 찾은 자리에서 "어쨌든 좌우로 갈라 싸운 사람 모두가 시대와 역사의 피해자였다"고 말한 것을 두고 "김일성이 일으킨 6·25 남침 전쟁을 조국통일 전쟁으로 묘사하고, 4·3폭동, 여순반란사건을 가해자도 피해자도 없는 민중항쟁으로 보는 친북 주사파의 궤변을 그대로 대변한 것"이라며 "김일성 사관과 맥락을 같이 한다"고 몰아세웠다.

이 전 의원은 특히 "노사모(노무현을 사랑하는 모임)가 『조선일보』를 '조폭언론' 운운하며 까부수겠다고 설치는 것은 일찍이 '조선일보를 폭파' 하라는 북의 지령에 따른 것으로, 이것 역시 노무현의 사상성을 대변한다"며 노 후보에 이어 노사모에까지 색깔론을 제기해 논란이 예상된다. 그는 이어 "노무현이 이러한 사상적으로 문제가 있음에도 불구하고 어떻게 민주당의 대선 후보가 될 수 있었느냐"며 "거기에는 철저하게 김대중과 김정일의 음모가 도사리고 있다"고 '음모론'을 주장했다.

세상 정말 요지경이다. 김대중과 노무현을 친북이라고 비난하는 책이니 한나라당 이회창 후보가 이 출판기념회에 참석한 건 별로 이상한 일이 아니다. 한나라당의 자칭 '원조보수' 김용갑 의원이나 하순봉 · 강창희 최고위원, 이상득 사무총장, 신경식 대선기획단장, 권철현 의원, 양휘부 언론특보 등이 자리를 지킨 것도 자연스럽다. 그러나 김대중 대통령이 축하난을 보낸 건 너무했다. 김대중과 청와대 참모들은 정말이지 간도 쓸개도 없는 사람들이다. 민주당 한광옥 최고위원과 신낙균 의원, 김태식 국회부의장도 마찬가지다. 아무리 개인적인 친분이 있다고 해도 노무현 후보 정치고문인 김원기 의원까지 얼굴을 내민 건 또 뭔가.

어쨌든 이날 행사의 백미는 조갑제『월간조선』편집장의 축사다. 그의 말은『조선일보』의 새끼매체인『월간조선』의 편집방침을 적나라하게 보여준다. 보라. 앞서 인용한『오마이뉴스』최경준·이종호 기자가 보도한 내용이다.

내 나이가 축사를 하기에는 아직 어리다. 그러나 10년 뒤에 이철승 선생의 구순(90세) 잔치는 아마 서울이 아니라 평양에서 하게 될 것이고, 그때 또 같이 하겠다. 금수산 궁전에서 관광지가 된 김일성 시신을 치우고 그 자리에서 구순 잔치를 하기 바란다.

이 책의 요점은 '애국이냐, 반역이냐'이다. 이 책은 '대한민국 편이냐, 김정일 편이냐'라는 선택을 모두에게 강요하고 있다. 나는 보수와 진보로 가르는 것을 맞지 않다고 생각한다. 이렇게 가르는 것은 통일 이후에나 의미가 있다. 지금은 이념적으로 대립한 상태이기 때문에 이념과 국가가 기준이 된다. '애국이냐, 반역이냐'로 가르는 것이 맞다. 이 책에서는 '김대중, 당신은 애국이냐 반역이냐'를 묻고 있다.

쉽게 말하자. 김대중 정권은 친북좌파 정권이다. 이 정권을 지지하거나 연장하려는 것은 '김정일 편'을 드는 반역행위다. 노무현은 '김정일 편'이고, 그를 지지하는 것은 대한민국을 반역하는 범죄다. 좌파정권을 끝내려면 이회창 후보가 대통령이 되어야 한다. 이회창

親北 좌익 400만 시대 한국의
保守세력은 무엇을 할 것인가

공부도 행동도 하지 않는 보수세력은 고생을 더 해 봐야 한다. 노예근성, 참녀의식을 청산하지 못
하는 기회주의적, 守舊的 보수세력이 한국 사회의 거대한 죄회전물 막을 수는 없다

趙 甲 濟 月刊朝鮮 편집장 (mongol@chosun.com)

한반도의 분단은 민족이 달라서가 아니라 이념이 달라서 일어난 것입니다. 정
치 理念은 우리가 어떤 방식의 삶을 선택할 것인가를 결정해 줍니다. 理念으
로 분단된 南北은 6·25 남침 전쟁으로 적대관계가 되었습니다. 이념이 다
르면 同族이라도 敵이 되는 조건 속에서의 삶은 통일 때까지 계속될 것입니다. 이 조건
을 무시하려는 사람이 있습니다.

그들은 말합니다. '남은 이념 논쟁을 벌일 때가 아니다.'라고. 이념논쟁을 색깔론이
라고 폄하하는 이런 사람들은 조국의 현실을 모르는 夢想家이든지, 그렇게 말하면 자
신이 양식 있는 사람으로 보일 것이라고 생각하는 위선자이든지, 이것도 저것도 아니
면 이념 논쟁을 할 경우 正體가 드러날 것을 두려워하는 僞裝 세력일 것입니다.

이념 논쟁은 虛理空論이 아닙니다. 그것은 우리의 삶과 공동체의 死活을 결정하는
치열한 현실 문제입니다. 主敵 金正日 정권과 북한군의 위협에 노출된 한국에서는 親
北이 이념의 흔적이나 영향을 받은 사람이 대통령로 당선되는 것은 국가적 자살행위이
기 때문에 선거판에서의 이념논쟁은 그 어떤 경우보다도 치열해야 합니다.

金正日이 손에 피를 묻히지 않고 대한민국을 먹어치우는 방법은 민주주의자, 개혁
주의자, 민족주의자로 위장한 親北파의 인사를 대통령에 당선시켜 국군, 검찰, 경찰,
國情院, 국세청 등 공권력을 장악하게 하는 것입니다. 金正日과 金대중이 이 방향으로
對南공작을 해오지 않았다고 믿는 순진한 사람들이 있다면 그는 남태평양의 섬 나라에
가서 사는 것이 좋을 것입니다.

남북 이념 대결은 외국을 상대로 한 대결이 아닙니다. 同族을 상대로,한 대결이란 점
이 상황을 더욱 살벌하게 만듭니다. 즉, 남북대결의 본질은 '민족사적 정통성과 삶의
방식을 놓고 싸우는 타협이 불가능한 총체적 권력투쟁,'인 것입니다.

이념투쟁도 살벌한데 어느 정권이 민족의 嫡子나 庶子나의 싸움까지 겹쳐 있으므로
남북관계는 한쪽 체제가 다른 체제에게 먹힐 때까지 치열하게 계속될 수밖에 없는 운
명인 것입니다.

'남북화해의 시대? 빨간칠은 계속되어
야 한다. 쭈~욱.' 『월간조선』 2002년
5월호.

후보를 돕는 것은 대한민국을 지키는 애국행위다. 대충 이런 이야기
가 되겠다.

　　그러면 조갑제가 『월간조선』을 통해서 얼마나 뜨겁게 애국을
하는지 살펴보자. 그는 『월간조선』 2002년 5월호 '편집장의 편지'에
서 자기 나름의 '친북좌익 구별 비법'을 공개했다. 하나도 새로울 것
없는 조갑제의 다섯 가지 '비법'을 보라.

1. 대한민국의 민족사적 정통성을 부인하는 사람은 친북좌익입니다.

2. 주한미군 철수를 주장하는 사람은 친북좌익일 가능성이 높습니다.

3. 고려 연방제 통일방안에 찬성하는 사람은 친북좌익입니다.

4. 국가보안법 철폐를 주장하는 사람은 친북좌익일 가능성이 있습니다.

5. 북한군의 만행과 김정일에 의한 북한 주민 도륙에 대해 침묵하면서 국군과 미군의 잘못만 지적하는 사람은 친북좌익일 가능성이 있습니다.

노무현은 한때 미군철수 주장이 포함된 시민단체 성명서에 이름을 건 적이 있다. 노무현은 국가보안법을 폐지하고 필요하면 대체입법을 하자는 소신을 피력했다. 노무현은 김정일을 공개적으로 욕한 적이 없다. 따라서 노무현은 친북좌익이다. '편집장의 편지'는 그래서 이렇게 이어진다.

노무현 씨의 행태는 반대 세력에 의하여 '급진 좌파'로 불려지고 있습니다. 그는 한때 주한미군 철수에 동의했고 지금도 국가보안법 폐지를 주장하고 있으며 통일한국의 정치체제가 무엇이어야 하고 북한을 주적으로 볼 것인가에 대해서 명확한 태도 표명을 유보하고 있습니다. 북한 정권과 대한민국을 등가로 보고 있다는 비판도 받았습니다. 이러한 노무현 씨의 언동을 전형적인 좌파적 행태로 규정하는 사람들은 이인제 씨만은 아닙니다.

헌법을 수호해야 할 대통령이 만약 국기와 관련된 핵심 사안에 대해서 모호한 태도를 취하고 북한 정권의 눈치를 본다면 대통령이 되어선 안 됩니다. 북한군을 주적으로 보는지 않는지에 대해서 모호한 태도를 취하는 사람도 북한군과 대결하고 있는 국군의 통수권자가 되어선 안 됩니다. 헌법 정신은 그러한 사람의 대통령 취임을 거부하고 있다고 해석해야 할 것입니다.

우리 사회의 약 10%로 추정되는 친북좌익 성향의 세력이 지지하는 후보가 대통령이 되는 것은 국가적 위기를 부를 것입니다. 그 후보는 대통령으로 당선된 뒤 친북좌익 세력을 중용할 것이고 그렇게 되면 정권 심장부 안에 김정일을 추종하는 반역세력이 포진하게 되기 때문입니다.

조갑제는 "정권 심장부 안에 김정일을 추종하는 반역세력이 포진" 하는 비극을 막기 위해 노무현의 대통령 당선을 적극 저지하려 한다. 그에게는 이것이 애국이다. 그래서 『월간조선』에는 조갑제식의 애국론에 동조하는 사람들이 등장해 노무현을 사상적으로 매질한다. 하도 많아서 다 소개할 수 없으니 몇 가지만 보여드리겠다.

『월간조선』 2002년 5월호는 「창원군 진전면 치안대 사건의 진

'빨간 노무현 만들기.' 『월간조선』 2002년 5월호.

실」이라는 기사를 실었다. 노무현의 장인이 관련되었던 사건이다. 이어 6월호를 노무현의 장인 관련 기사로 도배했다. 이 문제에 대한 노무현 부부의 발언록을 간단하게 요약한 것을 한 꼭지 내보낸 다음 「노무현 부인측 설명은 사실과 다르다」, 「학살당한 유족들이 노무현-권양숙 부부에게 보내는 공개 편지」, 「노무현 후보의 장인 권오석 씨의 양민 학살 가담-현장 목격자들의 증언」 등 엄청난 분량의 집중취재 기사를 내보냈다.

이 기사를 통해 『월간조선』이 전하려는 메시지는 명확하다. '노무현의 장인은 양민학살을 주도했다' '노무현 부인 권양숙은 어린 시절 아버지에게서 사상적 영향을 받았다' '노무현은 장인에게 학살당한 사람과 유족들에게 사죄하는 마음이 없다' '그런 사람이 대통령이 되면 나라가 위험하다' 이런 것이다. 『월간조선』 기자들 정말 대단하다. 읽는 사람의 가슴에 분노의 불을 지피기 위해 최선을 다해 절절한 감동이 묻어나는 문장을 구사했다.

유족들을 격앙케 하는 것 중 하나가 노 후보측의 "맹인이었던 권오석 씨가 부역을 했으면 얼마나 했겠느냐"는 주장이다. 변백섭 면장과 8촌간으로 함께 학살당한 변회섭 씨의 장남 재웅(63) 씨는 "당시 나는 아버지와 下면장이 갇혀 있는 치안대 본부에 있었다"면서 "권오석 씨가 장님이었기 때문에 그가 주도적으로 학살을 준비하는 현장에 있었음을 생생하게 기억하고 있다"고 말했다.
학살당한 변백섭 면장의 한 딸은 절규하듯 기자에게 이렇게 물었다. "학살당한 피해자들에게 미안하다는 말 한마디는 해야 할 것 아닙니까. 양민을 학살한 데에 대한 사과의 말 한마디 없이 어떻게 '우리도 피해자'라고 할 수 있습니까. 살인한 죄인의 묘를 쓰면, 유족들은 피해자들의 눈을 피해 밤에 몰래 성묘를 합니다. 백주 대낮에 당당하게 온 국민이 보라고 학살 주범의 묘를 찾아도 되는 겁니까."

유족 대표 변재환 씨도 노무현-권양숙 부부에게 보내는 공개편지에서 노무현을 비난했다.

사위가 사랑하는 아내의 아버지 묘소를 참배하는 것을 이상하게 여길 사람도 없고 시비 걸 사람도 없다. 기쁜 일이든 슬픈 일이든 큰 일이 있으면 조상의 영혼에 알리는 것이 우리의 미덕이고 미풍양속이다. 그러나 노무현 후보가 장인의 무덤을 찾은 것은 보통 사람의 조상 성묘와 다르다.

노 후보가 필부가 아닌 대통령 후보이기 때문이고, 묘소의 주인공이 6·25 때 인민위원회 부위원장으로서 양민 학살을 주도한 죄로 무기징역을 받고 옥사한 사람이기 때문이다. 노무현 후보가 장인의 묘소를 찾은 것은 보통 사람의 경우와는 달리, 여당의 대통령 후보로 당선되어 자유민주주의를 국가 이념으로 삼고 있는 대한민국의 대통령이 되려는 사람이, 우리의 민주 국체와 정반대의 사상을 가지고 우리나라를 유린한 인민군의 힘을 빌려 양민을 학살한 사람의 무덤을 참배한 의미가 포함되어 있다.

『월간조선』의 사상 공세는 7월호에도 그대로 이어진다. 이번에는 외부 필자의 시론이다. 오스트리아와 필리핀 등에서 대사를 지낸 외무관료 출신 이장춘의 「한국의 정체성은 무엇인가」라는 글이다. 뻔한 이야기지만 참고로 조금만 소개한다.

지난 4년 동안 '햇볕'의 간판을 걸고 한국의 정체성을 헝클어놓은 김대중 정권의 정치캠프를 이어받아 금년 12월 대선에 출마할 새천

년민주당 노무현 후보가 만들어내고 있는 '노풍의 눈'은 한국의 정체성 '변조'를 노리는 기미가 완연하다.

노 후보는 "통일 이후 체제를 자유민주주의로 해야 한다든가, 남북회담의 과정에서 정체성을 유지해야 한다든가 하는 소모적인 체제논쟁을 그만둬야 한다"고 대단히 직설적으로 '정체성 모독'의 운을 떼우더니 가히 그 본색을 아찔하게 드러냈다. (⋯)

정체성 '변조' 드라마는 소위 노풍이 불면서 본격화되었다. 민주당 대통령 후보를 뽑는 소위 국민경선에서 이인제 씨를 중도 사퇴시키고 노무현 씨를 당선시킨 것은 '정치공학'의 절묘한 응용결과였다. '정체성 모독'에 박수를 함께 쳐주고 '깽판 망언'에 함성을 함께 내어주는 엑스트라(extras)를 채용하지 않고는 가능할 수 없었던 그런 성공작이었다.

통일지상주의의 낭만과 민족주의의 신화를 부채질해 대선에서 대박을 터뜨리려는 기세다. '햇볕'의 후광이 끝날 무렵 김정일 답방소리가 다시 나오고 있다. 그가 과연 답방하여 남북드라마 제4막에 출연할 것인지? 그의 출연이 김대중 정권의 재창출에 기여할 수 있을지? '노풍' 제조 기술자들은 한국의 정체성에 아랑곳하지 않고 김대중 권력의 마지막 시나리오를 한사코 펼치려 한다.

노무현, 참 마음도 넓다. 나 같으면 벌써 명예훼손 소송을 걸었을 것 같다. 정체성 변조니 뭐니 전직 대사 티를 내느라고 어려운 말을 가져다 써서 그렇지, 내용은 순전히 노무현이 대한민국의 정체성을 변조하려는 빨갱이라는 이야기다. 이런 종류의 『월간조선』 기사에 신경을 쓰지 않는 걸 보면 노무현은 『월간조선』 구독자들에게 표얼을 생각을 아예 포기한 것처럼 보인다. 어쨌거나 노무현을 벌겋게 칠하는 『월간조선』 특유의 '애국행위'는 이제부터 12월까지 절정을 이룰 것이다.

노무현은 김대중의 양자?

노무현은 음모론과 색깔론, 언론관 공세의 거센 흙먼지를 극복하고 민주당의 대통령 후보가 되었다. 2002년 4월 노무현 지지도는 한때 이회창 지지도의 두 배를 기록했다. 부산 경남은 물론이요 대구 경북에서도 노무현 바람이 불어 영남에서도 맹렬한 추격을 벌였다. 영호남이 함께 노무현을 지지할 경우 12월 대선의 승패가 어찌될지는 삼척동자도 예상할 수 있는 것이다. 노무현 대통령의 탄생을 저지하려는 세력으로서는 최악의 상황이다.

경선이 끝나면서 한나라당은 노무현과 김대중을 묶어서 공격하는 전략을 선택했다. 대통령 아들 비리가 연이어 터지는 상황에서는 가장 효과적인 전략이다. 『조선일보』는 노무현의 어법을 집중적으로 공격하는 동시에 한나라당의 '부패정권 청산론'을 적극 지원했다.

김대중 정권의 무능과 부패를 비판하는 것은 언론기관으로서 당연히 해야 할 일이라는 점에서 충분히 명분이 서는 일이었다.

만약 노무현이 '김대중의 양자'라면 국민들로서는 그를 지지하기 어렵다. 국민들은 노무현이 김대중이 잘한 것은 계승하되 잘못한 것은 비판 시정하기를 원하기 때문이다. 만약 김대중의 지원을 받아 호남지역 표를 확보하기 위해서 김대중이 잘못한 일조차도 덮어준다면 노무현은 '김대중의 양자'라고 할 수 있다. 그런데 문제는 노무현에게 이런 부정적 이미지를 씌우기 위해『조선일보』가 동원하는 논거가 무엇이냐는 것이다. '김대중 양자론'을 뒷받침하는 가장 강력한 논거는 김대중이 배후조종해서 노무현을 민주당 후보로 만들었다는 이른바 '음모론'이다.『조선일보』는 정치적 감각이 뛰어난 신문이다. 노풍이 막 불기 시작한 시점에서『조선일보』는 '김대중 양자론'의 토대를 구축하기 위해 노력했다. 음모론을 퍼뜨리기 시작한 것이다.

민주당 경선에서 음모론을 제기한 것은 이인제 진영이다. 2002년 3월 16일 광주 경선에서 치명적인 패배를 당한 이인제 진영은 '보이지 않는 손'이 작용하고 있다고 주장했다. 그러나 이인제가 공식적으로 문제를 제기하기 이전에 언론이 먼저 씨를 퍼뜨렸다. 내가 파악한 바에 따르면, 맨 처음 '보이지 않는 손' 논란을 제기한 것은 2002년 3월 20일『중앙일보』김진국 기자가 쓴「노무현 바람에 김심 실렸나」라는 기사였다. 김진국은 실명을 밝히지 않는 채 '민주당 일각'에서 의혹을 제기했다는 풍문성 기사를 썼다.

19일부터 민주당 일각에서는 대선 후보 경선에 '김심(김대중 대통령의 뜻) 개입설'이 제기되기 시작했다. 노무현 후보가 돌풍을 일으키고, 김근태·유종근 후보에 이어 19일 한화갑 후보까지 사퇴했으며, 광주에서는 영남 출신인 노 후보에게 지지표가 몰린 것 등이 이유가 됐다. 경선구도가 이처럼 예상치 못한 방향으로 흐르는 배경에는 '보이지 않는 손'이 있는 게 아니냐는 것이다.

이런 의혹을 가장 먼저 제기한 사람은 검찰에 구속된 유종근 후보다. 그는 후보를 사퇴하면서 "권력 실세에게서 후보 사퇴 압력을 받았다"고 주장했다. 또 한 후보의 사퇴도 예고했다. 특정 후보를 민주당 후보로 내세우기 위해 경선을 조작하고 있다는 시나리오를 내놨다. 유 지사의 '점괘'대로 한 후보가 사퇴하자 이인제 후보 진영은 바짝 긴장했다. 김심 개입설이 조심스럽게 흘러나왔다.

한 참모는 울산 경선 직후부터 시작된 방송사의 여론조사 결과 보도에 의혹의 눈길을 보냈다. '노 후보가 한나라당 이회창 총재를 이길 수 있다'는 메시지가 담긴 여론조사가 나온 게 과연 우연이겠느냐는 것이다. 비슷한 결과가 최근 3개 방송사에서 집중되고, 심지어 이인제 후보가 유리한 것으로 알려진 강원도에서조차 노 후보에게 유리한 결과가 나온 것도 심상치 않다는 게 이 후보측 판단이다. 경선 분위기를 한쪽으로 몰아간다는 의심이다. 의심은 또 있다. 지난 10일 울산 경선에서의 선거운동을 문제삼아 당 선관위가 이 후보를 경고했다. 이 후보의 핵심 참모인 김운환 전 의원은 경선 중에 부산 다대·만덕 지구 택지전환 의혹사건에 연루된 혐의로 전격 구속됐다. 여론조사의 힘을 입은 노 후보가 바람을 일으키는 것과 정반대로 이 후보에게는 악재만 이어지고 있으니 심상치 않다는 것이다.

이와 관련해 청와대의 특정 인사와 민주당 내 인사 등이 거명되는 상황이다. 일단 이 후보측에서는 "그렇게 보지 않는다"(이용삼 이인제경선대책위 부본부장)며 대응을 자제했다. 뚜렷한 증거가 없기 때문이다. 자칫 역공을 당할 우려도 있다. 이 문제의 표면화 여부는 이번 주말 강원 경선에서 판가름날 것 같다. 워낙 인화성이 큰 사안이어서 경선 전체가 헝클어질 우려도 있다.

며칠 후 이인제는 김대중 대통령을 향해 누구를 지지하는지 밝히라고 요구했고, 이어 박지원과 임동원 등 대통령 측근 인사들을 거명하면서 음모론을 정식 제기했다. 재미있는 것은 이인제가 음모론을 자기가 만든 게 아니라 언론에 파다하게 퍼져 있는 의혹이라고 주장한 점이다. 누구한테 그런 이야기를 들었다는 말이다. 그러면 음모론을 파다하게 퍼뜨린 장본인은 누구인가? 다름 아닌 『조선일보』 편집인 김대중이다.

2002년 3월 21일 『미디어오늘』은 「DJ·방송 노무현 밀어준다—조선 김대중 편집인 마포포럼 강연 파문」이라는 기사를 내보냈다. 이 기사에 따르면 『조선일보』 김대중 편집인은 3월 19일 서울 팔레스호텔에서 열린 김영삼 정부 장·차관들의 모임 '마포포럼'(이사장 박관용 한나라당 국회의원) 조찬모임에서 '언론이 본 정치 전망'을 주제로 강연하면서 "김대중 대통령이 민주당 경선후보 가운데 노무현 후보를 도와주는 것 같다"고 주장했다. 『조선일보』는 "김대중 편집인의 이날 발언은 이 같은 취지의 발언이 아니었다"고 해명하면서 『미디어오늘』에 녹취록 일부를 보냈다. 『미디어오늘』은 반론권을 보장하는 취지에서 3월 28일 신문에 녹취록을 게재했다. 그럼 김대중의 말이 과연 "그 같은 취지가 아니었"는지 직접 한번 확인해보자.

노무현의 등장으로 이런 생각 갖게 됩니다. 짐작컨대 이런 측면이 있습니다. DJ 진영의 인사들을 최근 만나보면 조심하고 말을 아낀다. 다섯 명 중 누구를 김대중이 밀어줄 것인가. 그것이 혹시 꼬리를 잡힐까 봐 청와대 또는 DJ 주변에 있는 인사들은 농담 삼아 술도 잘 안 먹는다는 것입니다. 술 먹고 실수할까 봐……. 그런데 저희가 보기엔 노무현에 가 있는 것 같습니다. 그것은 광주에서 노무현이가 득세한 것 중에 하납니다. 다음 정권은 전라도 사람이 나서서는 안 된다고 생각하는 것 같습니다. 한화갑은 배신감 느끼겠지만 대의원들에 주지되어 있는 것으로 봅니다. 그러니까 김심이 들어간 곳은 노무현이 이긴다 이겁니다. 그러나 이인제가 다수를 차지하고 있는 충청도 등은 김심이 먹혀 들어가지 않는다 이거죠.

그래서 관건은 그런 세력들이 혼재해 있는 수도권에서 판가름나리라 봅니다. 일단 저희들이 보기에는 김대중 대통령의 마음은 노무현에 가 있다고 보고, 왜 그것은 이회창 씨를 흠집을 내거나 최소한 꺾을 수 있는 유일한 희망이다 이거죠. 이인제 가지고는…….

이건 취지를 오해할 여지가 없는 발언이다. "김대중 대통령과 측근들이 꼬투리를 잡히지 않으려고 말을 절대 하지 않지만 내가 보기에는 김대중이 노무현을 밀어주고 있다"는 이야기다. 무슨 다른 취지가 있을 수 있겠는가? 김대중 편집인이 이런 말을 한 것이 3월 19일 아침이다. 민주당에 소문이 퍼지지 않았을 리가 없다. 이인제의 참모들이 기자들한테 넌지시 음모론을 흘린다. 아무 근거가 없기 때문에 다른 신문이 기사를 내지 않았는데 부지런하고 성실하기로 소문난 『중앙일보』 김진국 기자가 풍문을 전하는 기사를 냈다. 그러자 다른 신문들도 3월 20일 인터넷판에 비슷한 기사를 내보냈다. 『조선일보』도 썼다. 이인제가 말한 것처럼 '언론에 파다하게' 퍼진 것이다. 그러자 이인제는 "내가 만든 게 아니라 언론에 파다한 이야기"라며 대통령과 측근들을 공격했다. 『조선일보』는 이인제의 발언을 명분 삼아 음모론 관련 기사를 그야말로 자연스럽게 내보냈다.

이 과정을 똑같은 '음모론적 시각'으로 해석하면 이렇게 된다. 광주에서 업어치기를 당한 이인제가 국면을 전환하기 위해 『조선일보』 기자 출신인 공보특보 김윤수를 보내 김대중 편집인에게 음모론을 퍼뜨려 달라고 부탁한다. 김대중은 이 강연에서 "노무현 같은 자"라는 표현을 썼다. 김대중은 '노무현 같은 자'가 후보가 되면 이회창이 위태롭기 때문에 이인제를 밀어주기로 한다. 그래서 총대를 매고 음모론을 발설했다. 그 다음에 벌어진 일은 우리가 알고 있는 바와 같다. 물론 내가 이걸 사실이라고 주장할 근거는 전혀 없다. 그러나 김대중 편집인과 같은 방식으로 말하자면 이렇게 이야기할 수도 있다는 것이다. 만약 사실이 아닐 경우 김대중 편집인은 얼마나 억울할 것인가. 그가 발설한 음모론 역시 사실이라는 증거는 전혀 없다. 그러니 그런 말을 들은 노무현은 또 얼마나 억울할 것인가.

『조선일보』는 『중앙일보』보다 하루 늦은 3월 21일 윤영신 기자가 쓴 「"노풍에 김심 실렸나"-이인제측 의구심… 청와대 "김심은 무심"」이라는 기사를 내보냈다. 내용은 『중앙일보』와 큰 차이가 없다. 그리고 나흘 후에 첫 사설을 선보였다. 제목은 「음모론 무엇이 진실인가」. 이 사설은 『조선일보』의 '공격적인 뻔뻔함'을 잘 보여준다. 자기네 신문 편집인이 제일 먼저 음모론을 퍼뜨려놓고는 그에 대해서는 한마디도 해명을 하지 않은 채 청와대를 향해 "왜 근거가 없는지를 적극적으로 밝히는 자세"를 주문한 것이다. 이인제에게도 "구체적 근거를 적시할 책임이 있다고" 충고했다. 『조선일보』 정말 대단한 신문이다. 문제의 사설 관련 부분을 보라.

물론 지금의 '음모론'은 "…하고 있다면"이란 가정을 전제로 하고 음모론의 진실? 음모론에 김심(김대중 조선일보 편집인의 마음) 실렸다. 『조선일보』 2002년 3월 21일 (위), 3월 25일(아래).

있긴 하지만, 일이 여기까지 번진 이상 없는 일로 치부하고 갈 수는 없게 됐다.

우선 '김심' 개입이 사실이라면, 그것은 김 대통령이 '정치초연'의 약속을 정면으로 뒤엎는 것을 의미한다. 따라서 청와대는 '근거 없는 말'이란 소극적 해명에서 나아가 "왜 근거가 없는가"를 적극적으로 밝히는 자세가 필요하다.

다음으로 '음모론'은 경선의 공정성 시비나 정당성 시비를 유발시키는 당내 문제로 그치는 것이 아니라 대선정국의 투명성 여부에 직결되는 국가적 문제로 확산될 수 있다. 그렇다면 이 후보는 "누가 뭐라고 했지 않으냐" "이상하지 않으냐"는 식의 정황론만 띄울 것이 아니라 자기주장의 구체적 근거를 적시해야 할 책임이 있다.

지금까지 이 후보의 자세에는 '김심'으로부터 독립하려는 의지보다, '김심'이 자신의 어깨에 내려앉기를 기다리는 기색이 더 짙게 보였던 게 사실이다. 그런 그가 자신의 대세론이 도전받는 순간, 근거 제시도 없이 '음모론'만 던지는 것은 또다른 행동을 준비하는 명분쌓기로 오해받을 소지가 크다. 양쪽 모두 정치적 부풀리기보다 진실접근에 투철해야 할 것이다.

"이상하지 않으냐는 식의 정황론"을 먼저 띄운 건 이인제가 아니라 김대중 편집인이다. "구체적 근거를 적시할 책임"은 이인제보다 김대중에게 있다. 누가 김대중 편집인한테 '당신이 음모론을 발설한 것은 노무현을 흠집내기 위해서 이인제와 짜고 한 것'이라고 비난했다고 하자. 그래 놓고는 '이런 비난이 사실이 아니라면 근거 없는 말이라는 소극적 해명에 그칠 것이 아니라 왜 근거가 없는가를 적극적을 밝히는 자세가 필요하다'고 훈계한다면 김대중 편집인은 뭐라고 할까? 정말이지 적반하장도 이런 적반하장이 없다.

'부패정권 청산론'도 그 자체로 민주당 후보인 노무현에게 큰 타격을 주었다. 이 구호는 6·13지방선거를 사실상 한나라당의 압승으로 결정지었다. 한나라당은 '김대중＝부패정권＝노무현'이라는 도식을 12월 대선까지 그대로 끌고 가려고 한다. '부패정권의 총책임자'인 김대중이 배후 조종해서 노무현을 민주당 후보로 만들었다는

'음모론'은 '김대중 양자론'과 '부패정권 청산론'을 하나로 연결함으로써 그 파괴력을 더욱 증폭시키는 핵심고리다.『조선일보』편집인 김대중이 공개적인 강연에서 '음모론'을 발설한 것은 그가 이런 이치를 미리 꿰뚫어볼 정도로 높은 정치감각의 소유자임을 입증한다. 노무현을 '김대중의 양자'로 몰아가는『조선일보』의 공격은 앞으로도 계속될 것이다.

5 싸움은 아직 끝나지 않았다

　　노무현 바람이 가라앉은 이유에 대해서 갖가지 분석과 비판이 나오고 있다. 김영삼을 찾아가 절한 것, 김대중과의 차별화 실패, 대통령 아들 비리, 민주당 장악 실패, 경솔한 언행, 정책 비전 결여, 심지어는 인간미 부족을 거론하는 사람이 다 있을 정도다. 그러나 나는 가장 중요한 원인을 『조선일보』의 '노무현 죽이기'에서 찾는다.

　　서두에서 이미 말한 것처럼 유권자들은 직접 노무현을 보는 것이 아니라 언론 보도를 통해 노무현을 본다. 유력한 신문들이 몇 달 동안 지속적으로 노무현의 약점을 부각시키고 그에게 불리한 정치정보를 유포하고 노무현에 대해 부정적인 인상을 받도록 그 정보를 해석하는데 지지도가 가라앉지 않을 도리가 없다. 후보로 확정된 바로 그 순간 노무현은 민주당의 낡은 틀에 갇혀버렸다. 지방선거에 이어 재보선 일정에 끌려 다니는 동안 새로운 그 무엇을 보여줄 기회를 놓치고 말았다.

　　그러나 노무현과 『조선일보』의 싸움은 아직 끝나지 않았다. 대통령 선거 결과가 나오는 그날까지, 그가 대통령이 된다 해도 계속될 것이다. 불리한 쪽은 노무현이다. 그는 거대한 앙시앵 레짐과 맞서고 있다. 그는 『조선일보』가 이끄는 수구-보수신문과 권좌 복귀를 노리는 낡은 특권세력의 정치적 카르텔과 맞서고 있다. 텔레비전 토론과 같이 유권자를 직접, 전면적으로 만날 수 있는 통로가 잠시 사라진 가운데 조중동과 한나라당은 끈기 있게 노무현을 공격했다. 노무현 지지도는 '가랑비에 옷 젖는' 식으로 서서히 내리막길을 걸어 2002년 7월 현재 35% 수준의 비교적 '안정된 바닥권'에 도달했다.

　　노무현은 역사적 소임을 마친 정당의 후보다. 나는 그렇게 생각한다. 경선 낙선자 이인제 진영이 당선자 노무현을 공격하고 후보 사퇴를 요구하는 것은 명백한 경선불복이며 국민경선의 정신을 부정하는 반칙이다. 그런데도 민주당 지도부는 이러한 반민주적 해당행위를 묵인했을 뿐만 아니라 그들이 요구하는 반창연합 신당논의를 수용함으로써 그 앞에 굴복했다. 이런 정당이 어떻게 국민통합과 부패청산, 정치개혁이라는 과제를 감당할 수 있겠는가. 김대중은 민주당을 통해 평화적 정권교체와 소외된 호남의 집권이라는 과제를 이루었지만, 집권하기 위해서 그리고 정권을 유지하기 위해서 무원칙하게 정치적 지향이 다른 세력을 민주당에 끌어들임으로써 민주당의 정체성을 파괴했다. 민주당은 집단적 자정능력이 현저하게 약화된 늙고 병든 정당이다.

　　노무현은 이런 정당의 후보로서 국민통합과 개혁, 한반도의 평화와 번영이라는 시대적 과제를 짊어지려 한다. 그가 민주당을 근본적으로 개혁하거나, 개혁까지는 아니더라도 최소한 대선 국면에서 개혁세력을 선대위의 전면에 포진시킴으로써 정치 그 자체의 교체를 추진하겠다는 의지를 보여주지 않으면 매우 어려운 선거를 치러야 할 것이다. 정체성을 분명히 하면서 싸운다면 낙선해도 『조선일보』와 계속해서 싸울 수 있겠지만, 새로운 형태의 지역연합을 추진하는 민주당 내 '수구세력'과 적당히 타협한다면 대선에서 패배할 뿐만 아니라 그 이후 『조선일보』와 싸울 힘도 상실하게 될 것이다.

『조선일보』의 힘은 의제 설정 능력

　　한나라당은 국민이 선출하는 거의 모든 종류의 권력을 이미 장악했다. 시골 군청에서부터 서울시청과 국회까지 완전히 한나라당 판이다. 남은 건 청와대 하나뿐이다. 한나라당은 한국의 권력 대부분을 지배한다. 그러나 한국 사회를 사상적으로 지배하는 것은 한나라당이 아니라 『조선일보』다. 노무현은 『조선일보』를 한나라당 기관지라고 한다. 그러나 거꾸로 보면 한나라당을 『조선일보』 정치위원회라고 할 수도 있다. 사람의 생각을 지배하는 자가 결국은 세상을 지배하기 때문이다.

『조선일보』는 힘이 세다. 이 힘이 '사주에서 수위까지' 모든 조직원을 하나의 이념 아래 결속하고 통제하는 조직력과 한국 최대의 발행부수에서만 나오는 것은 아니다. 『조선일보』의 힘은 언론계 전체를 장악한 헤게모니에서 나온다. 다른 신문들이 모두 『조선일보』가 설정한 정치적 의제와 분석 패러다임을 거부한다면 『조선일보』는 그저 힘 있는 신문 가운데 하나에 머무를 것이다. 그러나 현실은 그렇지 않다. 노무현에 관한 한 『조선일보』는 주도적으로 의제와 패러다임을 설정하며, 다른 신문들은 알면서 또는 자기도 모르는 사이에 이를 수용한다. 심지어는 『조선일보』와 공개적으로 싸우는 『한겨레』 기자들까지도 여기에 말려든다.

『중앙일보』 회장 홍석현은 '1등신문은 없다'고 선언한 바 있다. 가판을 폐지하고 『조선일보』를 따라가지 말라고까지 했다. 그러나 홍석현의 말을 『중앙일보』 기자와 데스크는 그대로 접수하지 않는다. 『조선일보』가 노무현의 어법을 공격해 재미를 보자 『중앙일보』는 재빨리 이 경쟁에 뛰어든다. 대표적인 사례가 노무현의 이른바 '에이 쌍 발언'이다. 다음은 『중앙일보』 2002년 5월 30일 이상일 기자가 쓴 기사다. 제목은 「'깽판' 이어 또… 노무현 발언 연일 구설수, 한나라 '시정잡배도 안써' 민주 '말꼬리잡나'」였다.

한나라당이 29일 민주당 노무현 대통령 후보의 언행을 비난하고 나섰다. 노 후보가 28일 인천 부평역 앞에서 열린 정당연설회에서 "인천이 복 받으려면 남북대화가 잘 돼야 한다. 남북대화 하나만 성공시키면 다 깽판쳐도 괜찮다"고 말한 대목을 문제삼은 것이다.

이런 와중에 노 후보는 29일 부산역에서 열린 정당연설회에서 한나라당 후보인 안상영 시장을 겨냥해 또 거친 발언을 했다. 그는 "경마장 좀 짓게 손발 좀 맞추려고 하니, 에이 쌍, 안 시장이 배짱 쏙 내밀더라. 제발 돈(예산) 받으러 오는 사람 좀 바꿔달라"고 했다. 그러면서 "내가 대통령이 됐을 때 돈을 달라는 사람이 한이헌이 아니고 안상영이면 사인이 잘 안 된다. (이 정부에 도움을) 안 받으려고 하는 사람 챙겨주느라 속도 많이 썩었다"고 했다.

『중앙일보』는 '에이 쌍' 발언을 사실로 단정한 가운데 이런 저런 해석을 붙였다. 그러나 노무현은 그런 말을 하지 않았다. 고향에 온 만큼 부담 없이 경상도 사투리로 "안 시장"을 말한 걸 기자가 잘못 들은 것이다. 나중 공개된 녹취록을 보면 이건 분명한 사실이다.

정말 정말 지난 99년부터 약 2년 동안, 안 받을라고 안 받을라고 하는 사람 가서 챙겨주느라고 저 속 많이 썩었습니다. 녹산공단 땅값 10% 깎자, 깎아주는데, 그것 깎아주는 데 부산시도 좀 떠들어달라고 의논하러 가면 목에 힘 빡 주고 시큰둥합니다. 경마장이 저 멀찍

"깽판"이어 또 "에이…" 盧발언 연일 구설수

한나라 "시정잡배도 안써"·민주 "말꼬리잡나"

한나라당이 29일 민주당 노무현(盧武鉉)·얼굴대통령 후보의 언행을 비난하고 나섰다. 盧후보는 28일 인천 부근에 앞서서 열린 경남연설회에서 "인천이 북 받으려면 남북대화가 잘 돼야 한다. 남북대화 하나가 성공시키면 다 결판이 날 거다"라고 말한 대목을 문제삼은 것이다.

한나라당 남경필(南景弼)대변인은 "대통령이 될 자격이 없다"고 공격했다. 대변인은 "시정잡배도 잘 쓰지 않는 저속한 용어도 문제지만 그의 극단적이고 편협한 사고방식도 걀단하다"고 꼬집었다.

이규택(李揆澤)총무는 남북대화하고 김정일(金正日)을 만나며 민주

주의와 시장경제는 괜찮게도 된다는 말 아니냐"고 주장했다. 박희태(朴熺太)최고위원은 "노무현의 '무'자는 무장과·무사道를 뜻하는 것 같다"고 했다.

이에 대해 盧후보의 정무특보인 천정배(千正培)의원은 "盧후보는 보통 정치인들과는 전혀 다른 특성을 지닌 정치지도자의 전형이라며 "그는 자신의 견해를 솔직하게 밝히고 국민의 판단을 묻는 게 옳다고 생각하는 인물"이라고 변호했다.

이럼 가운데 盧후보는 29일 부산역에서 열린 경남연설회에서 한나라당 후보인 안상영(安相永)시장을 겨냥해 또 거친 발언을 했다.

그는 "껍마장 좀 짓게 손발 좀 맞추려고 하니, 에이 쌍, 安시장이 배짱 쏙 내밀며, 내 돈(예산) 받으려 오는 사람 좀 바꿔달라"고 했다.

그러면서 "내가 대통령이 됐을 때 돈을 타려는 사람이 하이에나가 아니고 안상영이면 사인이 잘 안된다. (이 정부서 도움을 안 받으려고 하는 사람 챙겨주느라 속도 많이 썩었다"고 했다.

'에이…' 대목에 대해 盧후보측은 "대중연설의 전체맥락을 봐야지 한 부분만 떼어놓고, 보면 오해의 소지가 있다"고 해명하다. 민주당 천호선 부대변인은 "안상영 시장에게 한 말이 아니라 일이 잘 안풀린다는 일종의 감탄사"라고 말했다. 이상일 기자
<lees@joongang.co.kr>

"안 시장"을 "에이 쌍, 안 시장"으로 들리게 할 만큼, 『조선일보』는 다른 신문사 기자의 정신상태와 청각까지 지배한다. 『중앙일보』 2002년 5월 30일.

한 쪽으로 진해 쪽으로 넘어간다는 거 아입니까? 그거 안 넘어 가게 붙들려고 하면은 뭔가 손발을 맞춰야 되겠는데 안 시장 배짱 쑥 내고……. 제가 말을 하면 쭉 하면 너무 길어서 오늘 (…)

『중앙일보』는 정식으로 정정보도를 내지 않고 넘어갔다. 잘못 알아듣도록 한 책임이 노무현에게 있는 것처럼 해명하는 기사를 실었을 뿐이다. 물론 기자가 말을 잘못 들을 수는 있다. 그러나 연설의 맥락을 잘 살피면서 들었다면 그렇게 오해하기 어려운 대목이다. 노무현은 문제가 된 대목에서 단 한 번 '안 시장'이라고 말했다. 그런데 이상일 기자는 '에이 쌍, 안 시장'이라고 했다고 썼다. 만약 노무현이 '안 시장'을 두 번 잇달아 말했다면 그렇게 잘못 들을 수도 있겠지만 사실은 그렇지가 않다. 그런데도 기자는 왜 그렇게 들은 것일까? 아

마도 '노무현의 품위 없는 말'이라는 정치적 의제에 강하게 집착하고 있었기 때문일 것이다. 이것말고는 달리 해석할 방법이 없다. 그는 노무현의 말을 그런 각도에서 잘못 알아들을 만반의 준비를 갖추고 있었던 것이다. 다른 신문사 기자의 정신상태와 청각까지 지배하는 능력, 이것이 바로 『조선일보』의 힘이다.

『한겨레』, 너마저도……

『조선일보』의 위력이 얼마나 막강한지를 단적으로 보여준 것은 앙숙이라 할 『한겨레』다. 『한겨레』는 세계관과 편집방침과 영업전략 등 『조선일보』의 모든 것을 비판하는 신문이다. 그런데 이 신문마저도 노무현 관련 보도에서는 『조선일보』가 설정한 의제와 패러다임에 휩쓸려 들어가는 사태에 직면했다. 『한겨레』7월 6일부터 두 차례에 걸쳐 노무현의 문제점을 진단하는 기획기사를 내보냈다. 노무현이 "4월 27일 전당대회 뒤 두 달이 넘도록 지지율 하락의 수렁에서 헤어나지 못하고 있"는 상황과 관련하여 "대통령 아들 비리 등 외부적 요인 이외에 '노 후보 자신의 문제'는 없는지" 살펴보자는 취지였다.

박창식 기자가 쓴 꼭지의 제목은 「노무현 후보 일관성 있는 메시지 전달 실패, 언행 일관성 잃어 신뢰 '흔들'」이고, 박병수 기자가 쓴 꼭지 제목은 「노무현 '특정세력 둘러싸여 당내 분란'」이다. 두 기자는 아마도 객관적인 시각을 유지하려고 노력했을 것이다. 노무현이 충고를 받아들여 잘해주기를 바라는 개인적인 희망도 있었을 것으로 본다. 그러나 이 두 기사는 『한겨레』가 『조선일보』의 헤게모니에 굴복했음을 보여주는 대표적인 기사로 평가하기에 부족함이 없다. 우선 두 기사의 주요내용을 보자.

지난 4일 노무현 민주당 대통령 후보의 '디제이 거리두기' 기자회견은 전날 김원기 문희상 천정배 정동채 이강래 정세균 의원과 염동연 정무특보 등 7명의 핵심측근 모임에서 최종 결정됐다.

이들을 계파별로 보면, 김원기 문희상 의원과 염동연 정무특보를 빼놓고는 당내에서 흔히 '재선 그룹'으로 불리는 '바른정치모임' 회원들이다. 이날 회견에는 김홍일 의원 탈당 등 평소 이들이 해온 주장이 당내 논란에도 불구하고 거의 그대로 반영됐다. 노 후보가 중요결정을 내릴 때 누구한테 의존하는지를 잘 보여준 셈이다.

이들은 지난해 권노갑 전 최고위원과 박지원 청와대 비서실장의 퇴진을 주장하는 등 이른바 '정풍운동'을 주도한 그룹이다. 이들은 특히 정풍운동 과정에서 집단회동과 성명서 발표 등의 '문제제기' 또는 '선도적 충격요법' 위주의 정치활동 방식을 자주 사용해왔다. 최근 노 후보와 한화갑 대표간 합의를 깨면서까지 '탈 디제이' 기자회견을 강행한 것은 이들이 즐겨 구사해온 문제제기 방식이 되풀이된 셈이다.

최근 들어 이들 그룹 한쪽에서 한화갑 대표역할 의문론을 거론하면서 한 대표 진영마저 노 후보의 진심에 의구심을 표시하기에 이르렀다. 민주당 관계자는 "노무현 -한화갑 체제의 한 축인 한 대표 진영의 기류마저 심상찮다는 것은 위험신호"라며 "국민통합을 내세운 노 후보가 오히려 소수 특정세력에 둘러싸이는 바람에 당내통합은커녕 분란이 끊이지 않는다"고 말했다.

후보 비서실 등 직계실무조직의 문제도 적지 않다. 노 후보는 대선 후보 당선 직후 "경선캠프를 해체하고 모든 선거운동을 당에 맡기겠다"고 공언했다. 그러나 그뒤 캠프 인력 수십 명이 후보실로 옮겨 자체 내 완결구조를 갖춘 큰 조직을 형성했다.

그러자 공조직 당직자들은 후보실을 '점령군' '옥상옥'이라고 비판하기 시작했다. 노 후보를 중심으로 한 정권재창출에 참여할 기회를 빼앗겼다고 생각하게 된 것이다. 한 당직자는 "'낯을 가리는' 노 후보의 성격과 '경선과정에서 함께 고생한 사람들을 배려해야 한다'는 온정주의가 함께 작용한 결과"라고 해석했다.

노 후보가 대선에서 승리하기 위해 해결해야 할 과제는 무엇보다 민주당의 단합이라는 지적이 많다. 하지만 노 후보는 이 대목에서 아직 충분한 역량을 보여주지 못하고 있는 셈이다.(박병수 기자)

노무현 민주당 대통령 후보가 지난 4일 기자회견을 한 뒤 그의 인터넷 홈페이지에는 팽팽한 양론이 쏟아졌다. 이런 모습은 그의 '디

『조선일보』의 잣대와 시각으로 사물을 바라보게 하는 힘, 이것이 무시무시한 『조선일보』의 파워이며, 여기엔 때로 『한겨레』마저도 예외가 아니다. 『한겨레』 2002년 7월 6일(좌), 7월 8일(우).

제이 거리두기' 행보가 지지자들에게도 혼선을 주고 있음을 드러내는 대표적인 사례로 보인다. 행보의 옳고 그름을 떠나 최소한 일관된 이미지가 흔들리고 있는 게 분명하다는 이야기다.

사실 그동안 그에게 긍정적인 이미지가 있었다면 그것은 '신뢰와 일관성'이라는 견해가 많다. 즉, 3당합당 합류 거부에서 잇따른 부산 선거 도전, 그리고 막강한 언론권력으로 규정한 『조선일보』와의 투쟁 등…. 대선후보 경선 당시에는 "디제이의 자산과 부채를 모두 인수하겠다"고 공언함으로써 '믿을 수 있는 사람'이라는 인상을 지지지자들에게 확산시켰다. 이 과정에서 그는 사회적 약자의 편에 서서 특권적 기득권 세력과 맞선다는 관점을 나름대로 견지했다.

그러나 그의 '신 부패해법'은 지지자들을 혼돈에 빠뜨리고 있는 것 같다. 한나라당을 부패의 원조라고 공격하던 종전의 태도를 바꿔, 한나라당이 청산대상으로 지목해온 김대중 대통령쪽으로 화살을 겨누는 인상을 남겼기 때문이다.

노 후보의 지지도가 높을 때에도 그의 가장 큰 약점으로 지적된 대목은 '과연 대통령이 되기에 충분한 안정감이 있는가'였다. 노 후보는 민주당 후보가 된 뒤 이런 일각의 의구심을 해소하기는커녕 오히려 증폭시켜왔다. 현재 민주당은 8·8 재보선 공천의 전권을 당내 특별위원회에 맡긴 상태다. 그러나 그는 남궁진 문화관광부 장관의 공천 문제가 나오자 "대통령을 가까이에서 모신 사람은…"이라며 부정적 견해를 밝혔다. 이에 남궁 장관쪽에서 "노 후보는 김대중 대통령 아래서 장관을 하지 않았느냐"고 반격하는 바람에 또다시 구설에 올랐다.

사실 노 후보의 '설화'는 비우호적인 일부 신문들을 통해 증폭되는 측면이 적지 않다. 그러나 노 후보 자신이 여러 자리에서 무수히 많은 이야기를, 그것도 일부는 설익은 아이디어를 즉흥적으로 쏟아내는 과정에서 자초한 측면이 있다는 비판도 나온다.

어쨌든 대선후보 당선 뒤 두 달여 동안 이런 일들이 되풀이되다보니 지지자들 사이에서조차 "과연 노무현은 누구인가"라는 정체성

의문이 싹트는 것 같다. 이렇다 할 비전 제시는 그만두더라도, 최소한의 일관성 있는 정치적 메시지 전달에도 성공하지 못하고 있다는 비판이 나오는 것이다. (박창식 기자)

강준만 교수는 『노무현과 국민사기극』(인물과사상사, 2001)에서 '언론의 프레임(frame)'을 문제로 삼았다. 『조선일보』처럼 의도적인 '노무현 죽이기'를 하지 않는 신문들조차도 노무현을 보도할 때 특정한 '프레임'을 쓴다는 것이다. 그가 차용한 미국 사회학자 토드 기틀린의 정의에 따르면 '프레임'은 "상징조작자가 상례적으로 언어적 영상적 담화를 조직하는 근거로 삼는 인식, 해석, 제시, 선별, 강조, 배제 등의 지속적인 유형"이다. 쉽게 말하면 언론이 특정한 틀에 맞추어 노무현을 관찰하고 보도한다는 것이다. 어지간한 전문가가 아니면 '사실' 차원이 아니라 '프레임' 차원에서 이루어지는 왜곡보도를 눈치채지 못한다. 지금 살펴본 『한겨레』의 두 기사는 『조선일보』가 설정한 '프레임'을 그대로 차용했다는 점에서 『조선일보』와 다름없는 왜곡보도가 되고 말았다.

지난 10년 동안 언론은 양김의 지도력을 맹렬하게 비판했다. 독선, 술수, 공천권과 자금을 장악한 보스정치, 지역주의 선동, 본인과 주변인물의 부패, 패거리 정치. 이런 것들이 비판의 단골메뉴였다. 언론은 이런 부정적 요소를 청산한 새로운 지도력의 출현을 정치권에 요구했다. 노무현 바람은 새로운 지도력에 대한 국민들의 요구가 노무현에게 모아짐으로써 빚어진 현상이다. 노무현은 양김과는 전혀 다른 스타일의 정치 지도자다. 당정 분리와 상향식 공천제도의 도입으로 지도력 행사를 둘러싼 환경도 근본적으로 바뀌었다. 그런데 『한겨레』 기사에서 두 기자는 노무현이 옛 정치 지도자들이 했던 일을 제대로 하지 못한다고 뭇매를 가한다.

　　노무현이 민주당을 장악해야 하는가. 아니다. 대통령 후보가 당을 장악하지 못하도록 당정 분리를 명문화했는데 어떻게 그걸 할 수 있는가? 민주당이 이념적인 면에서 균질적인 정당이라면 대화와 설득을 통해서 할 수 있을 것이다. 그러나 민주당은 그런 정당이 아니다. 국민경선에서 낙선한 경쟁자들이 끊임없이 후보를 흔들어대고, 원내총무라는 사람이 '식물국회'에 대한 비난이 쏟아진 시기에도 원 구성 협상을 내버려둔 채 계파모임 대표로서 개헌론 불지피는 일에 몰두하는 정당이다.

　　과거의 정치 지도자들은 한결같이 자기의 당을 '장악'했다. 정치적 이상을 달리 하는 사람들까지 끌어들여 세를 확장했다. 그 사람들과 잘도 '화합'했다. 그 결과 민주당과 한나라당은 모두 정체가 불분명한 '비빔밥 정당'이 되었다. 정치적 이상을 보면 도저히 정당을 함께 할 수 없을 것 같은 정치인들이 한 지붕 아래 동거하고 있는 것이다. 이런 정당을 만들고 이끈 정치 지도자를 우리는 '보스'라고 하며, 그들이 보여준 정치를 '보스정치'라고 한다. 지금까지 언론은 입을 모아 보스정치 타파를 역설하지 않았던가.

어떤 정치인이 '보스'로 성공하려면 세 가지를 잘해야 한다. 첫째는 공천을 주는 것. 둘째는 돈을 주는 것. 셋째는 보스와 조직을 위해서 그랬다면 범죄를 저질러도 감옥에 가지 않도록 감싸주고, 어쩔 수 없이 감옥에 보내는 경우에도 되도록 빨리 빼내주는 것. 이걸 제일 잘한 지도자가 YS와 DJ였다. 이회창 후보도 이런 면에서는 양김에 버금가는 역량을 발휘했다. 특히 비리 혐의자를 지키기 위해 '방탄국회'를 여는 능력에서는 양김을 능가하고도 남는다.

그러나 노무현은 절대로 그런 '보스'가 될 수 없다. 그는 충성을 바치는 사람에게 공천을 보장해주지 못한다. 돈으로 사람을 불러모을 만한 재력도 없다. 대통령이 된다고 해도 국회에 직접적인 영향력을 행사할 수 없다. 민주당 안에서 그는 원래 외톨이였으며, 국민경선에서 붐을 일으켜 후보가 된 후에도 별로 달라지지 않았다. 노무현이 가진 지도력은 정치적 이상과 대의를 추구하는 자세에서 나온 것이다. 개인과 계파의 이익을 보장해줌으로써 세력을 모으는 것은 노무현의 지도력과 맞지 않으며, 노무현에게는 그런 일을 할 수 있는 능력이 없다. 물론 이것은 약점이 아니다. 그런 일을 하라고 국민들이 노무현을 대통령 후보로 만든 것이 아니다. 만약 정치 지도자에게 그런 능력을 요구하는 사람이라면 다른 정치인을 지지하는 게 현명하다.

민주당 국회의원들에게 이번 대통령 선거는 '내 선거' 또는 '우리의 선거'가 아니라 '노무현의 선거'일 뿐이다. 노무현이 대통령이 되어서 나쁠 거야 없겠지만, 되지 못한다고 해서 큰 손해를 보는 것도 아니라는 이야기다. 생각해보라. 앞에서도 말한 것처럼 6·13지방선거를 통해 시골 군청에서부터 서울시청까지 거의 모든 지방권력을 한나라당이 장악했다. 국회는 벌써 2년째 한나라당이 사실상 지배하고 있으며 지난 8·8 재보궐선거에서 한나라당은 과반수를 확보했다. 이회창이 청와대까지 차지하면 대한민국은 그야말로 '한나라당의 나라'가 된다. 제17대 총선은 이회창 정권 출범 1년 후인 2004년 4월이다. 지역구가 주로 수도권과 호남인 민주당 현역의원들이 견제를 주임무로 하는 제1야당 후보로서 모든 권력을 독점한 집권당을 상대로 선거전을 펼치는 데 무슨 큰 어려움이 있을 것인가.

민주당 국회의원들이 일부러 야당이 되려고 하는 건 아니다. 노무현이 대통령이 되어서 여당을 하면 여러 모로 즐거운 일이 많다. 그러나 민주당 내부의 적대세력에게 격렬한 공격을 당하는 노무현을 엄호하는 데 위험을 무릅쓰고 뛰어들어 돈과 시간과 정력을 바칠 만큼 절박한 것은 아니다. 이인제와 정균환 등 '반노세력'이 기세등등하게 공개적으로 노무현의 인격을 공격하고 후보 사퇴를 요구하는 데 반해 소위 '친노세력' 국회의원들은 나서서 싸우는 이가 거의 없는 것은 바로 이런 이유 때문이다.

『한겨레』는 노무현이 일관된 비전을 제시하지 못했다고 한다. 사실이 아니다. 노무현은 지역통합과 노사화합, 그리고 대북 화해협력정책을 통해 선진민주국가로 도약하자는 비전을 이미 제시했으며,

지금도 일관성 있게 자기의 비전을 밀고 나가는 중이다. 지고지선한 비전이야 아니겠지만 이것말고 다른 비전이 얼마나 더 필요한지 나는 이해하지 못한다. 『한겨레』 기사는 공적 영역에서 나타나는 노무현의 행위를 '일상의 잣대'로 평가했다. 즉흥성, 불안정성, 온정주의, 낯가림 따위의 인격적 결함이 노무현이 과연 '대통령감'인지에 대한 회의를 불러일으킨다는 것이다. 노무현의 정치적 선택을 근본적으로 제약하는 구조적 조건을 모두 증발시켜 버리면 남는 것은 노무현의 '품성'에 대한 비난뿐이다.

　　노무현은 민주당 후보이지만 민주당 지지자만으로는 선거에 이길 수 없는 딜레마에 빠져 있다. 김대중 정부의 자산과 부채를 승계하겠다는 주장은 이 딜레마와 관련해서 해석하는 게 옳다. 대북정책과 복지정책 등 긍정적인 성과를 이어받아 발전시키는 '자산의 승계'로 전통적인 민주당 지지기반을 붙들고, 정치개혁과 부패청산 등 김대중 정부가 실패한 분야에서 공동책임을 인정하고 그 실패를 극복하는 '부채의 승계'을 통해 민주당 밖의 개혁세력을 결집하는 것이다. '자산의 승계'에서는 김대중 정권과의 동질성이 부각되고 '부채의 승계'에서는 차별성이 부각될 수밖에 없다.

　　그런데 부채에 대한 책임을 인정하고 그것을 청산하는 방안을 제시하는 것을 『한겨레』는 '김대중과의 거리두기'라고 표현하면서 일종의 말 바꾸기로 취급했다. 이것이 바른 해석이라면 노무현은 갈 곳이 없다. 김대중의 모든 것을 옹호하든가, 김대중의 모든 것을 부정하는가, 어느 한쪽으로 가야 하는데, 이 둘은 모두 죽는 길이다. 정확히 『조선일보』가 노무현에게 요구하는 양자택일이다. 『한겨레』마저 이럴진대 다른 매체에 대한 『조선일보』식 '프레임'의 지배력이야 일러 무엇하겠는가.

'친DJ'가 아니면 다 '반DJ'인가?

『조선일보』는 노무현에게 양자택일을 요구한다. 충실한 '김대중의 양자'로 머물러라. 그러면 너는 민주당의 좁은 덫에 갇혀 죽을 때까지 매를 맞을 것이다. 아니면 확실하게 김대중과 차별화를 하라. 그러면 너는 민주당 주류의 이탈과 말 바꾸기 시비에 걸려 넘어질 것이다. 사는 길은 없다. 콜레라와 페스트 가운데 하나를 선택해라. 이것이 『조선일보』의 요구다. 노무현의 이른바 '햇볕정책 비판'을 보도한 7월 24일과 25일 주요 신문들을 보면 노무현에게 선택할 수 없는 선택을 강요하는 『조선일보』의 '프레임'이 한국 언론을 전면적으로 지배하고 있음을 알 수 있다.

7월 23일 노무현은 일본 주요 신문사 논설위원들과의 면담했다. 이 면담 내용을 전하면서 신문들은 한결같이 「햇볕정책 한계 봉착」, 「노 후보 햇볕 비판」 등의 제목을 붙인 스트레이트 기사와 「DJ와 차별화」(『조선일보』), 「남북대화 잘되면 나머진 깽판쳐도 괜찮다

『조선일보』와 『한겨레』가 닮은꼴? '친 DJ가 아니면 탈 DJ!' 『조선일보』·『한겨레』 2002년 7월 25일.

더니…노 후보 탈DJ 작심」(『동아일보』) 따위의 해설기사를 내보냈
다. 노무현이 경솔하게 말을 바꾸었다고 비아냥거리는 사설이 따라
나온 것은 말할 나위도 없다. 『중앙일보』나 『동아일보』는 『조선일보』
와 아무 차이가 없는 만큼 따로 언급하지 않겠다. 7월 25일 『조선일
보』와 『한겨레』의 사설만 참고로 삼자.

노 후보 "햇볕정책은 한계에…"(『조선일보』)

민주당 노무현 후보는 그동안 김대중 대통령의 '햇볕' 추진방식에
대해 일관되게 전폭적인 지지입장을 표해왔다. 그렇던 노 후보가
그에 대해 문제를 제기하고 나섰다. 노 후보는 "햇볕정책은 시행과
정에서 몇 가지 문제가 있고 한계에 봉착한 것 같다"면서, "햇볕정
책이라는 명칭은 계속 사용하지 않는 것이 좋겠다"는 견해를 일본

언론인과의 회견에서 밝힌 것이다.

그동안 "햇볕정책은 수정해서는 안 된다고 생각한다" "남북대화 하나만 성공시키면 다 깽판쳐도 괜찮다"는 확고한 소신발언을 해온 노 후보였다. 때문에 이번에 제기한 '햇볕 한계론'은 당연히 안팎의 주목을 받지 않을 수 없다.

노 후보의 '평가의 변화' 자체는 물론 문제가 될 수 없다. 정책이나 생각은 언제나 바뀔 수 있기 때문이다. 그러나 그는 공당(公黨)의 대통령 후보다. 대선후보로서 'DJ식 햇볕 추진방식'에 대한 평가를 달리하게 됐다면 거기에는 그만한 체계적인 논거와 논리가 전제돼야 한다. 그런데 이번에 제시된 배경논리는 너무 '느닷없는 다른 말'이란 느낌을 줄 뿐이다.

노 후보는 "남한내부에서 햇볕정책이 지지를 잃고 있기 때문에", "정책 추진과정에서 국민의 동의를 충분히 얻지 못하고 있기 때문"이라는 말을 했다. 또 "6·15정상회담을 정략적으로 이용한 게 아닌가 하는 의심을 받는 것도…"라는 표현도 썼다.

노 후보의 이런 뜻밖의(?) 말들은 그간의 'DJ식 햇볕 추진방식'에 대한 다수 비판자들의 우려와 별로 다를 게 없다. 그리고 그런 비판론에 대해 노 후보는 시종 동의한 적이 없다. 그러다가 어느날 갑자기 그런 비판론에 다가왔다. 이 돌연한 양상에 대해 노 후보는 보다 자세한 논리적 경위설명을 부연해야 할 것이다.

노무현 후보의 햇볕정책 '비판' (『한겨레』)

노무현 민주당 대통령 후보가 일본 언론사 논설위원들과 만난 자리에서 밝힌 김대중 대통령의 대북정책 비판이 논란을 불러일으키고 있다. 노 후보는 "(햇볕정책이) 시행과정에서 몇 가지 문제가 있고 한계에 봉착한 것 같다"며 "햇볕정책이란 명칭은 사용하지 않는 게 좋겠다"고 말했다. 그는 또 서해교전에 대해 "정부는 북한측에 대해 사과와 재발방지를 확실히 요구하고 대북관계 진행을 부분적으로 중단하는 것도 고려할 필요가 있다고 본다"고 덧붙였다.

노 후보의 이런 언급은 즉각 김 대통령과의 차별화를 겨냥한 게 아니냐는 해석을 낳았다. 물론 노 후보는 이날 "김 대통령의 대북정책은 대화와 개방유도, 신뢰, 전쟁은 절대로 있어서는 안 된다는 것이 핵심이고, 이 부분에 동의한다"고 전제하기는 했다. 회견 뒤 측근들이 나서서 햇볕정책 기조에 대한 지지 입장에는 아무런 변화가 없으며 시행과정에서의 몇 가지 문제를 지적했을 뿐이라고 적극 해명했다.

그럼에도 불구하고 차별화 쪽에 무게가 실리는 것은 이날 발언이 김 대통령 업적의 상징이며 그가 적극 지지해오던 햇볕정책에 대한 그동안의 발언들과 상충되는 느낌을 주기 때문이다. 이런 느낌이 노 후보의 독특한 어법에서 비롯된 '오해'라면 당사자가 이를 고쳐야 할 것이다. 남북관계처럼 미묘하고 민감한 문제일수록 한마디 한마디가 중요하며, 불필요한 오해를 사지 않도록 최대한 주의를 기울여야 한다.

그러나 만일 서해교전 사태 등을 겪으며 햇볕정책에 대한 노 후보의 견해가 바뀐 것이라면 바뀐 이유를 상세히 밝혀야 한다. 예를 들어 대북관계 진행을 부분적으로 중단해야 한다는 말이 구체적으로 무엇을 뜻하는지 등을 밝혀야 논란의 확산을 막을 수 있다. 자칫하면 남북문제처럼 중요한 사안에 대해 일관성 없이 왔다갔다한다는 비난을 초래할 소지가 있다. 국민들에게 이런 부정적 인식이 굳어지면 신뢰감이 크게 떨어질 게 뻔하다.

브라보! 『조선일보』와 『한겨레』가 의견 일치를 보는 문제도 있다. "그동안의 발언들과 상충" "견해가 바뀐 것이라면 이유를 상세히 밝혀야" "독특한 어법에서 비롯된 오해" 등 『한겨레』과 『조선일보』의 사설은 사실상 똑같은 상황판단과 논리구조를 깔고 노무현을 비판했다. 두 신문은 모두 노무현의 발언을 '친DJ가 아니면 탈DJ'라는 도식에 가두어 재단했다.

이날 면담에서 노무현은 "햇볕정책을 어떻게 평가하고 있고, 앞으로 어떻게 계승 · 발전시킬 것인가"라는 질문을 받고 평소 지론을 밝혔다. "김대중 대통령의 대북정책 핵심은 대화와 개방의 유도, 신뢰, 전쟁은 절대로 안 된다. 대화로 푼다는 것이다. 그중에서 좋은 방법은 북한을 개방으로 유도하는 것이다. 그것을 위한 수단으로 협박이나 과거와 같은 방법이 아니라 신뢰를 구축하는 것이 가장 좋은 정책이다." 문제는 그 다음 발언이었다. 노무현 후보실이 제시한 면담 기록을 보면 그 다음에 이런 말이 나왔다.

그러나 정책 시행과정에서 몇 가지 문제점이 발생한 것 같다. 몇 가지 문제 또는 한계점에 봉착한 것 같다. 햇볕정책의 명칭에 관해 북한이 반발하고 있고, 특히 남한 내부에서 햇볕정책이 지지를 잃고 있기 때문에 이 명칭을 계속 사용하는 것이 적절치 않은 것 같다. 그리고 하나는 정책 추진과정에서 국민의 동의를 충분히 얻지 못하고 실천함으로써 여러 장애에 부딪쳤다. 특히 2000년 6·15 정상회담을 정략적으로 이용한 게 아닌가 하는 의심을 받는 것도 약점 중의 하나다. 내가 대통령이 되면 이런 점을 시정하여 대북정책을 펼 것이다. 다만, 기조는 그대로 유지하되 정책 추진과정에서 국민의 신뢰를 획득하고 필요하다면 야당에게도 사전에 정보를 제공하고 동의를 구함으로써, 국민의 합의수준을 높임으로써 대북정책의 실효성을 높일 것이다.

『조선일보』와 『한겨레』는 이것을 김대중과의 차별화를 위한 말 바꾸기로 취급했다. 두 신문의 논설위원들은 사실 확인보다는 '친DJ가 아니면 탈DJ'라는 도식에 더 관심이 많은 모양이다. 노무현은 이런 취지의 발언을 예전에 이미 여러 차례 한 적이 있다. 그가 말을 바꾼 건 아무것도 없다. 햇볕정책의 취지를 제대로 살리기 위해서는

몇 가지 보완조처가 있어야 한다는 평소 소신을 정리해서 말한 것뿐
이다. 내 말이 믿어지지 않는가.

그러면 예를 들어보겠다. 노무현은 2002년 5월 17일 텔레비
전으로 생중계된 방송기자클럽초청토론에서 똑같은 질문을 받았다.
"김대중 정부의 대북 정책을 어떻게 평가하며 앞으로 남남갈등은 어
떻게 치유할 계획인가?" 대답은 이랬다.

유감스러운 대목은 4·13을 앞두고 대북정상회담을 발표한 사실이
다. 그것도 그 분야의 정부 담당자가 아니라 다른 장관이 발표했다
는 점이 오해를 불러일으켰고, 총선에도 좋지 않은 영향을 미쳤다.
그 이외 정책에 대해서는 잘못을 발견하지 못했다. 남남갈등은 특
수지형 속에서 나온 문제다. 한나라당 이회창 전 총재는 미국에 가
서 국내 정치 비판을 했고, 어찌된 일인지 그후에 부시 대통령의
'악의 축' 발언까지 나왔다. 당의 이익과 국가의 이익을 혼돈하고
있다. 또 한편으로 지역감정이 있다. 동서간 의견차이는 극복돼야
한다.

노무현은 대통령 후보가 되기 훨씬 전인 2001년 11월 8일 안
동시민학교 특강에서도 대북정책에 대한 국민적 합의수준을 높여야
한다는 것을 강조했다.

역사의 흐름에 관해서 국민들에게 올바른 방향을 제시하고 동의를 구해야 합니다. 그리 하지 않았던 결과가 당연히 해야 될, 누구도 피할 수 없는 민족적 과제인 남북관계를 풀어나가는 국민의 정부의 대북정책에 대해서, 대북지원에 대해서 야당은 퍼주기라고 난리를 부리고 민심이 거기에 호응해서 정부를 원망하는 상황이 초래되고 있습니다. 남남갈등 때문에 남북관계가 어려워지는 상황이 초래되고 있습니다.

이것이 7월 23일 간담회 발언과 뭐가 다른가. 노무현은 김대중의 대북정책을 지지하면서도 정상회담을 국내 정치에 이용하려 한데 대해서는 유감을 표명했고, 야당과 영남 유권자들의 반발을 걱정했다. 야당에 미리 정보를 제공하고 국민적 합의수준을 높이겠다고한 것은 이런 고민에서 자연스럽게 도출되는 해법이 아닌가. 게다가 김정일의 답방이 오리무중에 빠진 가운데 다시 서해에서 교전이 발생한 현상황에서 햇볕정책이 한계에 봉착했다는 진단을 내리는 것이 도대체 뭐가 그리 이상한 일인가. 다시 노무현의 간담회 발언 요지를 보자.

그동안 한국 정부는 북한의 예의에 어긋나는 행동이나 도발, 이해 못할 행동 등을 인내하고 침묵하고 관대하게 대해왔다. 그러나 이제 우리의 국민정서가 더 이상 이와 같은 태도를 가져가기가 어려운 상황에 이른 것 같다. 그래서 한국 정부도 이제는 서해교전과 같은 데 대해서 명확하게 사과를 요구하고 재발방지에 대한 보장을 요구한다든지, 그밖에 우리가 대북협력의 진행을 어느 부분에 있어서 부분적으로 중단한다든지 하는 조치가 필요하다고 생각한다. 그러나 그 경우에도 신뢰를 파괴하는 행위, 남북관계의 기조를 파괴하는 행위를 해서는 안 된다. 그 한계를 넘어서는 것은 안 된다. 이것이 한나라당과 다른 점이다.

이 발언의 취지는 햇볕정책의 기본정신과 골간을 유지한다는 것이다. 오해의 여지가 없다. 햇볕정책이라는 명칭에 문제가 있고 정책 추진과정에서 국민적 합의를 충분히 확보하지 못했다는 점을 지적하고, 서해교전 사태로 나빠진 국민적 정서를 고려해 집권할 경우 정책을 보완해 나가겠다는 게 도대체 뭐가 이상한가. 게다가 햇볕정책은 정치적인 표현이며 언론이 즐겨 쓰는 표현일 뿐이다. 김대중 정부 당국자들도 이것이 공식용어가 아니라면서 '대북 포용정책'이라고 써달라고 언론기관에 여러 차례 요청한 바 있지 않나.

노무현의 발언에서 가장 중요한 것은 '햇볕정책'이라는 용어 폐기 문제다. 이것은 그 자체로서 중요한 정치적 쟁점이다. 찬반 논란을 벌여볼 만하다. 그러나 언론은 그렇게 하지 않았다. 용어 폐기 여부는 정치적 의제로 잡아주지 않고, 노무현이 말을 바꾸었다는 것을 의제로 삼았다.

햇볕정책 계승하면 '김대중의 양자', 햇볕정책 보완책 제시하면 '말 바꾸기', 입 다물고 있으면 '소신 없는 쪼다'. 『조선일보』 2002년 7월 3일.

노무현은 차라리 입을 다물고 사는 게 낫다. '친DJ 아니면 모두 반DJ'라는 '프레임'으로 보면 그의 발언 가운데 문제되지 않을 게 하나도 없기 때문이다. 하지만 그것도 안 된다. 입 닫고 있으면 또 말을 못한다고 욕한다. 『조선일보』는 2002년 7월 3일자 5면에 「말 못하는 노 후보」라는 박스 기사를 냈다. "노무현 후보가 '북한의 서해도발' 사건 이후 나흘째가 되도록 본인의 직접적인 입장 표명을 않고 있다. 각종 현안이 있을 때마다 기자 간담회를 열어 적극적으로 속내를 얘기하던 노 후보 스타일에 비쳐볼 때 이례적인 일이다." 뭐 그런 내용인데 『조선일보』는 이렇게 주장했다.

지난달 29일 사건 발발 소식이 전해진 직후부터 보도진은 노 후보의 코멘트를 요구했지만, 노 후보 진영은 계속 '기다려 달라' 는 반응이었다. 그리곤 오후 늦게서야 '북한에 경고한다. 정부는 확고한 안보태세를 갖추라' 는 원칙론을 담은 세 줄짜리 논평을 내놨다.

그리고 1일 고위 당직자 회의에 앞서 노 후보는 "대북정책 전반에 대해 새로운 검토가 필요하다는 국민 일각의 문제제기가 나오고 있어 오늘 회의가 마련됐다"는 취지의 간단한 언급을 했다. 역시 이 사건의 성격 및 대응방안에 대한 구체적인 입장 표명은 아니었다.

그런데 노무현이 과연 아무 말도 하지 않은 것일까. 그렇지는 않다. 노무현은 사건 발생 당일인 6월 29일에 논평을 발표했고, 7월 1일 교전사태 관련 당정회의에서도 입장을 발표했다. 다음은 그 내용이다.

북한이 선제 공격으로 많은 인명 피해를 발생시킨 데 대해 강력히 경고한다. 정부는 북한의 군사적 도발에 대해 단호히 대처하고 국민이 안심할 수 있도록 모든 조처를 강구해야 한다. 국방당국은 전투태세를 갖추고 어떠한 사태에도 완벽하게 대비하기 바란다. (6월 29일 노무현 후보 코멘트)

대체로 군사적 위기상황은 종료된 것 같으나, 아직 국민은 의구심을 갖고 있는 것 같다. 국민들이 상황을 정확히 판단해 이해할 수 있도록 전달하는 것이 중요하다. 정부의 대북정책 전반에 대해서 새로운 검토가 필요하다는 국민 일각의 문제제기가 있는 것 같다. 신속하게 판단하고 대응해야 할 필요가 있다는 점에서 회의가 마련된 것 같다. 유익한 회의가 되도록 부탁드린다. (7월 1일 당정회의 모두 발언)

그런데 이런 정도의 발언은 『조선일보』에게는 들리지 않는다. 화끈한 규탄성명도 아니지 않은가. 『조선일보』는 가판에서는 「말 아끼는 노 후보」라는 제목을 달았다가 시내판에는 「말 못하는 노 후보」로 바꿨다. 한마디로 말해서 '북괴의 군사 도발로 귀중한 장병들이 사상당했는데도 뭐가 무서워서 그런지 말도 하지 못하는 한심한 대통령 후보 노무현'이라는 메시지를 담은 기사를 내보낸 것이다.

다시 정리하자. 햇볕정책을 계승하겠다고 하면 노무현은 '김대중의 양자'가 된다. 햇볕정책의 문제점을 지적하고 보완책을 제안하면 '김대중과의 차별화를 위한 말 바꾸기'가 된다. 입을 다물고 있으면 소신껏 말도 하지 못하는 쪼다가 된다. 어떤 경우든 『조선일보』는 노무현을 조질 수 있다. 이 비열한 게임에 『한겨레』까지 가세하다니, 이게 말이 되는가. 『조선일보』, 정말 대단한 신문이다.

이회창이 대통령이 된다면

『조선일보』는 승리를 목전에 두고 있다. 대선을 다섯 달 앞둔 7월 각종 여론조사에서 이회창은 약 10% 정도를 앞서 나가고 있다. 맞대결에서 16%까지 뒤진 조사결과도 있었다. 노무현 지지도가 높은 20대와 30대 투표율이 전통적으로 낮았던 사실을 고려하면 노무현은 10% 훨씬 넘게 뒤진 것이다. 그러나 8월 들어 이회창 아들 병역비리 은폐조작 의혹이 터지면서 지지율 격차는 현저하게 좁혀져 오차범위 안으로 들어왔다. 월드컵 4강의 바람을 타고 정몽준의 지지도가 급상승해 여론조사로만 보면 대선은 3파전 양상을 보이고 있다. 이것은 싸움이 아직 끝나지 않았음을 보여준다. 끝난 게 아니라 이제 시작일 뿐이다. 마지막 교정을 보고 있는 오늘은 8월 10일이다. 대선은 넉 달이 남았다. 한국 정치에서 넉 달은 조선왕조 5백 년만큼 긴 세월이다. 상상할 수 있는 모든 일이 다 벌어질 수 있는 긴 시간이다.

8월 현재 상황은 2002년 2월과 같다. 민주당 지지도는 한나라당에 비해 현저히 떨어지고, 민주당 후보 역시 이회창에게 크게 뒤진다. 패배감이 만연한 가운데 민주당 의원들은 동요하는 중이고 지지자들은 패닉 상태에 빠졌다. 달라진 것이 있다면 민주당 후보 자리에 이인제 대신 노무현이 서 있다는 것 하나뿐이다. 지난 4월 노무현 지지도는 이회창의 두 배인 60%에 육박한 적도 있었다. 그런 상황이 절대 재현되지 않으리라고 장담할 수 있는 사람은 아무도 없다.

12월 대선은 노무현과 이회창의 대결이다. 동시에 『조선일보』가 이끄는 특권동맹의 앙시앵 레짐의 해체 여부가 걸린 대결이다. 제한 몸의 출세를 위해 열과 성을 다한 흔적은 역력하나 공동체의 번영과 억울한 이웃을 위해서는 티끌만한 희생을 한 흔적도 없는 대한민국의 구주류(舊主流)의 권좌 복귀 여부가 걸린 싸움이다. 그에 맞선 대한민국 신주류(新主流)의 전면적인 등장 여부를 결정하는 싸움이다. 이회창의 집권은 옛 민정당의 권력 탈환을 의미한다. 전두환과 노태우 등 군인 출신이 아니라 판사 출신 이회창이 이끄는 만큼 외연이 넓어졌고 과거에 비해 훨씬 세련된 권력이 되겠지만 본질은 변함이 없다. 그동안 진전된 민주주의와 시민사회의 힘 때문에 더 유연한 통치를 하겠지만 1997년까지 대한민국을 지배했던 구주류의 권좌 복귀라는 점은 달라지지 않는다.

　　반면 노무현의 집권은 구주류의 분열과 민주당 내 수구세력의 퇴장을 의미한다. 대선에서 패배하면 한나라당은 분열할 수밖에 없다. 이번에도 낙선하면 이회창은 사실상 정계를 떠나야 할 것이다. 이회창이 없는 한나라당이 하나의 정당으로서 정체성과 통일성을 유지할 가능성은 없다. 민주당에서도 김대중을 추종하면서 지난 15년 동안 편하게 국회의원을 했던 구시대 인물들이 퇴장할 수밖에 없다. 그 자리를 어떤 세력이 메울지는 아직 분명하지 않다. 그러나 우리 현대사의 흐름은 새로운 사람, 새로운 세력이 그 자리를 차지할 것임을 예고한다.

1948년 정부 수립 이후 한국 정치사는 한마디로 '민주공화국의 수립을 향한 대장정'으로 요약할 수 있다. 제헌헌법은 3·1운동과 임시정부의 정신을 이어받고 당시까지 서구 민주주의 선진국들이 이룩한 최고의 문명적 성취를 받아들인 민주공화국 헌법이었다. 그러나 일제의 식민지배에서 막 벗어난 신생독립국 대한민국은 헌법의 지배를 실현할 역량이 없었다. 이승만 대통령의 가부장적 독재와 5·16 군사쿠데타, 유신과 5·18 군사쿠데타 등을 거치면서 민주공화국 헌법은 종이쪽지와 다름없는 지위에 놓이거나 아예 폐기되는 비운을 맞아야 했다.

1960년 4·19혁명과 1980년 광주민주화운동, 1987년 6월항쟁은 민주적 기본질서를 규정하는 공화국 헌법과 민주적 기본질서를 복원하기 위한 대중적 투쟁이었다. 그리고 군부독재 체제를 폐기한 1987년 6월항쟁 이후 지금까지 우리 국민은, 세 차례의 대통령 선거를 거치면서 점진적으로 현실에 대한 헌법의 지배력을 높여왔다.

1987년 대선은 민주세력의 분열로 인해 헌정질서를 유린했던 5공정권을 합법적으로 연장시키는 결과를 초래했지만, 국민의 선택에 의해 권력이 탄생하는 시대의 도래를 확인하는 의미를 가진다. 민주화 세력 리더로서 집권당의 후보가 된 김영삼이 승리한 1992년 대선에서는 그가 집권세력 내의 소수파였다는 점에서 '1/3 정권교체'를 이루었다고 할 수 있다. 김영삼은 군부 사조직 하나회를 정리함으로써 한국 사회를 군부 쿠데타의 공포에서 해방시켰다. 1997년 김대중은 '유신본당' 김종필을 주니어 파트너로 끌어안고 승리를 거둠으로써 '절반의' 또는 '2/3 정권교체'를 성취했다.

'민주 대 독재'의 대결은 시효가 만료되었다는 견해가 있다. 그러나 우리는 겨우 세 차례의 '혼탁한 자유선거'를 치렀을 뿐이다. 우리의 민주주의 역사는 일천하다. 국민들은 사상의 다양성과 집단적 이해관계의 대립을 인정하는 바탕 위에서 대화를 통해 갈등을 해소하는 민주적 절차에 아직 익숙하지 않다. 남북의 이데올로기적 군사적 대결이 완전히 사라지지 않은 만큼, 공동체의 안전 보장을 명분으로 시민의 기본권을 억압하는 국가주의적 공안통치가 다시 고개를 들 위험성이 상존한다. 민주 대 독재의 가시적 전선은 크게 완화되었지만 그와 같은 정치적 경향성의 대립마저 사라진 것은 아니다. 특히 반북 대결정책을 추구하는 『조선일보』의 노골적 지원 아래 이회창이 당선될 경우 우리 사회는 다시 공안통치의 지배를 받게 될 것이다.

지난 15년의 정치사적 흐름에 비추어보면 이번 16대 대선이 국가주의적 공안통치로의 회귀 가능성에 종지부를 찍는 선거가 되는 것이 자연스럽다. 이렇게 해야 임계점에 도달한 한반도의 냉전구조와 한국 사회 내부의 이데올로기적 긴장상태를 해체하고 민주적 기본질서를 공고히 다질 수 있다. 한나라당은 대통령 후보나 당 대표, 소속 의원들의 면면이 많이 달라지기는 했지만 이데올로기적으로는 냉전적 대결주의, 경제정책과 사회정책은 박정희식 성장모델과 냉혹한 신자유주의 쪽으로 쏠려 있다.

이회창이 대통령이 될 경우 대화를 통해 사회적 갈등을 조정하고 절충하기보다는 모든 '불법 집단행동을 엄단' 한다는 편협한 법치주의를 밀고 나갈 가능성이 높다. 법률적 정당성은 갖추었으나 도덕적 우위는 확보하지 못한 권력집단이 나름의 이념과 이해관계에 입각한 각계각층의 집단적 저항을 공권력으로 억누르려고 할 때 공안통치로의 복귀는 필연적이다. 아직 기반이 취약한 한국의 민주주의가 다시 시험대에 오를 수밖에 없는 것이다.

민주당의 집권이 역사의 순리라는 말이 아니다. 김대중의 당적 이탈과 정치적 추락은 그가 이끌었던 민주당의 정치적 종말을 의미한다. 이번 16대 대선은 '김대중의 민주당' 과는 전혀 다른 정치세력의 등장을 요구한다. 민주당 국민경선 과정에서 거세게 불었던 노무현 바람은 민심의 요구가 폭발 직전에 있다는 것을 입증한다.

대통령 후보의 리더십, 당의 정책과 운영방식, 공직선거 후보의 선정 절차, 당의 기초인 당원의 인적 구성이 바뀌어야 한다. 차기 정부의 시대적 과제를 정확히 인식하고, 그 과제에 과거와는 다른 방식으로 대처해야 하며, 과거와는 다른 유권자 집단을 확고한 지지기반으로 획득해야 한다. 그래야만 우리 헌법이 규정한 민주공화국의 기본질서를 더욱 공고히 하면서 경제, 사회, 정치, 문화 등 모든 영역에서 제기되는 정책적 과제를 효율적으로 해결할 수 있다. 이런 조건을 확보하지 못하면 민주당이 집권할 가능성은 희박하다. 요행히 집권하는 경우에도 성공하는 정부가 되기는 어렵다.

새로운 리더십이 필요하다

한국 사회는 새로운 리더십을 요구한다. 3김의 리더십은 박정희 시대의 산물이다. 김종필은 군사독재정권의 제2인자로서, 김영삼과 김대중은 그에 도전하는 민주세력의 리더로서 정치적 지도력을 획득했다. 그들은 길게 보면 1971년 대통령 선거 이후 30여 년, 짧게 보아도 1987년 6월민주항쟁 이후 15년 동안 한국 정치를 전적으로 지배했다.

정치 지도자의 리더십과 역할은 그 시대의 역사적, 정치사회적 조건과 상호작용하면서 구현된다. 정치 지도자의 리더십이 시대적인 과제를 해결하는 구심점이 되는가 하면, 그 시대의 구조적 한계를 넘지 못하고 무력해지거나 오히려 정치사회의 발전에 질곡이 되기도 한다.(김만흠, 「지역독점의 카리스마적 리더십 못 벗어나」, 『프레시안』, 2002. 5. 21) 이런 관점에서 보면 양김의 리더십은 빛과 어둠을 동시에 내포하고 있다. 빛은 반독재 민주화운동을 이끌던 시절에 화려하게 부각되었으며, 어둠은 그들이 권력을 차지한 이후에야 짙게 드러났다.

우선 양김의 리더십은 역사적 정통성에 근거를 두고 있다. 그들은 민주주의를 희생한 산업화, 계몽 없는 산업화가 이루어진 1970~80년대에 공화정의 기본질서를 수립하기 위해 헌신하고 희생했다. 두 사람이 대통령을 지낸 10여 년 동안 군부의 정치개입 가능성이 사라졌고, 집회와 결사의 자유를 비롯한 시민적 기본권이 신장되었으며, 언론에 대한 통제와 언론자유에 대한 탄압이 사라졌고, 민주노총과 전교조 등 자주적 노동운동에 합법적 공간이 열렸다. 적어도 정치적 민주화에 관한 한 그들의 리더십은 문제를 완전히 해결하지는 못했지만 앞으로의 진전을 기대할 수 있는 터전을 닦았다.

양김은 또한 강력한 개인적 카리스마를 지닌 리더였다. 이것 역시 크게 보면 탄압을 견디며 정치를 해야 했던 시대의 산물이다. 그러나 같은 시절을 살았던 수많은 정치인 가운데 오직 그 두 사람만이 이러한 카리스마를 획득했으며, 이것은 양김이 출중한 개인적 능력의 소유자임을 입증한다. 뛰어난 정치적 감각과 전광석화 같은 결단력, 민심의 흐름을 읽고 대안을 조직하는 능력에서 양김은 다른 모든 경쟁자를 압도했다.

양김은 역사적 정통성과 개인적 능력을 겸비한 카리스마적 리더로서 결국 자기의 시대를 열었다. 그러나 그들도 자기 자신과 자기의 시대를 넘어선 초인은 아니었다. 양김의 리더십은 사회 환경의 변화와 더불어 위기를 맞을 수밖에 없었다. 그러나 그들은 그 변화를 수용해 스스로를 변화시키는 대신 낡은 방식으로 그 위기에 대처함으로써 지도력의 위기를 심화시켰고 끝내는 정치적 몰락의 길을 걸었다. 많은 성공한 사람이 그런 것처럼 그들도 '자기 성공의 희생자'가 된 것이며, 1987년 이후의 정치사는 양김이 역사적 정통성을 스스로 무너뜨린 역사이기도 하다.

그렇게 양김은 권력을 획득하기 위해 스스로 역사적 정통성을 훼손했다. 1987년의 분열, 3당합당, DJP연합이 그것이다. 집권을 위한 분열과 무원칙한 타협 때문에 부분적으로 훼손된 정통성은 그들이 집권세력으로서 '개혁을 추진하면서도 많은 민주적 과제를 방기'했다는 비판을 받음으로써 더 심각하게 훼손되었다. (정대화, 「개방적 민주정치로의 과도기」, 『프레시안』, 2002. 5. 6)

양김의 역사적 정통성을 결정적으로 파괴한 것은 그들의 절대적 카리스마였다. 양김은 권위주의 정권과의 전선에서는 '민주주의 지도자'였지만 그들 자신이 이끈 정당 안에서는 '가부장적 독재자'였다. 1987년 민주개혁세력의 분열로 야기된 리더십의 위기를 그들은 지역적 결속력으로 보완했다. 그 결과는 다음 평가처럼 참담한 것이었다.

3김시대를 특징짓는 것은 지역감정의 자극을 통한 3김의 지역할거, 이를 기반으로 한 봉건적 사당정치의 확립, 이들간의 정략적 담합에 의한 정권창출, 그리고 창출된 권력의 전근대적 사유화 및 농단 등 부정적 요소들이다. 그 결과 정치에 대한 환멸과 냉소는 사회 전반에 확산되었고, 수많은 열사들의 숭고한 희생을 통해 쟁취한 민주주의는 채 꽃도 피우기 전에 빈사상태에 빠져버렸다. 결국 지역주의를 기반으로 한 3김정치의 압도적인 힘이 한국 민주주의를 짓눌러왔던 것이다. 3김의 권력욕, 이들을 추종하고 이들에 의지해서

표를 얻고 권력자원을 배분 받으려는 정상배들, 그리고 이들의 볼 모가 된 유권자들의 지역주의적 투표행태가 3김정치를 견고하게 지탱해온 세 축이었다. (김수진, 「양김에 의한 민주세력 배제의 역사」, 『프레시안』, 2002. 5. 7)

경험적, 이론적으로 카리스마적 리더십은 오래갈 수 없다. 특별한 인간처럼 보이는 사람도 일상적 경험을 오래 하다 보면, 그냥 보통 사람과 별 다른 차이가 없다는 것을 알게 된다는 것이다. 사실은 이미 87년 대선 이후로 양김의 카리스마는 약화되었다. 그럼에도 불구하고 김대중은 호남의 한을 바탕으로 지역주의적 카리스마를 지속할 수 있었고, 카리스마적 요소가 상대적으로 약했던 김영삼은 반 DJ에 의존한 지역주의적 리더십을 기초로 집권했다. (김만흠, 「지역 독점의 카리스마적 리더십 못 벗어나」, 『프레시안』, 2002. 5. 21)

민주화 투쟁에서는 지도자의 카리스마가 매우 중요한 정치적 자산이 된다. 그러나 그들이 대통령이 된 다음에는 문제가 달라진다. 대통령의 개인적 카리스마가 남용되면 집권세력과 정부 전체가 권위주의의 지배 아래 들어갈 위험이 있기 때문이다. 대통령에게는 인격적 카리스마가 아니라 민주적 제도에 기초를 둔 리더십이 필요하다. 그러나 양김은 인격적 카리스마를 거의 유일한 무기로 삼아 집권당과 국회와 정부를 지배하려 했다. 5년 시차를 두고 반복된 대통령 아들과 주변인물들의 구속 사태는 그 필연적 결과라고 할 수 있다. 이제 양김의 정치적 리더십은 존재하지 않는다. 양김은 한때 최고의 권좌에 올랐거나 조금 더 머물러 있을 '가련한 할아버지들'에 불과하다.

　　독재의 명분으로 삼았던 산업화가 실제로 이루어졌을 때 한국 사회는 박정희와 같은 지도자를 더 이상 용납하지 않았다. 마찬가지 이치에서 양김의 시대가 진척시켰던 민주화는 인격적 카리스마에 근거를 둔 가부장적 지도자를 용납하지 않는다. 2002년의 한국 사회는 양김이 리더십을 구축했던 시대와 근본적으로 달라졌다. 우리는 지금 다양성의 시대, 탈권위주의 시대, 디지털의 시대, 쌍방향 커뮤니케이션의 시대를 살고 있다. 나이 칠순의 정치인들에게 이러한 변화에 발맞출 것을 요구하기는 어렵다. 이런 면에서 보면 양김의 리더십이 무너진 것은 불가피한 사태다.

　　3김시대의 한국 사회는 급속한 변화를 겪었다. 직업과 생활방식, 이해관계와 가치관의 다양화가 첫번째 변화다. 두번째는 높은 학력과 민주화 체험을 보유한 젊은 유권자 집단의 등장이다. 세번째는 인터넷의 등장과 함께 찾아온 매체 환경의 변화다. 우리는 정보통신혁명과 쌍방향미디어 시대를 살고 있다. 중요한 것은 '양김 이후' 정치적 리더십은 바로 이런 변화를 반영하는 것이어야 한다는 점이다.

　　즉, 그 첫째는 민주적 리더십이다. 당원과 지지자들에게 올바른 방침을 제시하는 철인형(哲人型) 지도자가 아니라 조직 구성원들이 다양한 견해를 자유롭게 표출하도록 만들고 이견과 대립을 조정하고 절충하여 합의를 이끌어내는 능력을 가진 지도자, 인격적 카리스마가 아니라 비전과 제도화된 절차를 통해 조직을 이끌어가는 리더십이 필요하다.

둘째, 수평적 리더십이다. 재정과 공천권, 인사권 등 모든 권한을 틀어쥐고 모든 사람이 자기 앞에서 머리를 숙이게 만드는 권위주의적 리더십의 시대는 끝났다. 국회와 내각과 사법부에 대한 지배력을 포기하고 분산할 수 있는 모든 권한을 각급 지방자치단체와 장관과 행정부처에 넘김으로써 3권분립의 원칙을 존중하고 자율의 정신에 따라 국가를 운영할 수 있는 리더십만이 대중의 지지를 받을 수 있다.

셋째, 개방적인 네트워크형 리더십이다. 측근과 사조직, 돈으로 유지하는 리더십은 시효가 종료되었다. 디지털 시대의 지도자는 다양한 사회집단과 직접 대화해야 한다. 국민들과 멀리 떨어진 구중궁궐에 살면서 민심과 어긋나는 지시와 명령을 내리는 지도자가 아니라 참모들과 격의 없이 토론하고 각계각층의 오피니언 리더는 물론이요 일반 유권자들과도 정서적 일체감을 형성해야 한다.

이러한 리더십에 가까운 인물은 노무현이다. 이회창은 3김과 유사한 가부장적 리더십을 보유한 마지막 지도자다. 이번 대선은 우리 국민이 새로운 정치 리더십을 창출할 수 있는 절호의 기회다. 이회창이 승리를 거둔다면 새로운 리더십의 출현은 최소한 5년 더 늦어질 것이다.

신주류의 등장

이회창 후보는 '주류(主流, mainstream)'의 지원을 받아 정권을 되찾겠다고 말했다가 호된 반격을 받았다. 그는 주류가 어떤 집단인지를 끝내 명료하게 밝히지 않았다. 여러 정치적 고려가 있었겠지만 근본적인 이유는 그가 떳떳하게 내놓고 자랑할 만한 '주류'가 존재하지 않기 때문이다. 그가 생각한 '주류'는 명문대학을 나온 자칭 엘리트들과 대기업의 지배자들, 조중동을 비롯한 유력 언론사의 사주와 경영진, 그리고 수십 년 동안 사회의 모든 권력을 차지했던 영남세력이다. 그들은 박정희, 전두환, 노태우, 김영삼 정권을 떠받쳐온 '구주류(舊主流)'로서 이번 대선에서도 이회창을 밀 것이다. 이들 '구주류'가 대한민국을 지배해온 것은 엄연한 사실이다. 그러나 이것은 공개적으로 발설하면 대중의 반감을 사기 때문에 '공공연한 비밀'로 남겨두어야 한다. 이회창 후보는 기밀 누설이라는 실수를 저질러서 곤욕을 치렀던 것이다.

양김은 집권에 성공했으나 새로운 정치적 기반을 구축하는 데는 실패했다. 김영삼은 이회창 후보의 '구주류'에 일부 개혁세력과 PK기반을 덧붙였다. 김대중은 호남과 충청 지역연합에 일부 개혁세력을 결합했을 뿐이다. 양김은 임기 5년을 안정적으로 지탱해주고 퇴임 후 자기가 이끈 정당이 연속성을 유지하면서 존속하게 해줄 새로운 주류를 형성하지 못했다. 그들의 리더십으로는 변화된 사회 환경에 어울리는 대안을 조직할 수 없었기 때문이다.

대안이란 독자적 비전과 정책 패러다임을 의미하며 정치권력을 획득하고 유지하기 위해서는 대안을 체계화해야 한다. 자기에게 가장 유리한 정치적, 조직적 대안을 동원할 수 있는 능력이 정당의 성공과 실패를 좌우하기 때문이다. 대안을 조직화하지 못하면 유권자의 집단적 참여를 유발할 수 없다.(정상호, 「노무현 현상에 대한 정치학적 분석」, www.knowhow, 글번호 53821)

'노무현 바람'은 새로운 리더십에 대한 대중의 열망을 반영한다. 노무현은 독자적 비전과 정책적 패러다임을 완전하게 체계화하지는 못했지만 그 가능성을 보유한 새로운 리더로 떠올랐다. '노무현 바람'의 진원지와 지지층의 특성을 뜯어보면 한국 사회에 일찍이 없었던 신주류(新主流)가 등장하고 있음을 알 수 있다. 신주류는 앞서 언급한 '합리적 개혁세력'이다. "개혁의 중단이 아니라 더 많은 민주주의와 보다 효율적인 개혁을 기대하는 시민들의 집합"이다. '신주류'는 '구주류'와 기존의 정치적 리더들이 만들어 놓은 지역주의 정치구도와 특권적 권력문화, 제왕적 리더십을 거부하고 불신한다. '노무현 바람'은 기존 지도력에 대한 '신뢰의 위기'가 만들어낸 정치 현상이다.

'노무현 바람'은 기성 정치의 사각지대에서 시작되었다. 지난 연말 이후 올 봄까지 실시된 각종 여론조사를 보면 노무현은 연령별으로는 20대와 30대, 학력별로는 대학 재학 이상의 고학력층, 소득

계층으로는 월수입 2백만 원 이상, 성별로는 남자, 직업별로는 화이트컬러와 전문직 유권자들에게서 처음부터 상대적으로 높은 지지를 받으며 출발했다. 이들은 정치에 냉소적이거나 무관심하며 투표율이 낮은 집단으로 간주되어왔다. 그러나 이러한 표면적 정치 거부는 '더 많은 민주주의와 보다 효율적인 개혁'에 대한 그들의 열망의 표현이었다. 그들은 이 열망을 지속적으로 배신한 낡은 정치를 거부했을 뿐이다.

이들이 노무현에게 높은 지지를 보낸 것은 그에게서 새로운 대안을 조직할 수 있는 새로운 리더의 가능성을 발견했기 때문이다. 반면 '저학력, 저소득, 고령층, 생산직과 서비스직'의 서민들은 국민통합과 민족화해, 권력문화의 혁신과 새로운 동북아 질서 구축 등 그가 내세운 정치적 가치와 목표를 잘 이해하지 못했다. 서민 후보를 자처하는 노무현이 아니라 귀족 이미지를 가진 이회창이 서민층의 지지를 받는 역설은 이렇게 해서 발생한 것이다.

노무현이 민주당의 후보 자리를 지키거나 개혁신당의 후보로 나선다면 이번 대선에서는 지역 변수가 크게 약화될 것이다. 정당의 지역적 기반과 후보의 출신지역이 어긋난다는 단순한 사실 때문이다. 그러면 어떤 다른 변수가 승패를 좌우할 것인가. 세대간 대결이 결정적인 역할을 할 것이다.

2002년 6월 이후 40대 지지도의 흐름은 이회창에게 유리한 쪽으로 역전되었다. 그러나 전체적으로 연령대별 지지도는 고착화되고 있다. 대통령 아들 비리를 비롯한 온갖 악재가 다 터진 시기에도 20대와 30대는 여전히 노무현을 지지했다. '충성도'가 매우 높다는 이야기다. 50대 이상의 이회창 지지도 역시 고착되었다. 크게 변한 것은 40대밖에 없다. 그런데 20대와 30대를 합치면 유권자의 절반에 육박한다. 40대의 대다수를 자기편으로 끌어오는 동시에, 20대와 30대의 투표율이 현저히 낮은 상황이 아닌 한 이회창이 이길 가능성은 거의 없다.

　뒤집어 말하면 노무현은 20대와 30대 유권자를 투표장으로 나오게 만들고 40대 유권자를 붙들어야 한다. 어떻게 할 것인가? 다시 문제는 리더십이며 대안을 조직하는 능력이다. 민주당 국민경선 과정에서 이들은 조중동의 집중포화 속에서도 노무현을 지지함으로써 '더 많은 민주주의와 보다 효율적인 개혁'에 대한 열망을 표출했다. '합리적 개혁세력'은 바로 이들이다. 노무현과 민주당은 김대중 집권을 가능하게 했던 '정치공학'과 결별해야 한다. 김대중은 호남의 절대적 지지를 바탕으로 삼아 김종필과 연합함으로써 충청도 지역표를 얻었다. 달리 대안이 없는 비호남 개혁세력의 표를 흡수했고 정책적 우향우를 통해 보수적 유권자의 거부감을 누그러뜨렸다. 노무현은 이러한 '정치공학'을 구사할 지역적 기반이 없다. 그의 자산은 대안을 조직하는 새로운 리더십에 대한 '합리적 개혁세력의 기대와 열망' 뿐이다. 그가 새로운 리더십을 형성하고 대안적 프로그램을 조직하는 데 실패한다면 '노무현 바람'을 만들었던 '신주류'의 정치적 등장은 또다시 5년 후를 기약해야 할 것이다.

민주당, 죽거나 혹은 바꾸거나

노무현은 개인이 아니라 민주당의 대통령 후보다. 노무현 혼자서 리더십을 형성하고 비전과 정책 패러다임을 조직하는 게 아니라 민주당과 함께 한다. 그런데 노무현은 민주당 후보가 되고 난 다음부터 지지도가 하락하기 시작했다. 민주당에 대한 국민 지지도는 노무현 지지도의 절반 수준이다. 민주당이 노무현과 함께 집권하기 위해서는 무엇보다 먼저 현실을 직시하고 인정해야 한다. 아무리 내키지 않아도 어쩔 수 없다. 민주당이 인정해야 하는 현실은 다음과 같다.

①민주당은 집권당이 아니다. 다만 어제의 집권당이었을 뿐이다. 권한은 없고 대통령과 주변인물들의 비리에 대한 연대책임만 남아 있다.

②민주당은 DJ가 만든 DJ의 당이다. 민주당에는 DJ의 인격적 그림자가 여전히 남아 있다.

③민주당은 '지역당'이다. 6·13지방선거에서 민주당은 호남과 제주에서만 이겼다. 의원들의 압도적 다수가 호남에 지역구를 두고 있거나 호남 출신이다. 중앙당과 지구당 대의원은 물론이요 일반

당원 역시 지역 연고를 가진 사람이 대종을 이루고 있다.

④민주당은 확고한 주도세력이 없는 정당이다. DJ가 당의 지역적 외연을 넓히기 위해 영입한 국회의원과 정치인 중에는 민주당의 정책노선과 맞지 않는 인사들이 많다. 당의 중심이던 구동교동계가 전면에서 퇴각하고 최고위원회를 구성했지만 새로운 세력이 당의 중심으로 자리잡지는 못했다.

⑤민주당은 정책노선의 중심이 분명하지 않은 정당이다. '서민과 중산층의 정당' '개혁적 국민정당'을 표방하지만 DJP연합 과정에서 노선의 선명성이 퇴색했고, 집권 후에는 인사청문회와 특검제를 비롯한 중요한 약속을 위배함으로써 정책노선의 중심은 더 크게 흔들렸다. 김대중이라는 가부장적 지도자가 떠난 뒤로는 정책적으로 더 혼미한 정당이 되고 말았다.

민주당 지지도가 노무현 지지도에 현저히 뒤지는 것은 노무현을 지지하는 '합리적 개혁세력' 가운데 민주당을 거부하는 유권자가 많기 때문이다. 민주당은 둘 가운데 하나를 선택할 수밖에 없다. 원내 제2당의 기득권을 지키면서 노무현 후보를 현재의 민주당에 맞게 길들이는 것. 또는 모든 개인적·집단적 기득권을 포기하고 '합리적 개혁세력'이 갈망하는 새로운 비전과 정책 패러다임을 조직하는 것. 죽거나 혹은 바꾸거나, 그 선택만이 남아 있는 것이다.

민주당 국민경선 과정에서 노무현 개인 지지도와 더불어 당지지도도 올라갔다는 사실에 주목할 필요가 있다. 노무현에 대한 지지가 새로운 리더십의 출현과 보다 효율적인 개혁에 대한 환호였다면, 민주당에 대한 지지는 당내에서 실현한 '더 많은 민주주의'에 대한 보상이었다. 이제 남은 시간이 별로 많지 않다. 대선에서 패배한 후 초라한 '지역당'으로 남고 싶지 않다면 민주당은 어제와는 다른 정당으로 자신을 바꾸어야 한다. 모든 개혁은 기득권을 침해한다. 민주당의 자기 개혁도 당내 기득권을 침해한다. 기득권을 허물거나 스스로 포기하지 않으면 개혁은 없다.

노무현 후보는 1997년 대선 당시 김대중 후보보다 훨씬 유리한 조건에서 대통령 선거를 맞이하고 있다. 그가 민주당의 후보가 되었다는 것, 이것 자체가 한 시대가 저물었음을 의미한다. 한 시대가 끝나고 그 시대에 자기의 인격을 각인한 지도자가 퇴장할 때, 그 지도자와 운명을 함께 했던 인물들도 무대 뒤로 사라지는 것이 자연스럽다.

그러나 한 시대가 끝나고 지도자가 퇴장해도 그가 축조해 놓은 조직과 문화, 그의 시대가 남긴 기득권은 한동안 남아 있기 마련이다. 새로 역사의 전면에 등장하는 유권자들은 그것을 반기지 않는다. 살아남기 위해서는 자기 손으로 조직을 허물고 문화를 혁신하고 사람을 교체해야 한다. 기득권에 안주하며 변화를 거부할 경우 찾아드는 것은 분열과 다툼과 몰락이다. 거대한 문명도, 위대한 제국도 그렇게 무너진다. 정당도 예외가 될 수 없다.

민주당원과 국민들은 노무현을 후보로 선출함으로써 스스로

한 시대를 정리하고 새로운 리더십과 대안을 조직할 기회를 민주당에게 제공했다. 그러나 민주당은 이 기회를 자기 발로 걷어찬 것처럼 보인다. 8월 9일 최고위원 상임고문 연석회의에서 노무현이 신당 창당 논의를 수용한다고 함으로써 민주당 내분은 어떤 신당을 어떻게 만들 것인가로 모아지게 되었다.

'반노세력'은 제2의 DJP연합을 꿈꾸고 있다. 다시 자민련과 손잡고 정몽준을 대통령 후보로 영입하자는 것이 그들의 주장이다. 호남과 충청 지역연합 위에 김대중 대신 정몽준을 후보로 얹어 97년 대선 판도를 재현하자는 것이다. 완벽한 과거회귀적 신당이다. 국민들이 이 '짬뽕신당'을 용납할 것인가? 이인제나 정균환 등은 그렇게 믿는 눈치다. 그러나 나는 이런 정당이 집권할 수는 없다고 믿는다. 집권하더라도 김대중 정권보다 더한 부패와 무능의 늪에 빠지리라고 본다. 노무현이 이 신당의 대통령 후보로 다시 뽑힌다고 해도 결과는 마찬가지다. 국민통합도 부패청산도 정치개혁도 할 수 없는 수구적 신당의 후보가 되는 그 순간 우리가 알고 있던 '원칙과 소신의 정치인' 노무현은 사망선고를 받을 것이고, 온갖 악조건에도 불구하고 30% 아래로는 내려가지 않았던 노무현의 지지도는 더 하락하고 노풍은 완전 소멸할 것이다.

노무현이 가야 할 길은 하나밖에 없다. 반창연합을 명분으로 내건 수구적 신당과 비타협적으로 싸우는 것이다. 설사 민주당 다수파가 노무현에 등을 돌리고 김대중이 1995년 국민회의를 창당했을 때처럼 민주당을 깨고 나가 신당을 만든다 할지라도 노무현은 달리 선택할 대안이 없다. 만약 그런 사태가 벌어진다면 민주당 밖의 개혁세력이 절박한 위기감을 느끼고 국민경선 때처럼 다시 나설 것이다. 지역별로 부문별로 노무현 지지세력을 조직할 것이다. 노무현은 민주당을 지키면서 국민경선의 취지에 맞는 개방적 선대위를 구성할 수 있다. 경우에 따라서는 지역주의 세력이 떠나버린 민주당을 모태로 시민사회의 합리적 개혁세력과 손잡고 개혁신당을 만들 수도 있다. 이것은 매우 험난한 길이 될 것이다. 그러나 수구적 지역연합 신당의 대통령 후보가 되는 것보다는 훨씬 행복한 길이 될 것이다.

마지막에 웃는 자 누구일까?

노무현과 『조선일보』의 싸움은 소강상태를 보이고 있다. 이것은 이회창과 한나라당이 너무나 잘 싸우고 있으며 '김대중＝부패정권＝노무현'이라는 한나라당의 등식이 너무나 잘 먹히는 탓에 굳이 『조선일보』가 팔을 걷어붙이고 나설 필요가 없었던 탓이다. 『조선일보』 편집인 김대중은 틈날 때마다 대통령 김대중을 씹고 조롱하고 야유하는 여유를 즐기고 있다. 그러나 나그네는 길에서도 쉬지 않는 법, 『조선일보』는 짬짬이 노무현에게 잔매를 안기고 있다. 가장 최근에 일어난 에피소드를 보면, 노무현이 다시 바람을 일으키지 못하는 한 『조선일보』는 12월까지 이런 정도 잽을 구사하는 데 그칠 것이다. 그러나 이 에피소드는 노무현이 다시 일어설 수 있는 비결이 무엇인지를 암시하기 때문에 눈여겨볼 필요가 있다.

노무현의 운전기사는 교통법규를 위반했다가 딱지를 하나 뗐다. 거의 모든 신문들이 그 소식을 전했는데 방식은 모두 달랐다. 보도를 비교해보면 노무현 바람이 잦아든 탓에 『동아일보』나 『중앙일보』는 긴장이 풀린 기색이 역력하다. 그러나 『조선일보』만은 긴장의 끈을 놓지 않고 있다. 『조선일보』, 정말 존경스럽다. 같은 사건을 다룬 주요신문의 기사를 비교해 보시라. 먼저 7월 19일 『조선일보』 신정록 기자의 작품이다.

> 노무현 후보 탄 승용차 교통위반 6만원 '딱지'
>
> 민주당 노무현 대통령 후보가 타고 가던 승용차가 18일 서울 올림픽대로상에서 교통법규를 위반해 6만원짜리 교통범칙금 '딱지'를 뗐다. 노 후보 차량은 이날 서울 송파구 삼전동에 위치한 배명중학교에서 오전 11시45분 학생들을 상대로 '1일교사'를 하기 위해 여의도 당사를 출발해 가던 중 교통체증이 심해 시간을 맞출 수 없게 되자 올림픽대로상의 중간 정차 지대로 질주하다가 교통경찰에게 적발됐다. 승용차 운전자는 차창 문을 조금 내리고 누가 탑승한 차량인지를 밝히지 않은 채 딱지만 뗐다. 이 때문에 경찰은 이 차량이 노 후보가 탑승한 차량인지를 알지 못했던 것으로 알려졌다. 노 후

보는 이 바람에 10여 분 늦게 학교에 도착했다.

이 기사의 핵심은 노무현이 탄 승용차가 교통법규를 무시하고 달리다가 6만 원짜리 '딱지'를 뗐다는 것 한 가지다. 배명중학교 학생들을 위한 '1일교사'는 그가 교통법규를 위반하면서 서둘렀던 이유를 설명하는 장치에 불과하다. 기사가 전하고자 하는 메시지는 '노무현은 급하면 교통법규를 위반하는 사람'이라는 것이다. 오해의 여지가 없다. 그런데 똑같은 사실도 시각을 달리 하면 전혀 다른 사실이 된다. 같은 날 『동아일보』와 『한겨레』 보도를 참고로 하자.

노무현 후보 일일교사-교통위반 딱지 (『동아일보』 부형권 기자)

민주당 노무현 대통령 후보의 승용차가 18일 교통법규 위반으로 적발돼 '딱지'를 뗐다. 노 후보는 이날 서울 송파구 삼전동 배명중학교 1학년 9반 일일교사로 위촉받아 학교로 가던 중 올림픽대로에서 차가 심하게 밀리자 운전사가 차량 통행이 금지된 안전지대로 승용차를 몰았고, 곧바로 교통경찰에 적발된 것. 당시 경찰은 노 후보가 차에 타고 있다는 사실을 몰랐던 것으로 알려졌다.

노 후보는 수업 시간 직전 간신히 학교에 도착해 학생들에게 "빨리 오지도 못하면서 딱지만 뗐다"고 고백한 뒤 "여러분 같으면 교통법규를 위반하고라도 약속을 지키겠느냐, 아니면 법규를 지키고 약속에 늦겠느냐"고 물었다.

다른 신문들이 『조선일보』의 '프레임'을 추종하지 않을 경우, 『조선일보』의 '노무현 죽이기' 효과는 크게 반감될 수 있다. 『조선일보』, 『동아일보』, 『한겨레』 2002년 7월 19일.

학생들 중 과반수 이상이 후자에 손을 들자 노 후보는 "맞다. 좀 더 큰 규칙을 지키는 것이 옳다. 약속은 좀 늦더라도 나중에 양해를 구하면 되지만, 교통규칙은 예외를 인정해주기 시작하면 혼란이 생기기 때문이다"고 말했다.

일일교사 노 후보 교통위반 '딱지' (『한겨레』 박병수 기자)

"약속시간을 지키기 위해 교통질서을 위반하는 것이 옳을까요, 아니면 약속시간을 어기더라도 교통질서는 지켜야 할까요."

노무현 민주당 대통령 후보가 18일 서울 송파구 배명중학교 '일일교사' 활동을 위해 길을 서두르다 교통위반 '딱지'를 떼였다. 노 후보는 이날 학생들에게 이 '봉변'을 숨기지 않고, 오히려 예로 들어 가며 두 가지 규칙이 충돌할 때 어떤 선택을 할 것인가를 묻는 것으로 말문을 열었다.

노 후보는 학생들이 '교통질서를 지켜야 한다'는 의견을 많이 제시하는 것을 지켜본 뒤 "교장선생님과의 약속은 개인적인 것이라서 좀 늦더라도 나중에 설명하면 되지만, 길거리 규칙은 잘못하면 회복할 수 없는 무질서가 생기기 때문에 안 된다"고 동감을 표시했다. 노 후보는 또 "여러분이 공부하는 이유 중 하나도 규칙이 충돌했을 때 어떤 선택을 해야 하는지를 알기 위해서"라고 덧붙였다.

이 두 기사의 핵심은 노무현의 '1일교사' 강의 내용이다. 사실 단속한 경찰관도 몰랐으니 기자들이 노무현의 운전기사가 딱지를 떼인 사실을 알 리 없었다. 노무현이 학생들에게 말을 했기 때문에 안 것이다. 딱지 떼인 사실은 1일교사 강의 소재로 기사에 등장한다. 이 걸 읽은 독자는 어떤 생각을 할까? 아마 이런 정도일 것이다. 노무현처럼 높은 사람도 교통위반 걸리면 딱지를 떼이는구나. 그 사람 참 솔직하네. 잘한 일도 아닌 걸 강의 소재로 삼고 말야. 아이들한테 좋은 걸 가르쳤군. 대충 그럴 것이다. 최소한 바쁘다고 교통위반을 밥 먹듯 하는 사람이라고 나쁘게 생각하지는 않을 것이다.

기사 비교에서 확인되듯, 노무현에 대한 『조선일보』의 보도는 늘 이런 식이다. 전후 맥락에 상관없이 노무현에게 좋지 않은 사실만

떼어내 좋지 않은 인상을 주도록 해석하는 것이다. 이런 기사를 일상적으로 접하는 유권자는 당연히 노무현을 좋지 않게 생각하게 된다. 이 사건의 경우 다른 신문들이 『조선일보』의 '프레임'을 추종하지 않았다. 따라서 『조선일보』 보도는 큰 위력이 없다. 향후 선거보도에서 다른 신문들이 이렇게 한다면 『조선일보』의 노무현 죽이기 효과도 반감된다. 오직 『조선일보』만 보는 유권자만이 『조선일보』 보도를 믿을 것이다.

노무현이 '난 한 놈만 패' 전략을 굳세게 밀고 나가는 것은 이런 상태를 원하기 때문이다. 물론 그렇다고 해서 『중앙일보』와 『동아일보』가 중립을 지켜준다는 보장은 없다. 그러나 그로서는 『조선일보』를 한나라당의 기관지로 규정하고 『조선일보』 하나에 대해서만 인터뷰를 거부하고 『조선일보』 하나에 대해서만 불매운동을 벌일 수밖에 없다. 조중동 모두를 한편으로 몰 경우 『조선일보』의 파괴력은 더욱 커질 것이기 때문이다.

노무현이 『조선일보』의 공격에 대응할 수 있는 무기는 역시 인터넷이다. 인터넷신문 『오마이뉴스』는 노무현의 배명중학교 1일교사 강의와 교실 풍경, 그리고 교사 학부모와의 토론 내용을 아주 상세하게 보도했다. 이 기사를 다 읽어본 독자라면 '교통위반 딱지'를 떼인 사실만을 보도한 『조선일보』 기사의 문제점을 스스로 깨닫게 될 것이다. 대선이 임박하면 지난 봄 국민경선 때 그랬던 것처럼 인터넷을 통한 정치정보의 생산과 유통이 매우 활발해질 것이다. 기존의 노무현 홈페이지와 민주당에서 야심적으로 준비하고 있는 e-민주당 프로젝트, 노사모가 추진하는 독자적 사이버 정당, 그리고 『오마이뉴스』를 비롯한 인터넷 신문들을 통해 노무현은 『조선일보』의 공세를 일정 부분 무력화시킬 수 있을 것이다.

방송의 위력 역시 과소평가할 이유가 없다. 2002년 봄의 노무현 바람은 활발했던 텔레비전 토론과 국민경선 연설 및 개표 생중계와 밀접한 관련이 있다. 5월의 방송기자클럽 토론 이후 현재까지 노무현은 텔레비전 방송토론에 나갈 기회가 없었다. 여름 휴가철이 지나 대선이 임박하면 유권자의 눈과 귀는 다시 텔레비전 방송토론에 집중될 것이다. 방송토론의 형식과 의제, 패널과 진행방법에 관한 한 『조선일보』는 아무런 영향력도 행사할 수 없다. 노무현은 자신이 『조선일보』와 싸우는 이유를 생중계되는 방송토론에서 가감 없이 밝힐 수 있다. 요즈음처럼 일방적으로 얻어맞은 뒤 왜곡보도를 비판하는 성명을 내는 걸로 끝내지 않을 것이라는 이야기다.

지금 『조선일보』와 이회창은 노풍의 소멸을 보면서 웃고 있다. 반면 노무현은 7월 20일 부산 진갑 이세일 후보의 선거사무소 개소식에서 눈물을 흘렸다. 그러나 아직은 모른다. 2002년 12월 19일 투표함이 열리는 밤 마지막으로 웃는 자가 누구일지는 아무도 모른다. 국민경선에서 일어난 노무현 바람은 누군가 여야를 막론하고 낡은 정치를 때려 엎어주기를 기대하는 민심의 폭발이었다. 노무현이 구시대적 지역연합을 추진하는 세력과 정면승부를 벌여 이러한 민심의 요구에 부응한다면 지지율은 다시 올라갈 것이다.

　　노무현이 낙선한다고 해도 『조선일보』가 웃을 수 있을지는 의문이다. 노무현이 벌였던 『조선일보』와의 일전은 한국의 민주주의와 개혁, 국민통합과 한반도의 평화를 가로막고 훼손하는 앙시앵 레짐의 실체를 백일하에 드러냈기 때문이다. '밤의 대통령'으로 군림했던 『조선일보』의 그 '좋았던 시절'은 다시는 돌아오지 않을 것이다.